創造思考訓練

——創造思考的心理策略與技巧

饒 見 維 著

花蓮師範學院初等教育學系教授

五南圖書出版公司 印行

林 序

　　剛來到所謂「後山」的花蓮來服務，但是沒有想到這裡的學術水準其實不在西部之下。本書作者饒見維教授是花蓮師院初等教育學系的教授，過去在學術上一向就不斷追求獨創的企圖心，也曾經建構了一些理論與實務兼顧的著作（如：《知識場論》、《教師專業發展》、《情緒涵養》）。本書又是一本大手筆的著作，展現作者一向宏觀的視野與企圖。

　　本書雖然看起來像是教科書的形式，但是仔細看才知道其實具備相當完整的理論內涵。本書不僅細膩地剖析了有關創造思考的心理技巧、心理歷程與心理策略，而且把影響創造思考的各種相關因素做一個完整的整理與呈現。因此本書無形中已經提供一個統一的理論架構，把所有和創造思考有關的複雜議題整合在一起。雖然這個理論架構仍然有待更嚴謹的研究來考驗，但是似乎可以做為很好的初步膠合劑，假以時日必定能凝鍊成更為圓熟的理論。這是本書非常難能可貴之處，也是作者的一個重要貢獻。

　　本書還有一項頗為重要的貢獻，值得在此一提。細心的讀者可能會發現，作者把一些有關創造思考的概念做了一些相當好的釐清。比如說，作者把創思的「心理技巧、心理歷程與心理策略」這三個概念做了很好的釐清與闡述，也讓整本書呈現出相當完整的架構。又如，作者用「創意力」來指涉「產生創意的能力」，而把「創造力」用來指涉「能夠產生創意、表達創意、評估創意、選擇創意、修改創意的能力」。這樣的區分能夠提醒我們：一個真正有創造力的人不僅要能產生創意，更要能完整地執行整個創造思考的歷程，一直到解決問題為止。此外，作者把「創造力」和「創思表現」這兩個概念加以區分也非常有價值，因為這

樣的區分可以讓我們更加注意影響創思表現的許多複雜因素。

如果只是就理論的角度來看本書,還是不足以道盡本書的貢獻與價值。本書其實也相當務實與實用,因為書中包含相當多具體的實例與活動單,用來闡明比較抽象的心理技巧、心理策略與心理歷程。對於學生或社會大眾而言,這些才是他們的關切點。任何人若想提升自己的創造力與創思表現,本書都提供了相當具體的指引,甚至可以說是一本「創思的完全手冊」。

本書雖然不是以各級學校教師為主要的寫作對象,但是任何老師如果想要提升學生的創造力與創思表現,也必然可以從本書獲得很多重要的啟示。盼望饒教授於日後能進一步針對各級學校教師,提供一些如何透過學校的相關課程與教學來提升學生創造力的具體指針與作法。畢竟,在未來的社會,創造力乃是維持一個國家的競爭力之關鍵,如何提升國民的創造力更是我們各級學校的一大挑戰。

誠摯的介紹這本書與大家分享,期望讀者朋友們享受閱讀好書的樂趣!

國立花蓮師院校長 林煥祥

於 2004 年 11 月 30 日

自　序

　　很早就想寫這本書，但是一直延緩至今才把它寫出來。當我最早動念寫此書時，心中曾經一再閃過一個念頭：市面上有關「創造思考」的書籍已經汗牛充棟了，為什麼我要多此一舉呢？因此我曾經一再放棄、延緩這個寫書的念頭。然而，根據我這幾年來在花蓮師院開設「創造思考訓練」這個課程的經驗，我總感覺找不到一個合適、完整、簡潔的教科書可以使用。我也發現到，雖然市面上已有許多有關創造思考的書籍，每一本書或多或少都掌握到了一些創造思考的策略與技巧，但是仍然有以下這些缺陷：

　　一、目前雖然已有許多有關創造思考的書籍，但是都顯得太過零亂、枝節，或者不夠簡潔、缺乏統整。目前還沒有一本書完整地且有系統地闡述創造思考的心理歷程、心理策略、心理技巧與因素。

　　二、目前多半的書都不夠周延，不是忽略了許多重要的創造思考技巧，就是沒有掌握到創造思考的關鍵與本質。

　　三、目前許多學者對於創造力所持的觀點顯得紛歧、紛亂，對創造力的意義與本質也常常是各說各話。有些學術著作則又顯得太過理論，缺乏具體的技巧與策略。

　　於是我再度興起了寫書的動機，試圖有系統地把創造思考的策略與技巧加以釐清，並形成簡潔、統整的架構。這本書的內容主要是根據我自己多年來實際從事各種創造思考活動的經驗（包括：工程設計、電腦程式設計、教學設計、遊戲設計、學術研究、藝術創作等），並參考許多和創造思考有關的文獻與書籍，慢慢分析、歸納、淬鍊出來的成果。因此，本書既有「集大成」的內容，也是經過一番「淬鍊」的結果，不只是把一大堆的技巧羅列出來而已。因為我希望幫助讀者掌握住創造思

考的精髓，而不是被琳琅滿目的技巧所迷惑。這是本書和目前已經出版的相關書籍最不一樣之處。

本書並不強調心理學的理論分析，而是希望提供一個既簡潔又完整的系統，以幫助讀者瞭解創造思考的奧妙，並協助讀者提升自己的創造思考能力。因此，我希望本書不僅有理論的形式，也有具體的、實際的策略與技巧可以遵循。更重要的是，我希望本書可以提供如何訓練創造思考的方法與途徑。

本書的整體架構乃是依據第12頁的「創思的基本心理歷程」，這個流程圖中每一個步驟將成為本書各章的主題。第二章主要探討如何產生大量創意的心理技巧。第三章則探討選擇或評價創意的心理技巧，這一章涉及的是「批判性思考」。批判性思考是整個創思歷程中的一部分，而且批判性思考的運用時機乃是創思活動中非常重要的一環。因此本書會專章探討這個課題。

第四章將探討提升創意品質的心理技巧。第五章探討創思的心理策略以及各種創思者（含設計師、工程師、發明家、藝術家、科學家等）進行創思時的心理歷程。第六章將探討影響創思表現的各種相關因素（包括：知識與經驗的因素、想像與表達能力的因素、動力因素、意識狀態的因素）。最後一章則探討有關創造思考的評量課題，並做為本書結語。

本書從第二章到第四章都會提供一些練習或訓練這些心理技巧或策略的方法。第五章則會提供一些綜合練習的方法，把各種創思的心理策略與心理技巧綜合應用在一些創思的具體情況，例如：標誌的設計、故事創作、海報設計、遊戲設計、創思問題解決等。這些個別練習或綜合練習活動乃是本書相當重要的部分，除了做為團體訓練或自我訓練之用外，也可以協助讀者理解本書中一些比較理論性的陳述。

有些讀者可能會懷疑：「創造思考」可以用這麼僵硬的方式來呈現嗎？本書試圖把創造思考的種種如此赤裸裸地揭露出來，好像把創造思考變得非常有條理、僵化，會不會使得創造思考失去了其應有的神秘感與靈動感？有些讀者甚至會說：人類的「創造思考」有這麼簡單嗎？的

確，我相當同意：人類的創造思考絕對不是像本書所描述的如此簡單。在許多實際的創造思考活動中，我們的心理歷程與心理策略，我們所使用的心理技巧，以及影響我們創思表現的各種因素，都遠比本書所描述的複雜了許多。

那麼讀者應該如何看待本書呢？本書只是一個起步，本書提供的只是一個完整的、簡潔的、基本的架構。這個架構是一個可長可久的架構，既可以協助讀者入門，也可以協助讀者深入創造思考的堂奧。當然，如果讀者想真正深入堂奧，絕對不能只是「光說不練」，必然要在各種實際的創思任務中實際練習應用本書所介紹的心理技巧、心理歷程、心理策略，而且要注意減少不利於自己的創思表現之各種相關因素，甚至積極營造對自己創思表現最有利的因素。

本書的適合對象為大學以上的所有人，尤其適用在大學裡的通識教育。當然，有些專業領域的大學生可能比其他學院更需要讀這本有關創造思考的入門書，例如：工學院、藝術或設計學院、師範學院、教育學院、文學院、管理學院等。如果一個大學生在入學時，就能夠完整地掌握與瞭解有關創造思考的心理技巧、心理歷程、心理策略，以及影響創思表現的相關因素，應該可以協助他在大學的四年中，以及日後從事各種創思活動時，持續提升自己的創思表現。

本書的另外一個適用對象就是各級學校的在職教師，包括從幼稚園教師到大學以上的教師，因為本書可以協助各級學校教師在他們的課程與教學之中，隨時把握機會來訓練學生的創造思考能力。然而，由於篇幅的限制，本書無法針對各級學校提供具體的、詳細的創造思考課程與教學設計。

當然，本書也適合各行各業的成年人，做為自我提升、自我訓練的指引或手冊。其實，依照我個人的經驗，創造力的確是可以自我訓練、無師自通的。我個人從就讀大學時就開始接觸各類有關創造思考的書籍，並且實際練習書中所述各種創造思考的心理策略與技巧。我發現這類書籍的確有幫助。本書就是秉持著「承先啟後、薪火相傳」的精神，把我

在創造思考方面的經驗分享出來，希望對讀者有所助益。

　　本書的完成要感謝許多人。首先要感謝的是我的學生，在我從事「創造思考訓練」這門課多年的授課經歷中，我把本書的理論架構與訓練方法實際在學生身上加以試煉，並根據經驗逐漸修改本書的內容，因此本書的完成實在要感謝這些歷屆學生。其中，我尤其要感謝花師初教系九○級甲班和乙班的學生，他們曾經仔細閱讀本書的初稿，並指出許多錯誤，也提供大量的修改意見。本書附錄四和五乃是兩篇由學生自行創作的「姓名大會串」，裡面巧妙地把這兩班學生的名字各編成一個故事。特別放在本書附錄以資紀念，並表示我的感謝之意。

　　其次，我要感謝內人宋曉榕。在我們多年來的互動中，她常常和我互相討論與分享生命經驗，有時我們甚至會辯論一些觀點，無形中不斷刺激我的成長，也擴展了我的觀點。我也非常謝謝本校林校長，在剛剛接掌校務之際，就要忙著為本書推薦寫序。最後，我要再度感謝五南圖書出版公司，對我的持續支持與厚愛，讓本書得以問世。

饒見維 謹識
民國 93 年 11 月 20 日
國立花蓮師範學院初等教育學系

目　錄

Chapter

1

緒　論

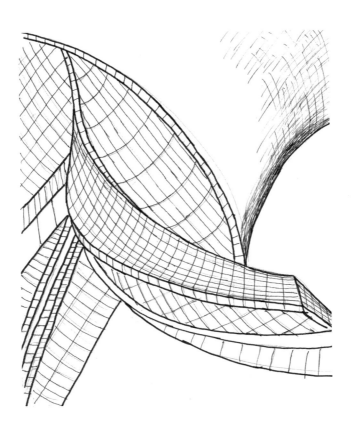

人類文明就是創造性思想的產物。　　　　（奧斯朋，民 53，p.2）

創造力是人類資源中最豐富的潛能，是每一個人都具有的基本
特質；創造力不是天生不變的，它是可以發展培養的。

（Robert Sternberg 等，洪蘭譯，民 88）

第一節　什麼是「創造思考」？

　　「創造思考」（creative thinking）並非一個新穎的概念。一般人在
日常生活上也經常在使用這個詞彙。為了行文的簡便或語氣的通順，
在本書中我把「創造思考」簡稱為「創思」。究竟什麼是「創思」
呢？要對創思下一個定義並不難，但是要讓學者們同意一個定義可就
很難。有關「創造思考」或「創造力」的定義在相關文獻中已經多如
過江之鯽（參見毛連塭等，民 89，pp.8-19）。更麻煩的是，目前學術
界缺乏一個統一的理論架構來描述有關創思的心理技巧、心理歷程、
心理策略，因此對創造力的內涵也就無法達成一致的共識（Wakefield,
1992, p.2）。

　　我不想花太多篇幅來探討抽象的定義，畢竟本書的重點在於闡述
創思的心理策略與心理技巧，並探討影響創思表現的各種因素。為了
避免太過抽象的理論性陳述，我就直接從下列各種創思的時機來說明
什麼叫做「創造思考」：

　　1. 當我們在面臨「新的問題或新的挑戰」時，提出某種新的解決方
式，就是在進行創思活動，例如：發明家面對新的需求，發明新
的產品；廣告設計師面臨新的任務，想出新的廣告案；工程師或
建築師在面臨一個新的工程任務時，必須構想出一個全新的設計
藍圖。

　　2. 當我們面對「舊的問題」時，提出新的解決方式，就是在進行創

思活動，例如：各種產品設計師、服裝設計師、程式設計師，雖然面對日常生活的舊問題，但是卻可以不斷推陳出新，改進舊有的物品，或設計出新的物品來滿足舊有的需求。有些工程師必須針對舊有的產品，不斷思考如何改進舊有的製造方法、製造流程，以提高產品的品質或降低製造的成本，他們都是在運用創思來提出新的製造方法。

3.當我們以新的方式或新的觀點來看待舊的事物或現象時，就是在進行創思活動，例如：科學家從自然現象中看出新的關係，然後提出新的觀點、新的理論來解釋自然現象。有些科學家只是把既有的理論或知識加以重新組合，提出新的組合方式、新的理論架構時，也是在進行創思。

4.當我們以新的方式來表達某種想法時，也是在進行創思活動。例如：文學家、藝術家、電影導演通常不見得是要解決什麼舊的問題或新的問題，他們可能有某些意念想要表達，因此運用各種語言或媒材將之表達出來。他們可能不斷探索與嘗試新的表達方式，也因而不斷提出新的作品來。每一個作品都是一個新的表達方式，至於他們所要表達的想法與內容則可能是新的或舊的。

簡言之，當一個人面臨某種狀況、挑戰、問題或任務時，以靈活、彈性、變通的思考方式，提出新的產品、新的解決方式、新的觀點、新的想法、新的架構或新的表達方式等，都是在進行創思活動。

一般而言，我們把創思的成果（即：新產品、新方式、新觀點、新架構、新表達等等）稱為「創意」或「創作」。這兩個詞的意義很近，「創意」有時偏向於指原創的想法，而「創作」則偏向於創思的最後成果。但是有時「創意」本身可能就是最後的創思成果。因此，在本書中我會根據文脈來選擇適當的字眼。

第二節　創思的普遍性

　　創思並非一種特別高超的思考方式，而是人人皆有的思考方式，也是非常普遍的思考方式。有些人的工作顯然特別需要運用創思，例如：詩人、作家、作曲家、美術家、藝術家、發明家、科學家等。這也是一般人對創思的刻板印象，並且誤以為創思是某些傑出人士的專利。事實上，創思是人人皆具有的思考方式，人與人之間創思能力的差別只在於「高低之別」或「多少之別」，而不是「有無之別」。即使學齡前的兒童也具有某種程度的創思能力，例如：有些孩子在遊戲或玩耍時常常會展現出許多創意，不斷創新遊戲的點子。

　　各行各業的人士或多或少都需要運用創思，有些行業非常依賴創思來維持他們的生計，如：服裝設計、廣告設計、建築設計、產品設計、室內設計、機械設計等；有些行業的從業人員則是另一個極端，他們多半時候只是重複例行的工作，不太需要創思，例如：工廠的裝配工、超級市場的收銀員、車票的銷售員等。然而，大部分的行業都介於這兩個極端之間，例如：企業家有時要運用創思來尋找新的市場策略，以因應市場的競爭；家庭主婦有時要運用創思來佈置家庭，或是烹調出新鮮的口味；教師有時要運用創思來改變自己的教學方法，吸引學生的興趣；汽車修理工經常要想出新的方法來解決不同的故障與問題；水電修理工經常要用創思來因應不同的問題狀況等。

　　創思也發生在人類點點滴滴的人際溝通。以「人際溝通」為例，我們每講一句話時都要運用某種程度的創思。一個人在講話時並非把以前背過的話複述出來，也不是把以前別人講過的話重述一遍。在與他人對話時，每當我們發現用一種說法無法清楚地表達自己的想法時，或用某一種說法會使他人誤會時，我們都必須改用另一個說法，這些都是創思的展現。寫作時亦然，每寫一封信、一篇文章，即使不是在創作偉大的文學作品，也都經常要運用創思，因為我們所寫出來

的文章多數時候是因應新的對象、新的主題、新的狀況而寫作,因此多半不會是已經講過的話,除非是機械式地套用某種公文格式,或是抄寫情書大全。也就是說,人類各種溝通與表達常常都是在進行一種「即興的創思」。即使我們心中已經有某種想法,我們通常也是在表達的過程中,才同時創造我們的表達方式。由此可知,人際溝通與表達也要運用到創思。

以「人際關係」為例,我們經常要在不同的時空脈絡下,面對不同的人,因此我們經常要用創思來處理新的人際關係與狀況,例如:改變對待他人的方式與態度、改變與他人的關係、解決人與人之間的衝突。我們也經常需要運用創思來調整或建立更大的人際關係結構,例如:社會上各種典章制度、組織、機構的建立,社會上及組織裡各種法令、法律、規定的制定等。當某種社會制度與組織運作方式出了問題,我們就需要運用創思來提出某些新的辦法與新的制度,如果這些創新的想法最後被社會或組織成員採納了,就可能取代舊有的法規。

最後,人類有時還會為了創造而創造,有時只為了追求新鮮感而改變某種既有的安排,而不是為了解決實際問題。此種創造的慾望當然是藝術的原動力,但是也凸顯出人類不斷追尋存在的意義、不斷詮釋存在的價值之一種表現。當一個藝術家創造了一個作品時,他所要告訴世人的是:「看,這也是一個美的可能形式,我看到了一個新的可能。」當一個哲學家提出一個新的理論或一個文學家完成一篇新的小說時,他所要告訴世人的是:「看,這是對人生的一個新的詮釋。」透過這一類創思活動,人類可以不斷展現創造的可能性,人類想要表現的是掌握生命的各種可能方式,使人類的存在不斷有了新的意義,不至於變成了無生機或機械式存在。這是人的本性,也是人類有別於機器之處。

第三節　創思的重要性

　　由上述種種例子可知，人類運用創思的時機實在非常普遍，創思實在是人類的認知與思考方式中非常重要的一環。創思對人類的重要性當然無庸置疑，因為人類今日的文明成就可以說是無數人持續進行創思的產物。許多領域的學者專家們多年來也不斷在倡議創思與創意對於提升國力的重要性，尤其是在競爭愈來愈激烈的資訊社會與知識經濟的時代。有人甚至把我們這個時代稱之為「創意年代」（高健、楊幼蘭譯，民 87，pp.22-38）。至於教育界裡，則有無數的學者不斷在呼籲，我們應該在各級學校中、各種學科裡實施創造思考教學，以提高學生的創造力（郭有遹，民 62；松山正一等著，歐陽鍾仁譯，民 66；黃正鵠、周甘逢編譯，民 75；陳淳，民 78；李德高，民 79；陳英豪等，民 79；毛連塭編譯，民 79；張玉成，民 80；彭震球，民 80；張玉成，民 82；陳龍安，民 82；游乾桂，民 83；毛連塭等，民 89）。

　　我們可以從當代社會中，創思在各行各業人士的工作中所扮演的角色，來探討創思的重要性。究竟哪些行業需要依賴創思？哪些人經常要運用創思？首先，當代社會中最依賴創思的莫過於發明家或產品設計師。他們不僅要因應新的顧客需求與新的市場走向，不斷推陳出新，創造新的產品、創造新的需求，也不斷針對舊有的產品創造或設計新的形式與新的式樣，增加新的功能，或創造新的結構。顯然，創思能力對他們來說是無比的重要。和發明家類似的就是「設計師」。現代社會大量充斥著各類設計人才，例如：工業設計師、服裝設計師、室內設計師、景觀設計師、廣告設計師、建築設計師、包裝設計師等等。這些設計師的工作內涵主要就是不斷設計新的生活面貌與新的生活風格，或者不斷想出新的方法來推銷產品與服務。因此，他們的工作顯然也需要大量運用創思。

　　其次，當代社會擁有各類的工程師，例如：機械工程師、土木工

程師、電機工程師、工業工程師、化學工程師。這些工程師除了運用他們的工程與科技知識來解決問題之外，也需要運用創思來解決一些新的難題、新的挑戰。他們在工作上使用創思的時機雖然不像設計師那麼頻繁，但是如果沒有具備一定的創思能力，必然也會影響他們的工作。和工程師類似的就是當代社會中各種科學家，例如：化學家、數學家、物理學家、生物學家、地球科學家等等。在他們的工作中，有時也需要提出原創的學說或理論來解釋舊有的現象。同時，也是因為他們不斷提出新的理論或學說而導致人類的科學知識不斷往前進展。因此，如果一個人要成為一流的科學家，必然要具備相當的創思能力。

此外，我們的社會從古至今都擁有非常多的藝術家，如：文學家、美術家、音樂家、雕刻家、舞蹈家等。這些藝術家主要也是運用創思來進行他們的創作，提升人類的生活品質，豐富人類的生活面貌。當代人類在藝術上的另一項特色就是「電影藝術」，電影的製作更是集各種創作人才的大成，包括視覺效果、音效、劇本、場景與道具設計、服裝設計、電腦繪圖等等。也就是說，電影藝術充分展現出人類在創思方面非常豐富的面貌。

總之，創思對人類非常重要。人類不斷面臨各式各樣的問題，因而不斷需要使用創思來解決新的問題與新的挑戰。當代社會中，創思在各行各業中所扮演的角色似乎有愈來愈重的趨勢。即使在當代所謂「資訊化的時代」裡，雖然網路上的資源那麼多元和豐富，我們可以從網路上不費吹灰之力就得到很多資訊，但是創思能力仍然是愈來愈重要。因為人類永遠會不斷面臨新的問題、新的挑戰，既有的資訊頂多只能作為解決新問題的參考，不可能為新問題提供現成的解答。此外，人類天生喜歡新鮮與創意，人類喜歡拓展新的形式、新的表達、新的生活方式。我們可以輕易看到，市面上新的產品不斷出現、新的電影不斷開拍、新的小說不斷被創作出來、新的藝術作品不斷被探索。簡言之，人類對於創意的追求不可能停止。許多人甚至倡言，當

前的社會乃是「知識經濟」的社會，而知識經濟主要就是依賴創意與腦力，而不是靠物力與體力。

第四節　本書的基本立論與信念

一、創思能力是可以訓練的能力

　　我把一個人所具備的創思能力簡稱為「創造力」。正如同人們的智力有高有低，人們的創造力也是有高有低。我在寫本書時有一個基本立場與信念：創思是一種可以訓練與學習的能力。只要透過反覆練習一些創思的策略與技巧，人人都可以提升其創造力。值得注意的是，本書所謂「創思的策略與技巧」並不是一種僵硬、固定的思考方式，反而是讓我們的思考愈來愈靈活、多變的思考策略與要領。因此，練習愈多，思考就愈靈活，創造力就逐漸提升。

　　有一個關鍵的問題值得在此探討一下：一個人的創造力究竟是與生俱來的？還是可以透過出生後的努力與教育訓練來加以提升？本書的基本立論是：人與人之間的創造力天賦在出生時可能就已經有差異，但是也可以透過出生後的努力與教育訓練來加以提升。而且，如果一個人沒有接受適當的教育與訓練，甚至會埋沒或壓抑了他的創造力天賦。如果一個人的創造力是命定的，且無法改變的，那麼「創造力」就無法靠訓練來加以提升，本書也就是多餘的。

　　許多學者都曾提及類似的觀點，不但呼應本書這個基本立論，也早就致力於研究發展各種訓練創思的方法，並獲得輝煌的成就（Osborn, 1953，見奧斯朋，民 53；Gordon, 1961）。Jane Piirto（陳昭儀等譯，民 84，p.153）也指出，創造力訓練在許多學校已經有明顯的進展，而且有許多課程可以應用。他主張所有學生都應該有接受創造力訓練的機會，而老師們也能從創造力訓練中獲益。詹宏志（民 85，p.18）認為，創意思考是一種態度、一種習慣，至少是一種可訓練的技法。毛連塭

則從許多學者的相關研究歸納出一個結論：創造力是可以透過教育訓練來培養的（毛連塭等，民 89，pp.47-48）。

　　毛連塭也指出，人類在成長的過程中，由於教育環境的影響，有些人學會了運用其創造力，有些人則讓創造力埋藏在心中而沒有發揮（毛連塭等，民 89，p.2）。Arthur VanGundy（李昭瑢等譯，民 83，p.111）也指出，愈來愈多的企業經理人支持創造力訓練。從一九八五年以來，採用創造力訓練的公司增加了七倍之多。許多企業也逐漸體認到，如果想要維持企業競爭力，要依靠創造性的商品和過程，而創造力訓練則是達成這個目標的好方法。

　　根據我個人在花蓮師範學院開設「創造思考訓練」這門課多年的經驗，創造力的確可以透過訓練來加以提升。對絕大多數學生來說，他們的創造力其實並沒有完全加以開發出來。簡言之，創造力不是「有無」的問題，而是「多少」的問題，而創造力的提升也不是有無的問題，而是提升多少的問題。也就是說，創造力應該是一種可以透過訓練來加以提升的能力，至於能提升多少則涉及到相當多的複雜因素，包括訓練的方法、訓練的課程、訓練的歷程與環境、訓練者本身的創造力、受訓學生的先天資質、受訓學生本身所下的工夫等等。

　　本書名為「創思訓練」，就是要凸顯「創思是可以訓練的能力」這個基本信念。創思涉及的是思考方法，如果我們能掌握到創思的方法與要領，就可以經由練習來逐步提升自己的創造力。究竟一個人的創造力能開發到什麼程度，可能是無法論定的一件事。我們唯一可以確定的是：一個人只要努力，必然可以或多或少提升自己的創造力。因此本書除了說明創思的策略與技巧外，也會列舉一些實際練習的方法，讓讀者嘗試運用與練習這些策略與技巧。正如同一個魔術師，除了擁有秘訣與技巧之外，還需要反覆的練習才能使他的表演熟練到出神入化。一個人如果想要擁有高明的創造力，不單只是瞭解創思的技巧與策略就夠，更需要不斷的練習，才能真正掌握到創思的竅門。

　　值得在此一提的是，有些人並沒有經過什麼創思訓練，天生就擁

有很高的創造力，甚至也不知道自己究竟是運用什麼創思的技巧與策略，就能自然而然地進行某種創思活動。我承認本書並不是為這種人寫的。如果你自認是這種人，這本書對你的幫助可能不大。如果你覺得自己在從事某些創思活動時感到很吃力或感到很沒有自信，又實在很想提升自己的創造力，本書或許可以提供你一些方法與策略，來提升你的創造力。誠如 Robert Olson 所說：「刻意的創造技術、策略、催化劑及激動力，都不及天然的創造力來得有力。儘管如此，如果我們的天性沒有足夠的創造力，但希望能更具創造性，就必須從刻意的思考及自覺來下功夫了（呂勝瑛等譯，民 71，p.53）。」本書所闡述的各種創思技巧與策略看起來的確就是某種「刻意的創造技術或策略」，但是一旦領悟到其中的要領，使用起來就成為很自然的思考方式。當然，創造力雖然可以透過訓練來提升，但也依賴長時間的練習。創思依賴某種思考的方式、策略與習慣，而這些思考習慣就像其他習慣一樣，是可以逐步養成的，但是也不是一蹴可幾的。一個人不僅僅只是瞭解思考的技巧與策略就夠，更需要長時間不斷的練習，才能真正掌握到創思的竅門。

二、創思的心理歷程有明確的步驟可以遵循

創思並非神秘難測的心理歷程，而是一種有明確步驟可以遵循、可以學習的心理歷程。有高超創造力的人就像神奇的魔術師一樣，能夠不斷變化出令人驚異的事物。當我們在觀賞高明的魔術表演時，讚嘆之餘，我們往往最關心的一件事就是：他是如何做到的？如果揭穿了魔術師的秘訣與技巧，觀眾往往就不再覺得那麼神奇，有些人甚至會認為：這我也會。本書的基本信念之一就是，創思的心理歷程有方法、步驟可以遵循，而不是神秘難測的心理活動。如果我們能把創思的心理歷程加以揭露，也許就可以讓多數人覺得：「創思原來這麼簡單，我也會。」

本書的目的就是要把這個看起來非常奧秘的創思歷程加以闡明，

成為可以描述與學習的心理策略與心理技巧。一般人可能會認為，創思的心理歷程可能很奧秘，很難捉摸，也沒有一定的章法可循。然而，誠如 Gilford（1986，見陳昭儀，民 80，p.93）所說：「富有創造力的發明家，有其特定的思考運作形式」。也就是說，即使發明家的思考運作也有特定的運作形式。本書就是試圖揭露這種思考運作形式的神秘面紗。

依照我的經驗，當我們在進行創思活動時，可以遵循一個基本的心理歷程，這個歷程可以用下面這個流程圖來說明：

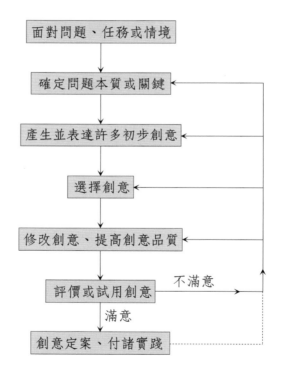

我把這個流程圖稱為「創思的基本心理歷程」。在此簡單說明一下這個流程圖所要表達的意義。多數的創思活動都是從一個人面對某種問題、任務或情境開始。接著，他需要對這個問題情境加以深入瞭解、分析，以便確定問題的本質或關鍵。接著，他需要產生許多初步

創意，並將之表達出來，然後從這些初步創意中選擇一個創意。然後，他要針對選擇出來的創意加以必要的修改，以提高創意的品質。最後，他會評估創意的價值，看看是否滿意這個創意。有時，他可能要做必要的試用或試驗，看看此創意是否能解決問題。如果不滿意，他可能要把這個創意再加以修改，直到滿意為止。有時，他可能必須選擇另外一個創意來進行必要的修改。有時，可能所有先前產生的創意都仍然不夠用，他必須再度產生一些初步創意，甚至必須重新瞭解、分析或確定問題的本質。一直到產生有價值或高品質的創意為止，然後他就可以把該創意定案並付諸實踐。值得注意的是，如流程圖中虛線所示，甚至在付諸實踐之後，有時也可能需要做一些修改，使創意的品質日益精進。一般而言，一旦創意定案我們就不會再度修改，但是有時也難免需要再度修改。當然，這種修改情形比前面的修改要少很多，所以此處用虛線來表示。

　　從這個流程圖來看，創思是一個非常動態的心理歷程，在整個歷程中需要來回反覆，而不是一個按部就班、一氣呵成的直線歷程。許多人並不瞭解或者沒有掌握到這個動態的心理歷程，以致沒有充分發揮自己的創造力。當然，一個人在實際進行創思活動時，通常會遇到非常複雜的因素，而且實際的心理歷程也相當繁複，無法用一個簡單的流程圖來加以表達。但是這個流程圖卻是一個基本的心理歷程，可以作為學習創思的基本依據。至於這個流程圖中的每一個步驟，其實都涉及一些更細膩的心理技巧，也都可以進一步深入解析。本書第二章到第四章會進一步加以闡明這些心理技巧。

　　值得注意的是，前述這個流程圖乃是用來說明需要一定時間來進行的創思活動。有些創思活動需要的時間很短，例如：在人與人之間的各種聊天、交談、訪問場合，或者一些即席演講的場合，這種情形根本沒有足夠的時間來產生許多創意、選擇創意、修改創意，因此我們通常都是採用即興的創造與表達。因此，前述這個流程圖並不是用來描述這種創思活動。此外，有些時候我們的創思並不會僵硬地遵循

這個流程圖的步驟，而是會根據實際情況隨時靈活調整，甚至從某一個步驟跳躍到另一個步驟，略過了一些中間步驟。此外，有些藝術家的創思心理歷程宛如一種「流出」（如本書第 178 頁之說明），也不像前述這個流程圖這麼複雜。總之，我只是勾勒一個基本的心理歷程，而不是試圖把所有的創思活動都用這個圖形來表達。本書第五章「創思的心理歷程與心理策略」將進一步

說明各種創思者（設計師、藝術家、科學家、發明家、工程師），實際可能採用的心理歷程。雖然不同類型的創思活動所採用的心理歷程有一些差異，但都是屬於前述這個基本的心理歷程之延伸與變化。

三、「有創意」不等於「創造力高」

　　從第 12 頁這個流程圖來看，一個完整的創思歷程包含許多複雜的心理技巧，也涉及到許多複雜的因素。這一點很重要，因為許多人常常誤以為一個人「很有創意」、「點子很多」或「很有想像力」就是創造力很高。但是，從這個流程圖來看，「產生大量的創意」只是創思歷程中的一個步驟而已，如果一個人不知道如何表達創意、選擇創意、修改創意、評估創意等等，他的創造力仍然不是很高。例如，有許多孩童天生就很有想像力，不需要什麼訓練就能想出很多點子，但是當他們真正面臨某種複雜的創思任務時，他們不見得能完整地完成那個任務，因為他們在「表達創意、選擇創意、修改創意、評估創意」這些方面可能仍然缺乏足夠的經驗與訓練。誠如高健（楊幼蘭譯，民 87，p.17）所說，創造力意味的不僅是孕育新點子的藝術，同時也是發展這些創意，並塑造成具體價值的整個過程。

　　此外，有些人可能從小就很有想像力，或是讓人感到「鬼點子」很多，但是可能由於受到學校教育中僵硬的課程與教學之影響，或者可能是受到父母與老師的壓抑，或者可能由於缺乏後續的創思訓練，他們的天賦想像力因而沒有完整地發展成高超的創造力。這種現象剛好足以說明，創思的心理歷程雖然有明確的步驟可以遵循，但是也是需要經過適當的教育訓練，才會內化成為一個人的能力。

　　有些學者把創造力從「敏覺力、流暢力、變通力、獨創力、精進力」（陳龍安，民 82，p.17；陳龍安、朱湘吉，民 87，p.27）這五個角度來定義。這個定義的前四個層面著重在產生創意的數量與獨特性（敏覺力、流暢力、變通力、獨創力），第五個（精進力）著重在提升創意的品質。這樣的定義已經比一般人概念中的創造力完整些，但是仍然沒有完全涵蓋第 12 頁這個流程圖中每個層面（缺乏表達創意、選擇創意、試用創意）。

四、創造力高的人不見得有很高的創思表現

本書的第四個基本立論是：創造力高的人不見得有很高的創思表現。有些人可能創造力很高，但是卻缺乏動機或不願意去從事創思活動，有些人可能不願意表達其創意，這種人的創思表現不能算是很高。總之，我所謂「創思表現」應該從最後實際「完成」或「表現出來」的創意品質與價值來衡量。易言之，一個人的創思「能力」（competency）並不等於創思「表現」（performance）。影響一個人創思表現的因素很多，除了創思能力之外，本書第六章將深入探討四個相關的因素：知識經驗的因素、想像表達能力的因素、動力因素、意識狀態的因素。

從我讀過的各種相關書籍中，我發現目前沒有一本書完整地討論影響創思表現的各種因素。多半的書都是零零碎碎地點出一些因素，有些書則是把這些因素和產生創意的心理技巧混雜在一起討論。第六章的用意在於提出一個完整且簡潔的架構，以方便呈現與掌握這些錯綜複雜的因素。更重要的是，本書試圖把「產生創意的心理技巧」和「影響創思表現的因素」做一個區隔。也就是說，一個人也許擁有創造力，但是很可能因為受到一些因素的影響而沒有把創造力表現出來。如果我們想提升自己的創思表現，或者試圖協助我們的學生提升其創思表現，我們就不得不認真看待這些因素，然後儘量創造有利於創思表現的因素，並減少不利因素的影響。

2

產生大量創意的心理技巧

水平思考，就像其他形式的思考一樣，也是一個刻意做成的思考形式，它也同樣需要訓練與演習，才能發展成為一項無往不利的技巧。 （愛德華・波諾著，唐潔之譯，民 72a，p.353）

　　如第 12 頁的流程圖所示，當我們在進行創思活動的初期通常需要產生大量的創意。在許許多多有關創造思考的書籍裡（請參考本書後面參考文獻），充斥著各種激發創意的技巧，而絕大多數有關創造思考的書也一定會介紹某些如何產生創意的技巧。然而，這些琳琅滿目的技巧難免讓人覺得眼花撩亂。經過我個人精心的淬鍊與整理，而且根據我多年來從事創造思考活動的經驗，我發現產生大量創意的心理技巧雖然很多，但是可以歸納為四個：水平思考、比喻與借喻、重組與結合、延後判斷。這四個技巧既簡潔又完整，幾乎可以涵蓋各種激發創意的技巧。這四種技巧也可以說是各種產生創意的技巧之精髓或要領。也就是說，各種形形色色的技巧只不過是從這四種基本技巧延伸變化出來的技巧而已。因此，本章既有「集大成」的意圖，也是經過一番「淬鍊」的結果，不只是把一大堆的技巧羅列出來而已。

　　其次，本章重點是如何產生大量創意，或者如何迅速產生創意。至於創意的獨特性、創意的品質、創意的價值等等，涉及到價值判斷與品質改進的問題，將在本書第三章及第四章進一步探討，因此不是本章所要關切的要點。

　　值得注意的是，由於行文的限制，我把「水平思考、比喻與借喻、重組與結合、延後判斷」這四個技巧分開來一一說明，但是在實際的情況裡，有時這些技巧乃是同時運作，並不是分開來運作。尤其是「延後判斷」這個技巧，其實不是一個單獨的技巧，而是在運用其他三個技巧時必須同時運用的技巧。也就是說，當我們在運用「水平思考、比喻與借喻、或重組與結合」來產生大量的創意時，通通都要養成延後判斷的習慣。此外，「水平思考」通常也是和其他三個技巧同時運作，以便產生源源不絕的創意。總之，雖然我把它們分開來說

明，但是實際在進行創思活動時，有時單獨使用某一個技巧，有時則是同時交互搭配運用。

由於「心理技巧」不是外顯的活動，而是在心裡進行的活動方式，因此不易描述。為了方便說明起見，我會儘量在每一節的開始，先舉出一些具體例子，以便說明每一個心理技巧的意義與理由。在每一節最後我也會列出一些可以在團體裡或個人加強練習該項技巧的活動。

第一節　水平思考

一、什麼是「水平思考」？

一個教師可能會拿起一塊磚頭並問學生：「這塊磚頭可以做什麼用？」然後，學生就海闊天空地想，提出各種可能的用途。學生想到任何用途時就舉手，教師點學生說出他們想到的用途。教師可能會鼓勵學生提出各種奇特的用途，而且請學生不要做太多判斷，想到任何用途就提出來，不要管這個用途好或不好，可行或不可行，也不能批評別人所提出來的任何想法。同樣地，老師可以改用任何其他物品（例如：空的飲料盒、吸管、紙杯、粉筆、椅子、圖釘、橡皮筋、壞掉的錄音帶、用過的塑膠袋、保麗龍餐盒等等），然後讓學生提出各種不同的用途。在這種活動中，教師要全盤接受學生的任何奇特想法，甚至乍看和問題不怎麼相干的想法。例如，如果學生回答說「磚塊可以用來梳頭髮」，教師也不要認為太過匪夷所思。

這是一個典型的「水平思考」活動，也是產生大量創意的第一個心理技巧。這個活動一方面可以促進學生的聯想力，也可以讓學生練習從各種不同的角度來看待一個常見的物品。透過這個練習，學生會發現到，原來任何一個物品都不是像我們習以為常的那般僵硬，而是潛藏著無數的可能性、無數的可能用途、無數的特性。

　　水平思考主要的特性就是毫無拘束、海闊天空、天馬行空地自由聯想、自由跳躍，無需講求道理或邏輯，只要想到就好，不要問為什麼會想到這個或那個，也不用問想到的點子好不好。所謂「自由聯想」就像是，暫時鬆開支配一匹馬的韁繩，讓想法像馬一般在草原上自由地馳騁著（Vincent Ruggiero，游恆山譯，民 83，p.184）。前述這個活動中，學生可以盡情地聯想某一個物品的奇特用途，學生可能會發現到原來一個平淡無奇的東西，居然可以有這麼多不同的用途。尤其是在團體練習的情況，更可以激發學生不斷自由聯想。

　　水平思考就是讓內心的想法毫無節制地、自由地流露出來。這種思考方式講究的是意念的數量與流暢度，至於意念的品質或價值高低，這方面的評估都要儘量減少。值得注意的是，在水平思考的過程中，我們並非完全沒有做任何判斷，而是只要維持最起碼的判斷就好，然後把大部分的心思放在意念的數量與流暢度上。此外，以第 37頁「一來一往」這個活動為例，學生在腦海中飛快地聯想各種成語，

看哪一個符合教師所訂的條件，因此學生當然也會運用一些非常簡單
的判斷。然而，在這個活動中學生主要是依靠迅速聯想的能力，去聯
想各種成語。聯想到某一個成語時就可以立即判斷是否符合條件。如
果不符合條件，或者別人已經講過，就繼續聯想其他可能的成語。如
果想不出符合條件的成語，就只能繼續想。因此，水平思考的關鍵在
於「聯想力」，而不是「判斷力」。在水平思考的過程中即使使用到
判斷也是非常迅速與簡單的判斷，不需要做非常慎重或嚴密的判斷。
這是水平思考的一個重要特性。

　　如果想瞭解「水平思考」的特性，我們也許要回到這個概念的原
創者當初創立這個名詞的原意。「水平思考」這個名詞是由心理學大
師愛德華・波諾所創。他很早就指出，人類有兩種非常不一樣的思考
模式：「水平思考」（lateral thinking）和「垂直思考」（vertical think-
ing）（愛德華・波諾著，唐潔之譯，民 72a，p.289；愛德華・波諾
著，彭碧台譯，民 72b，p.73）。國內也有人將這兩種思考模式翻譯為
「橫向思考」與「縱向思考」（Geoffrey Rawlinson，黃炎媛譯，民 84，
p.6）。本書採用「水平思考」和「垂直思考」這個翻譯，因為它們最
能傳達愛德華・波諾的原意。

　　為了協助讀者深入瞭解水平思考的特性，我製作了下列這個「垂
直思考」和「水平思考」的對照表：

垂直思考	水平思考
收斂式思考	發散式思考
邏輯思考	非邏輯思考
分析、辨別的思考	綜合、直觀的思考
單向、線性的思考	多向、動態的思考
主要是意識層次的運作	涉及潛意識層次的運作

　　以下針對這個表中每一列分別加以說明。首先，垂直思考是一種

「收斂式思考」（convergent thinking，董奇，民 84，p.26），從許多想法中不斷加以節制、縮減、濃縮，一直收斂到一個焦點意念，而水平思考則是一種「發散式思考」（divergent thinking），從少數意念或問題出發，往各種可能的方向自由聯想，因而各種想法一直往外擴散，沒有止盡、沒有界限。這就是為什麼愛德華‧波諾把水平思考稱為「在對錯之外的思考」（彭碧台譯，民 72b）。因為當我們在追求一個正確答案或標準答案時，我們是在進行「收斂式思考」（亦即垂直思考），而當我們在進行水平思考時，我們並不是試圖在尋找一個正確答案。

Roger von Oech（李幸紋譯，民 81，p.41）也認為，為了提高創造力，一定要打破「尋求一個正確答案」的心態，我們不但要尋求第二個答案，或第三個答案，甚至要第十個答案。這就是擴散式思考的特性。下面這兩個圖可以用來說明這兩種思考方式的不同：

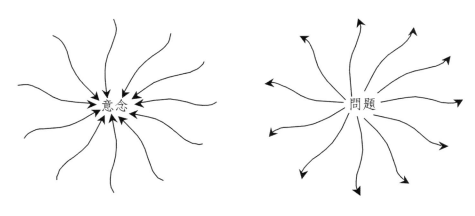

收斂式思考（垂直思考）　　　　擴散式思考（水平思考）

其次，「垂直思考」乃是一種邏輯式思考，講究思考的嚴謹順序、邏輯推理的合理性。「數學解題」的思考活動最能說明「垂直思考」與「水平思考」的差異。在一般的「數學解題」思考過程中，我們通常會同時使用到垂直思考與水平思考。在解題的開始，我們通常

要運用「水平思考」來決定某一個解題方向或思考方向,而且只能說試試看能不能解。因為在還沒有解出來前,我們有時也無法那麼篤定一定可以朝那個方向來解(除非對那一類題型已經很熟悉了)。通常一個解題的想法直接就冒出來,而且也說不出為什麼會想到如此解。如果想不出解題的方向,就只能繼續運用水平思考尋找可能的解題方向。一旦想到某一個解題方向後,我們會開始進行一步步的邏輯推理或計算,這時我們就是在進行典型的「垂直思考」,這時每一個步驟都要合乎邏輯,且不能有計算或推演的錯誤。可是有時我們會遇到瓶頸,原來的解題方向似乎走不下去。這時我們可能又要運用「水平思考」來尋找其他的思考方向。有時我們會突然想到某一個想法,然後轉換到完全不一樣的思考方向。一旦我們跳躍到那個方向時,我們又要回到嚴謹的垂直思考(即邏輯分析、推理或計算)上。易言之,當我們在進行垂直思考時,必須一步步地進行,每一個步驟都必須說得出原因,而且要正確。相對而言,水平思考則是一種非邏輯的思考方式,不用考慮意念的順序或邏輯關係,也不用考慮意念的合理性,更不用遵循一定的思考規則,也說不出自己為什麼會想到那個想法,只要聯想到就好,不用管如何想到的。

　　愛德華‧波諾(唐潔之譯,民 72a,p.303)認為,水平思考是一種孳生型的思考,而不是一種選取的過程,選取的過程要依靠垂直思考。因此,水平思考之運用,不見得會損害垂直思考的效力。水平思考只是提供一條路線,讓垂直思考去深入發展。由此可知,水平思考與垂直思考乃是相輔相成、交互為用的思考。Roger von Oech(李幸紋譯,民 81,p.68)也提及,邏輯是創造性思考的重要道具,特別是在評價創意、實踐創意的階段。然而,在尋求創意的時候,如果過分使用邏輯性思考,可能會成為頭腦的硬塊,阻礙創意的產生。本書第三章會進一步說明何時與如何使用「批判性思考」來判斷創意、選擇創意、改進創意。

　　第三,當一個人在進行垂直思考時,他會針對問題不斷進行審慎

的分析、辨別與價值判斷，然後提出解決的方法。然而，水平思考則是一種綜合性的、直觀性的思考方式，思考者針對問題以直覺的方式直接提出解決方式。因此，當一個人在進行水平思考時，通常會以整體、宏觀的方式來看待問題，然後讓創意直接流露出來。這種創意的產生往往講不出道理與緣由。

　　第四，垂直思考通常是在一個方向上逐步推演，屬於單向的、線性的思考方式。至於水平思考則往往在各種可能的方向發展，有時甚至往逆向來思考，有時跳躍到完全沒有想到的思考方向。誠如愛德華・波諾所說：「水平思考就是一個人以各種不同方式看事情的能力（陳美芳等譯，民 81，p.49）。」

　　懂得水平思考法的人能把握任何可能的想法，有時甚至一個失誤也可能成為轉機，變成最後的解答。因此，水平思考的過程非常動態、變化、出乎意料，思考的結果也充滿了機遇性、任意性與隨意性。愛德華・波諾曾經對於「垂直」和「水平」思考提出一個非常傳

神的比喻，也可以凸顯這兩種思考方式的差別：

> 邏輯是工具，用來把洞鑽得愈深、愈大、愈好。但是如果挖的地方不對，那麼不管怎樣改善這個洞都於事無補。儘管這是個顯而易見的道理，許多人卻似乎仍覺得在同一個地方挖下去，比挖個新洞容易得多。垂直思考就是把原來的洞挖深；水平思考就是另外再挖個洞試看看。（引自 James Adams，簡素琤譯，民 85，p.48）

　　第五，垂直思考通常乃是在我們的意識層次運作的思考。可是，當我們在進行水平思考時，我們有時要信賴潛意識層次的運作，讓創意自然流露出來。也就是說，有時我們不用把問題放在心上，也不用緊緊地想問題，把僵硬的頭腦鬆弛下來時，許多「靈感」反而沒頭沒腦地突然浮現，因而形成前面所述的一些特性，如：直觀、跳躍、出乎意料等等。許多人都有此種經驗，但是這種思考並非經由一個人有意識地運用頭腦。它的詳細運作方式既然不在我們的意識範疇內，因此顯得相當神秘與隱晦，我們就姑且將之歸於潛意識層次的作用。董奇（民 84，p.35）認為，潛意識的思考內容是在意識狀況下長期累積而成，而且潛意識思考的成果一旦閃現，即表現為意識，並透過意識思考來修正、變形而完善。因此，創思活動乃是在潛意識層次和意識層次交替作用的結果。我在本書第 253 頁將進一步探討「意識狀態的因素」如何影響一個人的創思表現。此處就不再多加申論。

　　值得我們注意的是，有時我們暫時把問題放到一旁，轉移注意力到別的事情，然後信賴自己的潛意識，有些創意反而會突然從腦海中跳出來。至於潛意識是否必然會提供我們所需的創意或偉大的靈感，就不是我們所能掌握的。許多人的經驗顯示，它有時的確還蠻靈的，但是沒有人能給你確切的保證。Robert Olson（呂勝瑛等譯，民 71，p.41）認為，潛意識的思考發生於我們的意識層面之下，不是意識所

能及，亦非我們所能控制。然而，他也指出許多突破性的新觀念，很少經由純粹意識思考的過程而產生。潛意識的思考對於新觀念的產生，在各行各業都曾經有很大的貢獻，例如：藝術家 Black、Emerson 和 Shelly，發明家 Edison 和 Kettering，大思想家 Nietzsche 和 Gauss 都曾經使用過潛伏思考。

此外，垂直思考和本書第三章「選擇或評價創意的心理技巧」中所要探討的「批判思考」有密切的關聯。其實，「水平思考」和「垂直思考」兩者在創思活動中都相當重要。真正有創意的人需要靈活運用兩種思考方式，彼此也不會互相排斥，只是運作的時機不一樣。本書第五章「創思的心理歷程與心理策略」會再度闡明這一點。

總之，從以上的對比可以看出來，水平思考是一種自由奔放的思考方式，是一種「沒有技巧的技巧」。它不是唯一的思考方式，也不能完全替代垂直思考，但是它卻是產生大量創意的一個重要關鍵。

二、為什麼要運用「水平思考」？

(一)增進思考的流暢性，產生大量的創意

水平思考的主要目的就是要產生大量的創意。如果要增加創意的數量，最重要的就是要增進思考的流暢性。水平思考可以讓我們的創意不斷產生自由聯想，一個創意聯想到另一個創意，毫無拘束地流露出來，因此可以產生大量的創意。

(二)突破刻板印象，產生別出心裁（即獨創性）的想法

在一般情形，一個人在運用既有的知識時，通常都是依賴知識的核心意義、典型意義或刻板印象。一般而言，這是最有效率的方式，也通常能解決大部分的問題。然而，如此一來往往使得一個人無法解決多變的狀況或新的問題，也不容易有獨創或突破性的想法。一個人如果要得到創意，就要脫離刻板印象來看待事物，或者突破既有的想

法與框框。當一個人在進行水平思考時，他會在腦海中自由跳躍與聯想，而且不會對自己的想法做太多判斷與節制，因此他的思考通常比較大膽，敢於異想天開，因而往往可以突破刻板印象，產生別出心裁的想法。這是水平思考的最重要功能。反之，如果使用垂直思考，往往會陷入一向習慣的思考與僵化的思考，因為人類的思考有遵循慣性的傾向。想法比較拘謹或是習慣於垂直思考的人則不敢大膽地聯想與跳躍，因此也很難得到比較創新的想法。

有一個很有趣的實驗可以用來說明水平思考如何有助於突破刻板印象（21世紀人才報，民93）。這個實驗是這樣，如果我們把一隻蜜蜂和一隻蒼蠅放進一個玻璃瓶中，然後將玻璃瓶平放，瓶底朝向光線最明亮的窗戶，再打開瓶蓋，你猜會怎樣？何者會逃出玻璃瓶？

實驗證明，蜜蜂會不斷地在瓶底找出口，直至力竭而死；而蒼蠅卻可以在不到兩分鐘的時間內，從玻璃瓶口逃出。蜜蜂之死，是因為被傳統的知識和邏輯所誤。牠們以為「密室」的出口必然是在光線最明亮的地方，因此只管拚命撞向瓶底，重複這種牠們認為合乎邏輯和經驗的行動。這個行為顯示蜜蜂的智力其實比較高，牠們比較能重視邏輯和經驗。相反的，蒼蠅的智力比較低，牠們對邏輯也毫不在意，只管四下亂飛，但是牠們卻誤打誤撞地找到了出口。在這個例子中，智者最後消亡，頭腦簡單者卻反而得救。

這不單是一個寓言，而是美國一個著名的組織行為學者卡爾偉克的實驗。他總結這個實驗的教訓時指出，冒險、試錯、即興發揮、隨機應變以及迂迴前進，都有助應付瞬息萬變的事情。面對複雜的世界，我們需要的是隨機性的智慧，而不是教條式的智慧。水平思考就是類似這種隨機性的智慧，雖然有時不合乎常理與邏輯，但是卻經常能幫助我們突破瓶頸。其實，現實的社會有很多不可預測的變因，我們常常無法知道下一刻會碰到怎樣的困境？甚至這個困境是不是也有人遭遇過？學校也沒有辦法全面性教導我們該如何去應對和處理！每一種情況都有其不同的對應方式，所以我們要學會去活用知識，而不

只是死背那些知識，否則就算你擁有再多知識、甚至是考更高的分數，都只是枉然。

(三)充分運用我們的知識與經驗

每一個人都擁有相當豐富的知識與經驗，但是多半時候那些知識與經驗都只是塵封在腦海中的某些角落裡，好像被遺忘的倉庫一般。由於水平思考具有自由聯想與任意聯想的特性，可以讓我們把腦海中各種層面、各個角落的知識與經驗充分運用與激發出來。許多平常很少運用到的知識或經驗，在水平思考的運作下也許可以不經意地激發出來。創造力強的人能在適當的時機靈活運用此種水平思考，在他個人的知識大海裡天馬行空地聯想，無數的創意就源源不絕地產生出來。從這個觀點來看，如果要提高水平思考時創意的數量，當然也要在平時多多累積豐富的知識與經驗，否則即使有很好的水平思考能力，也聯想不出很多的創意來。本書第六章「影響創思表現的各種因素」中，會進一步討論「知識與經驗的因素」會如何影響一個人的創思表現。

三、如何運用「水平思考」來增加創意的數量？

(一)善用團體的腦力激盪

在創造發明界，有一個非常重要也非常有名的方法——「腦力激盪」（brainstorming，奧斯朋，民 53），其所運用的基本原理也正是水平思考。尤其是在團體的腦力激盪活動中，鼓勵團體成員從別人的想法中又聯想出其他的想法，由此可以產生大量的想法，把水平思考發揮到了極致。此種腦力激盪的經驗對於培養水平思考具有非常重要的價值，尤其是我們的學校教育裡許多學習活動都比較偏重於僵化的垂直思考，使得許多學生都逐漸失去靈活的水平思考，也嚴重地壓抑創思能力的發揮。而這種腦力激盪的方式則可以讓學生體驗與培養水平思考，間接地培養創思能力。

　　當一個人在進行個人式水平思考活動時，許多人會由於受限於自己的舊經驗或思考習慣，因而很難跳脫出既定的框框，但是如果在團體中來進行腦力激盪，團體中有時會有人開始跳脫出既有的框框，然後開始激發了別的想法，慢慢的就可能會有愈來愈多的人敢於跳脫出舊框框了。所以在團體中進行水平思考的效果通常很好。

　　不管是進行個人的腦力激盪或團體的腦力激盪，最重要的一個原則就是「延後判斷」。也就是說，在腦力激盪的過程裡，任何人都不能對任何想法提出任何批評，但是會議主持人可以鼓勵團體成員針對別人的想法提出「變異的想法」，所謂「變異的想法」就是把別人的想法加上某種程度的變化、修改、延伸或結合，然後提出新的想法。值得注意的是，所謂「變異的想法」並不是要否定或取代別人的想法。任何人只要想到一個變異的想法都可以提出來，不用管這個想法是否比前面的想法高明。這樣才是掌握到「延後判斷」的精神。如果有人批評別人的想法，主持人要適時制止。同時，主持人也可以適時對一些提出意見的人給予讚美，以鼓勵大家說出自己創意想法。此處所謂「讚美」，並不是針對意見給予價值判斷的讚美，而是針對團體成員勇於提出意見加以讚美。

(二)善用機遇性、隨機性

　　水平思考並不是一種有條理的思考方式，因此當我們在進行水平思考時，反而應該刻意地運用機遇或隨機的特性來產生創意。例如，當我們在進行水平思考時，我們可以隨意地從任何報紙、雜誌、商品目錄、網路上，隨意地看其中的文字、圖畫或照片，看看會給自己帶來什麼樣的聯想（程曦，民69，p.106）；我們也可以信步走到外面、走到街上，任意地看街上的人、事、物，利用偶然的機會、外物的刺激，作為構想的來源（程曦，民69，p.167），看看自己會產生什麼樣的創意；我們可以在走路、散步、聊天、吃飯時隨時善用機遇性來產生創意。這種機遇性經常會產生許多意想不到的想法與創意。當然，

在進行這種水平思考時，我們的心靈要完全敞開，不要做太多的節制，也不要太過於緊繃。同時，更要隨時準備捕捉突然萌發的想法，把想法記下來。

　　張鈴翔（民 84，p.14）在《培養發明的創意》一書中提及，在創造發明史上，許多偶然的發現最後導致新事物的誕生。例如，一八〇四年某一天，一位法國的糖果點心匠名叫阿佩爾，在整理物品時，發現了一瓶放置很久的果汁，但是這瓶果汁卻沒有變質，經過仔細回想與研究，原來以前他曾把這瓶果汁煮沸過且加以密封起來。後來他把這個現象加以延伸應用，就發明了食品罐頭，並且在巴黎建起世界第一家罐頭廠。清朝康熙年間，北京有位做豆腐的小販名叫王致和，有一次他的豆腐發霉，他捨不得丟掉，就把發霉的豆腐撒上鹽巴，放在瓦罐裡存放起來。過了一段時間，他把豆腐取出來嚐，發現發霉的豆腐變香了。此後他就如法炮製，並取名為「臭豆腐」，且大受人們歡迎。其他許多發明的例子，諸如：橡膠、粉蠟筆、盤尼西林，也都是來自一些偶然的發現。在這些例子中，這些創意並非來自有系統的思考，而是從一些意外的事件或現象中得到創意的靈感。有創意的人能充分運用生活上許多意想不到或看起來微不足道的現象來產生創意。

　　值得注意的是，運用偶發與機運來產生創意其實可以分成兩種（Jordan Ayan，趙永芬譯，民 88，p.40）。一種稱為「偶發事件」，也就是在人們不注意時，意外與無心的巧合，觸發了新點子或概念。這種創意乃是來自「突然的福至心靈，沒有經過準備與醞釀的階段，也並非有意要發現什麼東西，也並非無意之間在想什麼主意。他們只是對生活保持開放的心態，由於他們的敏銳知覺，也能進入狀況，因此無論看到什麼，都分辨得出其中的價值。」另一種稱為「因緣巧合」，也就是人們正在尋覓點子或答案時，意外經歷了某件事或觀察到某個現象，結果產生了新點子，恰好把問題解決了。這種靈感通常不是無緣無故就跑到一個人的心中。他們會產生某種靈感是因為他們能敏銳地觀察或捕捉到周遭的任何現象，然後和心中正在努力構思的

問題加以結合，類似俗話所說：「機運偏向做好準備的人。」

　　有時我們會因為「因緣巧合」在某種場合遇到某個人，在交談中觸發了某種靈感（Jordan Ayan，趙永芬譯，民 88，p.54）。這也是一種機遇因素促成的水平思考。人與人之間在交談時，尤其是天南地北的閒聊中，常常可以引發水平思考。因為在閒談中我們比較放鬆，在彼此交互刺激下，常常會聊到一些意想不到的話題，激發出意想不到的創意。然而，就像前面所說的「機運偏向做好準備的人」，你必須有開放的心、敏銳的覺察力，或者心中有一些正要解決的問題，才能在人際互動中適時產生意想不到的靈感。

　　此外，夢、幻想和聯想都是創意的寶庫（程曦，民 69，p.124），我們如果能在睡醒時，立即捕捉住夢境給自己的啟示、暗示或聯想，往往可以產生許多創意。畢竟，一個人在做夢時，他的心理活動是最徹底的水平思考。在夢境裡，我們的思考是如此自由奔放、毫無壓抑地在流轉。如果我們能善用夢境裡流轉出來的想法，往往可以產生大量的想法。

(三)運用「意象流瀉法」來產生靈感

　　Jordan Ayan（趙永芬譯，民 88，p.265）提及一種所謂「意象流瀉」（image streaming）的技巧，把水平思考充分加以發揮。這個技巧涉及三個步驟，如下所示：

1. 步驟一：學習如何根據真實物品產生意象

　　用舒適的方式坐著，閉上眼睛，然後打開錄音機，錄下任何你所說的話。你可以用各種生動、豐富的字眼，描述房間裡或窗外的景致。儘量用各種可能的感官或感覺來描述，包括：視覺、聽覺、味覺、嗅覺、觸覺、體覺等等。描述時不要太在意文法與修飾，只要講就好，儘量一直說下去，不要停下來。這個步驟只是一個準備，也是為了練習描述的技巧，因此需要持續練習幾天。

2.步驟二：學習根據想像產生意象

一旦培養好描述的技巧，就可以開始嘗試練習描述不存在的場景與畫面。你可以閉上眼睛，想像任何地點、人、物、事，並詳細描述心中所看到的一切，同時用錄音機把話錄下來。

3.步驟三：學習產生自發的意象

在這個步驟中，你不必特別想像什麼畫面，只要等待意象自動出現即可，不要勉強，不要擔心，只要保持警覺就好。一旦意象出現，就開始描述，不停地講，盡情地捕捉心中出現的畫面，不用擔心描述是否正確，不用擔心這些描述是否有用，也不要排斥或貪著某些特定的意象，但是要儘量把所有感覺都用上，大約描述十到十五分鐘為止。

當你打算評估這些自發的意象是否能成為創意的來源時，就把錄下來的聲音再聽一次，試著從中尋找和自己正在從事的創思活動有關的訊息，看看是否能從中得到一些創意的靈感。

㈣運用「屬性關聯鏈」來產生創意

Arthur VanGundy（李昭璿等譯，民83，p.177）建議採用一種「屬性關聯鏈」的技巧來進行自由聯想。以下以「我們可以用什麼方法來鼓勵市民做資源回收，以減少垃圾量？」這個問題為例，說明如何使用「屬性關聯鏈」來產生創意。

1.列出所有主要的問題成分和次成分

　(1)市民：家庭主婦、上班族、學生、老人。
　(2)垃圾：報紙、廚餘、廢家電、保特瓶、廢電池。
　(3)資源：水、電、瓦斯、木材、塑膠、空氣。
　(4)回收：回收桶、循環利用、廢水處理、過濾、分類。

2.唸出其中一個次成分，並寫下第一個閃過腦中的關聯字，利用這個關聯字當刺激，想出另一個閃進腦中的字。如此不斷重複四或

五次。然後換另外一個次成分，進行關聯字的聯想。依此方法重複四到五個次成分。

(1)上班族：工作、交通車、候車、司機。

(2)報紙：垃圾郵件、快遞、宅急便、卡車、噪音。

(3)木材：森林、大火、煙、毒品、違禁品。

(4)循環利用：水循環、生態循環、絕種動物、少數民族。

3.以前述各個關聯鏈作為刺激來產生創意

(1)在每一個候車亭設立資源回收站，上班族在候車時就順道把家裡的資源垃圾帶去回收。

(2)設立一種專門處理大型資源垃圾（例如廢家具、廢電腦）的快遞服務，任何人只要打一通電話或寫一封電子郵件給市政府，就會有專車到府回收，就像宅急便一般方便。

(3)在都市裡常常有各種建築或室內裝潢工程，產生大量廢棄木材或木屑，政府在森林裡設立一處「廢木料處理場」，讓工人丟棄這些工程廢料，此處理場不僅可以回收堪用的木料，也可以把木屑轉化為紙漿原料。

(4)設計一種家家必備小型生態循環器，可以把家庭廚餘轉化成有機肥料，市政府定期循環到社區裡價購並回收此種有機肥料。

(五)隨時把想法記下來

在進行水平思考時，非常重要的一個技巧就是把一切想法通通加以接受，但是要把那些想法寫出來、畫出來或記下來。因此，這個技巧並不是一個獨立的技巧，而是要配合前述各種技巧一起使用。如果是個人的腦力激盪，則把所有這些想法記在書面、紙張或電腦中。如果要減少書寫的時間，有時甚至可以直接用說的，但是同時用錄音機把想法錄下來。如果是在團體的腦力激盪會議裡，則要儘量把所有想法記在能讓所有成員都看得到的大型黑板、白板或海報紙上。如果我

們把想到的東西都列舉出來，就會激盪出愈來愈多的靈感，接二連三的構想就產生了（程曦，民 69，p.64）。

　　Vincent Ruggiero（游恆山譯，民 83，p.184）提及，在進行自由聯想時，要把任何想法記下來，即使它是最蠻橫無理的想法都一樣。當你把它們記下來，並不就表示你贊成它們，你稍後總是可以把它們刪除。但是你不要在一個點子出現時就否決了它，這樣你可能在無意間丟掉了一個有創意的洞察力。因此，「隨時把想法記下來」這個技巧本身也同時是遵循著「延後判斷」的技巧。

　　湯尼・布桑等（民 85，p.78）曾經開發出一種所謂「腦力規劃術」，他們認為在開始思考一個問題或情況時，要把靈感傾注在紙上，刺激聯想及思路，讓思緒漫遊、暢通無阻，並且暫緩各種判斷。他們所提倡的方法就是使用某種大綱或非線性圖形，並用不同的顏色、圖形、箭頭或符號來表示各種想法，最後完成「腦力規劃圖」。也就是說，在做腦力規劃圖的過程中，一面進行水平思考，一面把任何想法很流暢地記下來或畫下來。這種方法類似 Michael Gelb（劉醞芳譯，民 88，p.179）所謂的「心智圖思考法」，也就是在一張紙的中央寫下一個主題，然後開始自由聯想，從中心往外拉線，把聯想到的關鍵詞寫下來或畫下來，把任何聯想到的都寫下來或畫下來，從一個關鍵詞聯想到另外一個，並且用聯結線或必要的線條、圖形或色彩來標示它們之間的關係。不管是「腦力規劃術」或「心智圖思考法」，都可以協助我們的水平思考，也強調要把聯想到的任何東西寫下來或畫下來。

　　有些人在睡覺前努力地構想創意，結果常常會在睡覺時夢到某種想法，然後在醒來時把創意記下來，有時往往是不錯的創意。我們在睡夢中的思維運轉方式是最典型的水平式思考，因此常常會得到意想不到的創意。如果想充分運用睡夢時得到的靈感與創意，必須隨時準備紙筆在床邊，醒來時就要馬上把靈感記下來，因為我們醒來後，靈感可能很快就消逝，如果沒有馬上把靈感記下來、畫下來，可能再也

想不起來了。

　　Julia Cameron（黃慧鶯譯，民85，p.32）提倡一種叫「晨間囈語」的技巧來開發自己的水平思考能力。這種方法就是，在每天清晨起床之後，完全放任自己的意識流動，當任何想法出現都把它寫下來，不要做任何判斷，只管寫下去，一直寫到至少三張稿紙為止。所謂「晨間囈語」就是不要指望言之有物，而且寫完一張時，就繼續寫下一張，不要翻過去讀前面寫的，甚至在八週內都不要再去讀你寫過的囈語，當然也不要讓任何人讀你寫的囈語。Julia Cameron認為，「晨間囈語」是恢復創造力的最主要工具，因為這種方法可以讓我們擺脫「邏輯腦」的指揮，聽從我們本來就具有的「藝術腦」盡情發揮作用。

　　人類的想法往往「稍縱即逝」，有時在腦海中閃現一下就過去，如果沒有把想法記錄下來，很多想法事後就很難再度想起來。有時只知道自己曾經有一個想法，但是再怎麼想都想不出那個想法是什麼。所以，「寫出來、畫出來或記下來」是一個非常重要的技巧。

　　事實上，「把想法記下來」不僅只是為了害怕忘記，我們也可能在寫下來或記下來的過程中激發出更多的創意。Hite Doku（黃心藝譯，民87，p.91）提及一種「雪崩現象」，就是指當我們把創意寫下來或說出來時，就愈能產生更多的創意，一個創意引發另一個創意，依此類推，持續不斷，因而產生大量創意。而且一旦我們把某一個創意記下來，我們就可以把它暫時放下，不用一直放在心上，這樣一來我們的腦袋就空出位置來，以便產生新的點子，或者等待新創意的浮現。這樣就可以確保水平思考的持續進行。

四、「水平思考」的練習活動

(一)「水平思考」練習活動一：一來一往

活動目的	增進思考的流暢力與聯想力。
練習形式	團體練習
活動方式	1. 教師把全部學生分成兩組，教師請學生想四個字且第一個字是「人」的成語（如：人山人海）。並請想到的學生舉手，教師輪流點兩組學生中舉手的人提出想到的成語。別人已經提過的成語不能再提。 2. 兩組一來一往輪流提出，一直到某一組學生想不出成語，而另一組仍然可以想出成語，則提得出來的這一組獲勝得一分。 3. 教師再提出其他四字成語的條件，用同樣的方式進行，例如： 　(a)以一開頭的四字成語（如：一元復始、一言為定）。 　(b)含有兩種動物名稱的四字成語（如：虎頭蛇尾、狼心狗肺）。 　(c)第一及第三個字一樣的四字成語（如：不明不白、人山人海）。 　(d)含有花名的四字成語（如：人面桃花、出水芙蓉）。 　(e)含有至少兩種顏色名稱的四字成語（如：紅男綠女、青紅皂白）。 　(f)含有「天」及「地」兩個字的四字成語（如：天南地北）。 　(g)含有「千」及「萬」兩字的四字成語（如：成千上萬）。 　(h)第三個字是一的四字成語，而且只能含有一個「一」的成語（如：打成一片、九牛一毛）。 　(i)最後一個字是「心」的四字成語（例如：萬眾一心、四海同心）。 　(j)含有至少兩個數字（限用一到十的數字）的四字成語（如：不三不四、七上八下）。 4. 教師可以累積兩組的得分，根據時間來決定玩的次數，以決定最後的勝負。

補充說明	1. 在這個活動中，學生要從過去學過的成語中盡情地聯想，搜尋符合條件的成語。在思考的過程中，只能在腦海中飛速地跳躍。沒有想到就是沒有想到，有時則會沒頭沒腦地突然就想到一個符合條件的成語，完全沒有章法可言。 2. 這個活動的主要目的是訓練學生的水平思考，但是這個活動也會受到語文能力的影響。為了避免受到語文能力太大的影響，以致沒有練習到水平思考，教師要根據學生的語文能力與年齡來決定成語的條件。前面只是舉例列出一些成語的條件，其中有些條件可能有些難度，教師應自行決定哪些條件比較適合參與的學生。

(二)「水平思考」練習活動二：腦筋急轉彎

活動目的	讓學生練習用不尋常的答案來回答不尋常的問題，並練習脫離刻板印象。
練習形式	團體練習
活動方式	1. 教師依次提出下列各種問題，請學生想各種可能的答案。教師強調沒有一個標準答案，但是可以鼓勵學生提出不尋常的答案： 　(a)有一個人家裡裝了電扇，可是夏天時，即使天氣很熱，他卻仍捨不得開電扇。為什麼？ 　(b)有一個人家裡有一個衣櫃，裡面滿滿的衣服，可是每天出門時卻經常抱怨沒有衣服穿。為什麼？ 　(c)有一個大學生，天天在宿舍裡練習唱歌，他的室友為何一點都不抗議？ 　(d)一隻黑羊和一隻白羊在一個獨木橋的中間相遇，沒有吵架、沒有掉到水裡，兩隻羊安然無事的走過橋。為什麼？ 2. 教師點舉手的學生，學生說出他們想到的可能答案，教師接受所有答案。一段時間或沒有人舉手時，換下一個題目。一個問題結束後，教師可以請學生說說他們覺得哪些答案很有趣，哪些答案很有創意，但是不用說哪一個是標準答案。

補充說明	1. 一般的「腦筋急轉彎」遊戲都有一個標準答案，但是此處教師要強調沒有標準答案，才能鼓勵學生儘量去想各種可能的答案。當然，在學生的答案中，有些可能顯得比較好玩、奇特，有些則可能顯得比較平淡、無趣。但是老師不能說哪一個答案是錯的答案。 2. 這個活動的主要目的是要鼓勵學生儘量跳脫刻板印象，異想天開，以便讓水平思考充分運轉。所以，如果學生的答案很平常，教師也不要加以判斷或否定，只要說「還有沒有別的可能答案？」就好。

(三)「水平思考」練習活動三：腦筋大轉彎

活動目的	讓學生練習用不尋常的答案來回答簡單的問題，並練習脫離刻板印象。
練習形式	團體練習
活動方式	1. 教師依次提出下列各種問題，請學生想各種可能的答案。教師鼓勵學生提出不尋常的答案，而不是常識性或科學上的答案。 (a)為什麼會天黑？ (b)肚子餓了怎麼辦？ (c)為什麼我們每天都要吃飯？ (d)「早起的鳥兒有蟲吃」，那麼早起的人呢？ (e)頭髮長了要怎麼辦？ (f)過年時為什麼要發壓歲錢？ (g)天黑了要做什麼？ 2. 教師點舉手的學生，學生說出他們想到的可能答案，教師接受所有答案。一段時間或沒有人舉手時，換下一個題目。 3. 每一個問題結束後，教師可以請學生說說他們覺得哪些答案很有趣，哪些答案很有創意。
活動變化	腦筋大轉彎的問題可以改成由學生來提。教師可以任意點一個學生，該生任意提出一個非常平凡的問題，然後讓全部學生一起來進行腦筋大轉彎。

(四)「水平思考」練習活動四：腦筋小短路

活動目的	讓學生練習用簡單的答案來回答不尋常的問題，並練習思考的流暢性。
練習形式	團體練習
活動方式	1. 教師依次提出下列各種問題，請學生想各種可能的答案。教師強調並沒有標準答案，教師暗示學生提出非常簡單，甚至有點可笑的答案。剛開始時，教師可以提出一些例答，讓學生知道什麼叫「簡單或可笑」的答案： (a)為何大象要爬上椰子樹？（例答：為了幫助鳥做巢、為了摘椰子吃、為了看遠一點等等） (b)為何螞蟻會從檳榔樹上落下來？（例答：因為被河馬推下、因為滑了一跤、因為他想學飛等等） (c)為何河馬會跑到你家的冰箱裡？（例答：因為迷路了、因為他想搬家、因為他在躲貓貓等等） (d)為什麼蜜蜂要戴眼鏡？ (e)為何大象尾巴那麼短？ (f)什麼東西龐大如大象，但是重量卻不到一公克？ (g)大象為何穿藍色毛線衣？ (h)大象為何身上滿布皺紋？ (i)大象為何穿短褲？ (j)大象為何從山坡上滾下來？
補充說明	此活動的趣味性就是在於用簡單的答案來回答奇特的問題。而且這個活動的主要目的是要訓練思考的流暢性，因此教師可以向學生強調，在這個活動中，不用試圖想不尋常的答案，任何簡單的答案都可以。當然，如果學生提出很不尋常的答案也可以。

(五)「水平思考」練習活動五：故事急轉彎

活動目的	練習突破刻板印象，增加腦筋的變通性。
練習形式	團體練習
活動方式	1. 教師一一說出下列各個問題，請學生提出各種可能的原因，教師說明這些問題雖然有很多可能的答案，但是都有一個出乎意料的簡單答案，請學生儘量推測那個答案是什麼（答案見 273 頁）。 　(a)Mary 和 John 死在一個房間裡，且都平躺在地板上，旁邊有一些水及破玻璃。請問到底發生了什麼事？（到底先前發生了什麼事？） 　(b)一個人死在草地上，身邊還有一個沒有打開的軍用包包。到底先前發生了什麼事？ 　(c)在一個平靜的海上有一艘船，該船已經靜止沒有動，一群人的屍體在船的附近漂浮著。到底先前發生了什麼事？ 2. 如果學生提出的答案不是預設的答案，教師可以說：「答案出乎意料的簡單，請再想一想別的可能性。」一直到學生想到答案為止。如果學生一直都想不出預設的答案，教師也可以在二到三個學生提出回答而不符合預期答案時，就先說出答案。然後鼓勵學生說出比這個更大膽的答案，或比原來的答案更有趣的答案。
補充說明	本活動和前述「故事急轉彎」一樣，都涉及到邏輯推理，但是其主要目的都是要鼓勵學生海闊天空地想，以突破刻板印象，培養思考的變通性。

(六)「水平思考」練習活動六：動腦大考驗

活動目的	練習突破刻板印象，增加腦筋的變通性。
練習形式	個人練習或小組練習（每組三至四人）
活動方式	1. 底下幾個問題都有許多可能的答案，有些答案非常簡單，但是可能非常令人出乎意料。請儘量自己先想想看，不要太快

去翻答案，這樣才能訓練自己腦筋的變通性（解法見第 273 頁）：

(a)在下面這個圖中，試著畫直線的線段，最少需要用幾條相連的線段才能全部貫穿這九個黑點？

(b)在一個桌上有八個黑棋子，八個白棋子，排成如下圖黑白相間的樣子。你的手只能碰觸其中兩個棋子，如何使它們排列成兩排黑棋及兩排白棋？

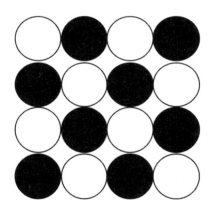

(c)下面左圖有六個完全一樣大小的硬幣，排成三角形的樣子。請你把它們轉變成如右圖的排列方式（排成一條直線）。每次你只能移動一個硬幣，而且當你移動一個硬幣到某一個位置，要停放該硬幣時，此硬幣必須同時接觸到另外兩個硬幣。

補充說明	本活動和雖然也有涉及到邏輯推理，然而這些問題情境都是非常不尋常的情境，學生無法用正常的邏輯推理來得到答案，因此這個活動的主要用意就是讓學生體會到：當我們的正常推理行不通時，我們就必須要海闊天空地想，從各種變通的方向去思考，不能一直停留在原來的思路上。這正好是水平思考的一個特性。當然，這個活動對有些人來說可能會有些困難，但是只要有嘗試從各種角度來思考就達到了訓練的目的，不一定是要得到正確答案才算活動成功。

㈦「水平思考」練習活動七：成語接龍

活動目的	提升思考的流暢力與聯想力。
練習形式	二至四人之間的練習
活動方式	1. 約二至四人一起玩，並約定好成語接龍的順序。 2. 第一個人先提出一個四字成語（例如：一統江山）。下一個人則使用前一個人的成語的最後一個字作為開頭，想出一個四字的成語（如：山明水秀）。 3. 玩家必須先討論成語的開頭是否可以使用「同音異字」。如果大家同意接受，就可能有如下這種接法：一統江山→姍姍來遲→池魚之殃。如果想提高遊戲的難度，則要規定只能接受「同音同字」。 4. 依照這個方式不斷聯想各種成語，直到有人想不出任何成語，則一個回合結束。如果要增加競爭性，可以採用某種積分或處罰方式（輸的人扣一分或唱一首歌）。如果不想太過於競爭，則直接進行下一個回合。 5. 一個回合結束後，由上一回合的輸家再重新任意提出一個成語來起頭，依照同樣方式繼續玩。
活動變化	1. 類似前述成語接龍，但是採用逆向的接法。前一個玩家提出一個四字成語，下一個玩家必須想出一個成語，該成語的結尾是前一個玩家的開頭。例如：山明水秀→一統江山→表裡如一→虛有其表→做賊心虛。

	2.如果是玩此種逆向的成語接龍，最好是規定可以使用同音字，否則難度太高。
補充說明	本活動乍看之下和訓練創思好像沒有什麼關係，因為只是在聯想各種已知的成語。然而，本活動主要的用意就是在培養思考的流暢力與聯想力，而這就是水平思考的一個重要特性。本章的「練習活動一：一來一往」、「練習活動二：腦筋急轉彎」及「練習活動八：字詞聯想」都有類似的功能。

(八)「水平思考」練習活動八：字詞聯想

活動目的	提升思考的流暢力與聯想力。
練習形式	小組練習（每組三至四人）
活動方式	1.教師寫一個字，請各組學生聯想和該字部首相同的字（例如：「燈」→「炎、燃、燥、炳」），並一一寫在一張紙上，寫愈多愈好。在一定時間到時，比比看哪一組寫最多，最多的組別獲勝得一分。 2.教師寫一個字，請各組學生聯想和該字結構類似的字（例如：「品」→「晶、淼、森、鑫」；「攤」→「儲、樹、做、攏」），並一一寫在一張紙上，寫愈多愈好。在一定時間到時，比比看哪一組寫最多，最多的組別獲勝得一分。 3.教師寫一個詞，請各組學生列舉出與該詞字數相同，且末字韻母相同的詞，（例如：「奇觀」→「簡單、高山、軍官、平安」；「痛苦」→「跳舞、分組、打鼓、八股」），並一一寫在一張紙上，寫愈多愈好。在一定時間到時，比比看哪一組寫最多，最多的組別獲勝得一分。 4.教師寫一個字，請各組學生列出和該字有類似字素的字（例如：「血」→「溢、益、盆、藍」；「公」→「允、宏、松、弘」），並一一寫在一張紙上，寫愈多愈好。在一定時間到時，比比看哪一組寫最多，最多的組別獲勝得一分。

(九)「水平思考」練習活動九：設計腦筋急轉彎

活動目的	加強練習突破刻板印象。
練習形式	兩人一組練習
活動方式	1.教師把學生分成兩人一組（兩兩配對）。 2.在小組中，學生彼此給對方一個問題，任意問題都可以。 3.每位學生盡情寫出各種可能的答案。教師鼓勵學生儘量想一些異想天開的答案。 4.彼此交換、分享各自想出的答案，並針對每一個問題，討論或選擇一個最異想天開、最有創意或最有趣的答案。 5.教師抽點一些學生進行分享各組設計的腦筋急轉彎問題與答案。

(十)「水平思考」練習活動十：語詞摩天輪

活動目的	加強練習腦筋的變通力、流暢力與聯想力。
練習形式	個人練習或小組練習（每組三至四人）
活動方式	1.下面有一個「語詞摩天輪」的例子：

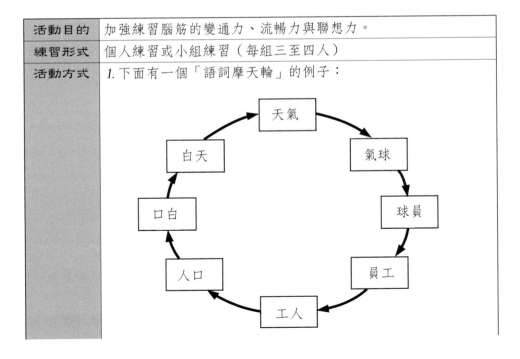

	2. 這個例子中，每一個詞的結尾都是下一個詞的開頭，八個詞剛好構成一個循環圈。請依照同樣方式自行設計各種語詞摩天輪，愈多愈好。可以任意選擇一個詞為開頭，然後依次聯想下一個詞，到了第七及八個詞時，必須不斷調整，一直到剛好可以完成循環圈。如果一直找不到，就要往前調整第六個詞。儘量在第六、七、八三個位置互相關聯調整就好。不需要往前推太多。
	3. 每一個語詞摩天輪中的詞數不一定是八個詞，可以是九個、十個或甚至更多詞數。
活動變化	1. 你也可以設計三字詞的摩天輪，或甚至四字成語的摩天輪，如下面這個例子： 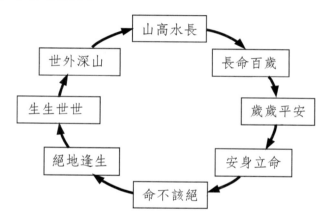
	2. 每一個語詞摩天輪中的詞數不一定是八個詞，可以是九個，十個或甚至更多詞數。你可以自己靈活設計各種不同大小的摩天輪。
補充說明	1. 這個練習活動主要的目的就是培養變通力，因此如果遇到困難，就不斷嘗試調整，而且可以在任何一個環節來調整。只要不斷靈活且流暢地調整，必然可以設計完成一個摩天輪。由於中文擁有非常靈活與豐富的字詞，只要我們願意，或者只要有時間，我們可以設計無數的語詞摩天輪。重點是要保持思考的靈活、變通與流暢，不要太快放棄。
	2. 這個活動也可以改用英文字彙，並運用在英語的教學上，除了可以刺激學生的變通力，也可以順便練習英文字彙。

(土)「水平思考」練習活動十一：改變生活習慣

活動目的	練習改變自己的思考慣性與生活慣性，產生不同的體驗、視野與觀察角度。
練習形式	在生活上進行的個人練習
活動方式	1. 在生活上留意一下自己有哪些生活的習慣，故意改變一下自己的習慣，例如： (a)故意改變一下自己平常上班或上學的行進路線。 (b)故意改變一下自己上班或上學的交通工具。例如，平常都是騎腳踏車，有時故意改成用走路或搭公車。 (c)故意改變一下每天早上起床後做事的順序。例如，平常都是先吃早餐再出去散步一下，改成先去散步一下，再吃早餐。 (d)改變一下自己平常做一些事時使用的工具或方式。例如，平常都是使用筷子和碗吃飯，偶爾改用刀子、叉子、盤子。 (e)平常都是慣用右手，偶爾改用一下左手。 2. 在日常生活上，做一些自己已經很習慣的事之前，我們也可以先問問自己：還有沒有別的方法可以做這件事？有沒有其他替代的物品可以完成這件事？例如： (a)在刷牙前，問一問自己：除了用牙刷之外，有沒有別的方法可以達成同樣的目的？ (b)在執行某一個電腦操作時，問一問自己：還有沒有其他方法可以達到同樣的目的？
補充說明	這個活動乍看好像和「水平思考」無關，但是其實它們是有關係的。因為水平思考的一個重要特性就是要突破刻板印象與思考慣性。這個活動的目的就是要打破一個人的思考慣性、生活慣性，這樣不僅能產生不同的生活體驗，更能擴展視野與觀察角度。

(土)「水平思考」練習活動十二：店名的諧音聯想

活動目的	增進聯想力。
練習形式	團體練習
活動方式	1.教師舉例說明現在有些商店的店名，有的非常貼切又很傳神，例如： (a)出乎義料（一家供應義大利料理的餐廳）。 (b)有求必印（一家印刷店）。 (c)有渴接杯（一家賣飲料的小店）。 2.運用類似的方式，教師指明要開某一種商店（例如：服飾店），請每位學生想一個貼切的成語。 3.教師抽點一些學生分享或請學生自願起來分享，一共大約十位。教師把學生的分享寫在黑板上，然後進行全班表決，看哪一個成語最貼切、最有趣、最傳神。 4.依照同樣方式反覆練習其他商店（如：照相館、文具店、釣具行、鞋店等）等。
活動變化	1.教師提出一個成語（例如：一本萬利），請學生想某一種商店，使得該成語適用為此類商店的店名。 2.教師請學生們分享他們的聯想，然後票選一個最貼切的商店。 3.用同樣方式反覆練習其他成語（如：上天下地、山窮水盡、含笑九泉）等。

第二節　比喻與借喻

一、什麼是「比喻與借喻」？

　　產生大量創意的第二個心理技巧是「比喻與借喻」。以下用一個簡單的「直接比喻」活動為例來說明。例如，我們可以用下列方式來描述「汽車」：

汽車是文明人的腳。
汽車是一個可以到處移動的房子。
汽車是一個會走路大鐵盒。
汽車是省力的交通工具。
汽車像馬路上的大章魚。
汽車像四隻腳的飛毛腿。
汽車像會動的火柴盒。

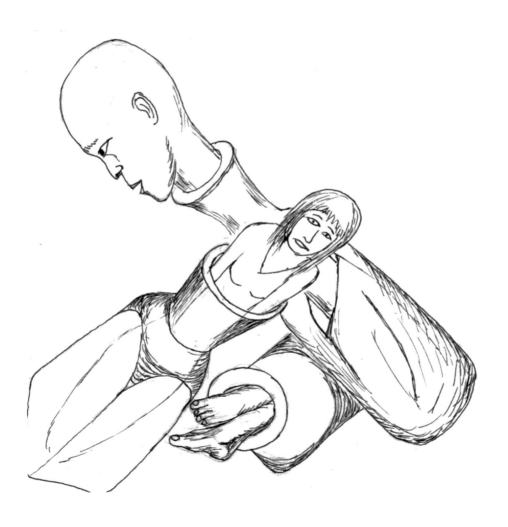

在這些描述中，有些是用「汽車是……」的句法，有些是用「汽車像……」的句法。前一個是暗喻，後一個是明喻。我曾經用同樣的方式，請學生練習直接比喻下列各項物品：雲、頭髮、蝸牛、剪刀。（參見第 277 頁所列過去學生曾經提出的直接比喻。）

在這個活動中，我們可以把同一個現象，靈活地看成各種不同的事物，而每一個「看成」都是一個比喻。事實上，比喻是一種非常基本且普遍的思考活動。在深入瞭解比喻的運作與特性之前，先讓我們來看看比喻性思考（metaphoric thinking）如何瀰漫在我們的許多思考時機。

哲學家、文學家或語言學家很早就注意到人類語言中的比喻、比擬、譬喻、類比、借喻等表達方式，並經常為文討論。然而，「比喻性思考」的普遍性與重要性卻沒有受到應有的重視。認知心理學家也很少關注人類此種思考方式，只有少數語言學家與認知心理學家發現，比喻性思考瀰漫在人們日常的語言與思考中，因此是揭開人類認知與思考奧秘的關鍵之一（Lakoff & Johnson, 1980; Lakoff, 1987）。易言之，如果我們要理解人類的認知與思考特性，不能忽視人類獨特的比喻性思考方式。本節將以這個立場為出發點，深入探討比喻性思考的特性、普遍性與重要性。

人類的比喻性思考可以從人類使用語言的方式來加以理解，並從中找到證據。最明顯的例子就是許多「明喻」的表達用語，例如：「教師好比園丁」、「文化像有機體」、「教育宛似生長」、「道德好像是人的第二生命」（歐陽教，民 77，p.275）；「書本就像降落傘，打開來才發生作用」、「說謊像咳嗽一樣，是瞞不了人」、「這種天氣，真像是身上披了一床濕棉被」（杜萱，民 81，p.24）。這一類都是很明顯地用「像」、「好像」、「如」、「宛似」等字眼來聯結兩個概念，並凸顯出兩個概念之間的類似之處。

另外一方面，有時人們喜歡用「隱喻」的方式來表達，不用「像」、「好像」、「如」、「似」等字眼，而用「是」或「即」來

聯結兩個概念，例如：「教師是園丁」、「文化是有機體」、「教育即生長」、「道德是人的第二生命」、「教師係心靈的產婆」、「教師係心靈的塑造者」、「教師係心靈的雕刻者」（歐陽教，民 77，p.275）。有時，我們甚至把「是」或「即」都省略了，例如：少女心，海底針，這種情形叫「略喻」。這一類「隱喻」或「略喻」的手法雖然是暗暗地比喻，但是語氣反而比「明喻」強烈、肯定。這類用語裡雖然沒有出現「像」或「如」等字眼，但是只要稍加注意仍然可以看出比喻性思考的痕跡。

　　還有一些用語的比喻手法比「隱喻」更不明顯。許多日常用語都是來自比喻，也透過比喻來讓我們掌握其意義，但是由於使用頻繁，我們反而不容易發現它們原先的比喻性手法。例如，「目標」這個概念是從射箭比喻過來；「基礎」這個概念是從房子的地基比喻而來；「根本」這個概念是從樹木比喻而來；「山腳、山頂、山腰」這三個概念乃是把山比喻成一個人；「來源」這個概念是從河水比喻而來。這一類的用語在我們的語言中比比皆是，隨便打開一本書、任何一本文章都可以看到。例如，在鍾聖校（民 79）的《認知心理學》一書的第一頁就有下列這段文字：

　　　近三十年來，「認知」領域已成為心理學家大展研究身手的舞台，認知心理學在心理學中獨樹一幟。究竟它的定義為何？來歷如何？方法是什麼？內容有哪些？這些問題是本節所要說明的。（鍾聖校，民 79，p.1）

　　這段文字充滿了許多不明顯的比喻性用語。「領域」把一門學問看成疆土；「大展身手」與「舞台」把研究活動看成一種表演；「來歷」把一門學問看成有生命的個體；「內容」把一門學問看成一個容器。這些用語都很普遍，但是仔細分析都帶有比喻性思考的痕跡。人們似乎脫離不了這些比喻性的用語，因為它們已經成為我們根深蒂固

的思考方式之一。

　　語言學家 Lakoff 和 Johnson（1980）也發現，許多日常用語都反應
出一種非常深層的比喻性思考。例如，下列各組用語與句法中都各自
含有一個比喻，這些比喻有時不是很明顯，但是我們在使用這些用語
時的確已經透過這些比喻來思考與溝通：

　　「辯論即戰爭」（ARGUMENT IS WAR）的比喻：
　　　　　他的論點<u>無懈可擊</u>。
　　　　　我這個觀點正好<u>擊中</u>你的要害。
　　　　　他的批評實在是<u>無的放矢</u>。
　　　　　他們的<u>論戰</u>難分難解。
　　　　　你的言詞太<u>犀利</u>了。
　　　　　甲方的<u>攻勢</u>很旺盛。

　　「時間就是金錢」（TIME IS MONEY）的比喻：
　　　　　你在<u>浪費</u>我們的時間。
　　　　　這個機器可以<u>節省</u>你許多時間。
　　　　　請你<u>給</u>我一些時間來考慮。
　　　　　這件事<u>花</u>了我一個上午。
　　　　　我已經<u>投資</u>了許多時間在她身上。

　　「意念即物品」（IDEAS ARE OBJECTS）的比喻：
　　　　　我爸爸就<u>持</u>此種看法。
　　　　　他的想法很難<u>拿捏</u>。
　　　　　那個想法是我<u>給</u>他的。
　　　　　你有沒有真正<u>掌握</u>這個字的意思。
　　　　　請不要再<u>灌輸</u>這些錯誤的觀念給別人了。
　　　　　他很喜歡<u>賣弄</u>他的學問。
　　　　　這是他<u>給</u>我的忠告。

「語詞即容器」（LINGUISTIC EXPRESSIONS ARE CONTA-
INERS）的比喻：

　　　　你的用字很<u>空洞</u>。
　　　　這個字的<u>內涵</u>很豐富。
　　　　讓我來<u>解釋</u>這個成語的意義。
　　　　這篇文章沒有<u>內容</u>。
　　　　這句話<u>裡面</u>有玄機。
　　　　你必須<u>深入</u>這句話的<u>底層</u>意義。

　　上述這些比喻性思考只是一些比較重要的例子，但是已足以說明
比喻性思考的普遍性。以前述「讓我來<u>解釋</u>這個成語的意義」這句話
為例，其中「解釋」這個詞隱含著「解開」與「釋放」的比喻。當一
個人在解釋某一個成語的意義時，儼然是把一個成語看成一個容器，
然後把容器「解開」，以便「釋放」或顯露出容器的內容。也就是
說，當我們在使用「解釋」這個詞時，我們無形中已經把語詞看成某
種「容器」。如果我們仔細看各種文章，觸目所及都有這一類深層的
隱喻。說穿了，其實語言的演變有一大部分可能都是由於此種比喻性
思考所造成。

　　從上述種種例子可以發現，比喻性思考事實上貫穿了人類思考與
溝通的每一時每一刻。人類幾乎無法不依賴比喻來思考或溝通。許多
時候我們都在依賴比喻性思考，但是因為它是如此的普遍，以至於我
們都習而不覺，就像我們如此深深地依賴空氣來呼吸一般。

　　人類既然時時刻刻都依賴比喻性思考，我們更應從人類比喻性思
考的普遍性來深入瞭解比喻的特性，以便充分運用比喻的作用來產生
大量的創意。我們可以從前述各種比喻的例子，歸納出比喻性思考的
基本特性。簡單地說，比喻就是一種「把……看成……」（seeing...
as..., Schon, 1983, pp.139-141）的心理活動，包括：以一個「具體的」
概念來看待另一個「抽象的」概念；以一個「舊的」概念來看待另一

個「新的」概念；以一個「熟悉的」概念來理解另一個「新奇的」概念；以一件事來說明另一件事等。總之，當我們面臨新問題、新狀況、新事物時，往往會把以前遭遇的類似狀況搬出來套在新的狀況，這就是比喻性思考的本質。人類經常面臨新的狀況，在有限的知識下，當然只好不斷藉著比喻來擴大理解各種事物的範圍，或是藉著比喻來溝通新的想法。Keller（1983, p.403）所說：比喻乃是把熟悉的事物變得新奇，或是把新奇的事物變得熟悉。一語道盡了比喻性思考的特性。

在創思活動中，我們經常要使用比喻來產生創意，這種情形叫做「借喻」。例如：人類自古以來就經常夢想可以像「鳥」一樣在天上飛行。這是一種把自己看成鳥的比喻性思考。許多古時的發明家也的確是從這個比喻出發，大膽地嘗試設計各種像鳥一般的翅膀，從高處往下飛躍。當然，許多人都失敗了，甚至因而摔死了。但是人類也的確是經過這種經驗的累積才逐漸發展出現代的高性能飛機。在整個過程中，人類一直在運用比喻的作用來解決問題，即使是現代飛機的機翼結構與形狀也是從鳥翅膀的結構與形狀「借喻」而來。此外，據說魯班發明鋸子，是從草葉銳利的鋸齒狀邊緣借喻來的靈感；潛水艇的潛水原理與靈感則是從「魚鰾」借喻而來；推送人造衛星或太空船的火箭則是從中國古時的「沖天炮」借喻過來的靈感。這些例子都說明了人類可以從舊的概念或觀念來看待新的狀況，也是以借喻產生創意的典型例子。

我自己曾經設計過一種「書籤筆」，也得到十年的新型專利。這個專利就是結合了「書籤」與「原子筆」這兩個概念所得到的構想。這種筆同時具有書籤與原子筆兩種功能，平時可以夾在書裡當書籤，當打開書本要看書時，書籤可以捲起來成為一支原子筆。當初為了實現這個想法，我曾遇到一個關鍵：如何設計一種物體結構，能夠在「柱狀體」與「平面體」之間輕易轉換。為了要達成這個目標，我就從大自然以及許多人造物品裡去尋找借喻的靈感。最後總算從眾多的

靈感中找到一個能滿足我的需求之想法。以下是最後得到專利的「書籤筆」斷面圖：

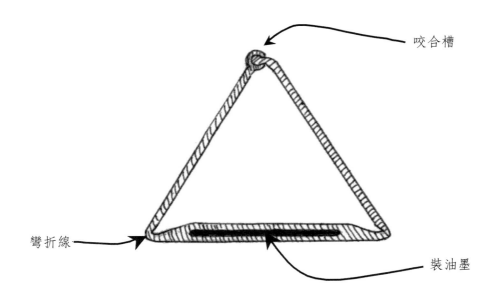

咬合槽

彎折線

裝油墨

　　這個「書籤筆」在當作原子筆使用時是三角柱的結構，中間一面內部裝油墨，其前端裝置原子筆頭。另外兩面則有「咬合槽」，咬合起來就成為三角柱的筆桿，展開就成為平面的書籤。在這個例子中，「咬合槽」就是從「封口袋」借喻過來。這個部分其實使用「魔鬼氈」來粘住兩個面的效果可能更好。不過當初我設計這個書籤筆時，好像「魔鬼氈」還沒有出現，也可能是我沒有注意到「魔鬼氈」。此外，在這個例子中，我不僅使用了「借喻」的技巧，也使用了即將在下一節說明的「重組與結合」的技巧。因為我把「咬合槽」和「彎折線」這兩個點子結合在一起。

　　我在大學時也曾經想要發明一種「不沾水的玻璃」，其表面具有像荷葉表面的特性。如果把這種玻璃做成汽車的擋風玻璃或後視鏡，雨水滴在上面就立即滾落，不需要雨刷。為了要發明這種玻璃，我當時的想法是：如果我們要讓玻璃表面具有這種性質，可能要從荷葉的

表面結構來產生借喻，或是從其他不會沾水的物體表面結構來產生借喻。可惜當初的科技無法製造如此微細的表面結構，所以我在研究了將近一年之後就放棄了這個構想。最近「奈米科技」大行其道，應該可以克服這個瓶頸，所以這種「不沾水的玻璃」應該是指日可待了。

二、為什麼要運用「比喻與借喻」？

(一)「比喻和借喻」是產生初步創意的一種技巧

當我們想產生創意時，最簡單的方式就是從類似的狀況來尋找靈感。這種方式類似一種模仿。其實，許多創意都是來自模仿，模仿並沒有什麼不好，它是讓我們快速得到靈感的方法，可以增加產生創意的效率與數量。我們當然不能只會模仿，但如果我們想產生大量的初步創意，模仿是一個很好的起步方式。

模仿其實就是把個人既有的知識遷移到新的狀況、應用到新的情境。透過模仿，我們也可以把別人的經驗與知識轉借到自己的情境，因而被我們應用。然而，他人的經驗與知識只能幫助我們或提示我們解決問題的方向，很多時候借喻只是產生初步創意的一種技巧，也不是得到創意的唯一技巧。許多借喻都有其侷限，也必須透過許多的轉換與調整才能成為最後的創意。本書第四章第二節「逐漸演變與修改」會進一步說明如何把初步的創意修改成高品質的創意。

(二)比喻和借喻在各種創思活動中都扮演關鍵的角色

許多創思活動都大量依賴比喻和借喻，而且扮演一個關鍵的角色。在文學和藝術創作的過程中，我們很難把比喻和借喻加以抽離。各種詩詞歌賦、小說散文都充斥著大量的比喻性用語與表達方式。這已經是人盡皆知的一個現象。例如：

　　　台北的夜景其實不像希臘，也一點都不像羅馬。路燈不太整

齊，霓虹閃耀的招牌好像永遠不會厭倦一樣。（中國時報，
81-9-13，27版，人的問題）。

　　正由於文學家與新聞報導如此依賴比喻性思考，使得有些人認
為，比喻只是語言的點綴，或是文學家們的文字遊戲，是一種不精確
的思考方式，是一種不科學的思考方式。依照這個觀點，人類要儘量
減少比喻性思考，才能使溝通更為精確。然而，比喻性思考是不足取
的嗎？人類果真能不依賴比喻性思考嗎？事實上，以自然科學家為
例，他們同樣脫離不了比喻性思考。在自然科學領域裡，許多概念事
實上都是一種比喻。例如，物理學家曾經對「光」的本質爭論不休，
到底光是「光子」呢？還是「光波」？後來有些物理學家乾脆提倡
「光的二元性」。不管是「光子說」或「光波說」，或是「光的二元
性」，物理學家也是依賴比喻性思考：光子說把光比喻成一種「粒
子」，光波說把光比喻成一種「波動」。另外，在電子學裡，科學家
把「電流」比喻成「水流」來思考它的一些特性。早期的古典物理學
家把原子結構裡的電子運行方式比喻成環繞著原子核在一定的「軌
道」上運轉，而近代量子物理學家則把電子比喻成一種「電子雲」的
狀態，在不同的「能階」上不斷「跳躍」。在力學裡，物理學家把
「力」視為具有方向與大小的「箭頭」，即向量。化學家把原子之間
的吸引力比喻成某種「彈簧鍵」。自然科學中，到處都充斥著類似這
些比喻的例子，科學論文中處處都要依賴比喻性的思考。如果不依賴
各種比喻，沒有一篇論文能寫得出來。事實上，我們甚至可以這樣
說，科學上每一個理論模式的深處都有一個比喻。由此可知，科學家
也要運用比喻性思考，比喻並非文學家的專利。

(三)透過「比喻與借喻」來應付層出不窮的新問題

　　人類經常會用既有的概念來看待新的狀況或問題，並因此產生解
決問題的創意。當一個人面臨一個新的問題狀況時，他也可以用比喻

的方式，把這個新狀況看成另外一個已知的狀況，以便產生新觀念或是得到解決新狀況的啟示。例如，當一個老師在面臨學生的秩序與管教問題時，他可以設想如果自己是小孩的媽媽時，他可能會如何處理；他也可以設想如果自己是一個園丁時，他可能如何以對待小樹苗的方式來對待小朋友。當一個機械設計師在構想某一個機械結構以便達成某種功能時，他可以從周遭毫無相關的物品中來尋找靈感，透過「借喻」的方式來找到解決的方式，例如在設計電冰箱的門時，可能會從某一棟建築的門窗結構得到一個新的靈感；在構想一個機器中某一個旋轉機件時，可能從身邊一個玩具中得到其螺旋結構的靈感。一個社會科學家在建構新的理論時，可能會從自然科學中某一個理論的形式得到一個靈感。

畢竟，我們的知識是有限的，而現象是無限的，以有限來應付無限時必然要運用比喻。比喻的作用使我們能以有限的概念來看複雜的萬象。如果沒有比喻的作用，在面臨新的問題時，我們必須不斷重新思考新的方式，等於每次都要從頭來，因為不會有兩個完全一致的新舊狀況。所幸人類具有比喻性思考的能力，否則每一個人不但必須擁有相當龐雜的知識才足以應付各種不同的狀況，也必須耗費許多精力在處理層出不窮的新狀況。

㈣比喻和借喻可以擴展我們既有的觀點

我們在成長的過程中，除了獲得新的經驗之外，有一個非常重要的任務，就是從新的觀點來看待舊的經驗，或者從舊的觀點來看待新的經驗。例如，一個學生可能從學校裡學會一個新概念叫「資源回收」。結果他回家之後，可能會用「資源回收」這個概念來看待他以前隨便丟棄舊玩具、舊衣服、舊雜誌的習慣。於是他可能會發現這些一向被他丟棄的東西其實都是可以回收再利用的資源。這就是「從新的觀點來看待舊的經驗」。另外，有些人則是「從舊的觀點來看待新的經驗」。例如，一個人可能在小時候就有「助人為快樂之本」的觀

念，但是等到他長大後擔任老師，體驗到擔任老師的快樂，這時他會從「助人」這個舊的觀點來看待「擔任教師」的新經驗。也就是說，他以前可能不知道「教師」也是一個助人的工作，但是在有了新的經驗之後，他無形中也拓展了「助人」的概念。總之，「從新的觀點來看待舊的經驗」或「從舊的觀點來看待新的經驗」這兩種心理活動都涉及到比喻的作用，都是在新舊經驗之間做聯結。這兩種心理活動可以協助我們不斷擴展觀點與視野。如果沒有運用比喻的作用，人的觀點與經驗都會顯得狹窄與僵化。

三、如何運用「比喻與借喻」來增加創意的數量？

(一)善用各種來源產生借喻的靈感

懂得運用比喻與借喻的人會善用各種來源產生借喻的靈感。當然，自然界是豐富的創意寶庫（程曦，民 69，p.108）。例如，當初設計釘鞋的人是從老虎和貓的腳掌構造得到借喻的啟示；有人看到蜘蛛結網的情形，因而想到可以把鋼索做成吊橋以便橫跨深谷；有人從雜草種子上的鉤狀物得到啟示，設計了「維可牢」（Velcro，或譯為「魔鬼氈」）。它是一種尼龍刺黏扣，兩面一碰即黏合，一扯即可分開，被大量使用在衣物、鞋子、包袋類物品（如：皮包、書包、背包、行李包、旅行手提包、睡袋、手機袋、手提袋、環保袋、購物袋等）；有人從鳳仙花的果實得到靈感設計了「開口笑」（一種小小容器，從兩端一壓就開口，鬆開就合起來，可以放在身上，裝放一些零錢、小物品）。許多工程師為了解決某些工程結構的問題，乾脆從植物、動物或礦物的結構中直接尋找借喻的靈感，例如：美工刀就是從玻璃碎片的鋒利邊緣得到設計的靈感（程曦，民 69，p.105）。

其次，如果我們從不同的經驗範疇來借喻，往往會有意想不到的突破。例如，當我們想要設計某種教學活動時，與其從別人的教案設計來借喻，倒不如去看一些團體活動或遊戲活動的書，甚至玩一玩電

腦遊戲,從當中來尋找借喻的靈感。這樣比較可能得到非凡的創意。請參見本章第71頁所述有關「直接借喻」的練習活動,在此就不再贅述。

程曦（民69,p.114）提到一種「NM-T構想法」,也是一種從各種來源尋找借喻靈感的方法。這個方法就是設法從別的物品之構造和印象上來尋找借喻的啟示。例如,如果我們想設計一種「開啤酒罐的方法」。我們首先把這個目標的要點加以抽離出來,變成「打開」這個關鍵字就好。然後我們可以從大自然的物品或各種人工物品中,尋找各種和「打開」有關的結構或型態。然後,從每一個找到的結構或型態中去類推到我們原始的設計目標（即開啤酒罐的方法）,以產生各種可能的構想。這種方法不僅是靠偶然的機會來找暗示,而是積極去發掘各種可能借喻的啟示,不僅可以產生大量的創意,也往往可以得到突破性的創意。

(二)用「直接借喻」來產生靈感

Arthur VanGundy（李昭瑢等譯,民 83,p.189）建議採用一種「類比法」來產生靈感。這個技巧和我在第71頁所說的「直接借喻」一樣。我在第 54 頁也提及「書籤筆」這個實例。當年我在設計「書籤筆」時,乃是從大自然以及許多人造物品裡去直接尋找借喻的靈感,以便解決我的問題。以下再舉一個實際的例子來說明如何用「直接借喻」來產生靈感。在這個例子中,我是針對「如何減少社會上的犯罪行為?」這個問題。首先,我們要根據這個問題來決定問題的核心概念。在這個例子中,我選擇「減少」作為核心概念。其次,我們要儘量列出日常生活中和「減少」有關的一些生活經驗,然後針對每一個相關經驗,列出該項經驗的一些特徵或特質（不止一樣特徵）,最後再根據這些特徵來一一產生借喻的靈感。下表是我最後得到的結果:

相關經驗	該項經驗的特徵	直接借喻的靈感
減少噪音	為了減少噪音，我們必須讓機器有良好的潤滑。	減少犯罪就像減少噪音一樣，我們要讓每一個社會機構內部的運轉順暢、人際關係和諧，就比較不會產生犯罪。
	為了減少噪音，我們可以在牆壁上裝吸音板或隔音板。	減少犯罪就像減少噪音一樣，我們可以在社會上設立一些阻隔犯人流通的機制，減少他們和他人接觸的機會。
減少污染	為了減少污染，我們要設立污染監控機制。	減少犯罪就像減少污染一樣，我們應該設立犯罪監控機制，隨時掌握犯罪的動態。
	為了減少污染，我們要儘量回收廢棄水、廢棄物。	減少犯罪就像減少污染一樣，我們要儘量把犯罪人物進行感化教育，讓他們回歸社會，成為社會的資源。
	為了減少污染，我們要仔細尋找產生污染之污染源，然後從源頭下手防止污染的產生。	減少犯罪就像減少污染一樣，我們要探尋犯罪的源頭，然後直接從源頭來防止犯罪的發生。
減少戰爭	為了減少戰爭，我們應該增加國與國之間的互動與交流，增加彼此的瞭解與尊重。	減少犯罪就像減少戰爭一樣，我們應該增加社會上的人際互動與交流，增進人與人之間的相互瞭解、尊重與和諧。
減少垃圾	為了減少垃圾，我們應該推動愛物惜福的觀念。	減少犯罪就像減少垃圾一樣，我們應該推動生命教育，協助人們尊重生命、愛惜緣分，減少人與人之間相互傷害。
減少人口	為了減少人口，我們要提升國民教育水準，並提倡節育。	減少犯罪就像減少人口一樣，我們要提升教育水準，加強宣導犯罪不僅損人也不利己，以減少犯罪。

從這個例子來看，「直接借喻」其實非常直截了當。只要我們找到核心概念及相關的經驗，我們就可以產生許多借喻的靈感。

㈢用「隨機強迫比喻」來產生靈感

有些人懂得用借喻的方式來充分運用他個人既有的知識來產生各種創意，他可以用強迫的方式，在任意兩個概念之間產生比喻性的聯結，因而產生源源不絕的創意。在此所謂「強迫」，是指強迫自己在任意兩個概念之間尋找聯結。而這任意兩個概念則是隨機產生。例如，當我們在寫作時，如果主題是有關「榮譽」，為了產生一些有創意的比喻。我們可以任意翻開字典，或者任意在一張報紙上隨手一指，指到什麼詞（如：汽車），就把該詞和「榮譽」產生一個比喻性的聯結（如：榮譽就像汽車一樣，有時還挺招搖的）。請參見本章第67頁所述有關「強迫比喻」的練習活動，在此就不再贅述。

這種隨機的聯結經常會產生意想不到的靈感。關鍵在於強迫自己一定要在兩個概念之間尋找聯結點，不要輕易放棄。這是一個增加創意數量的簡單方法。當然，並非所有用強迫比喻的方式得到的靈感都會是高品質的創意。這種方式純粹只是提供創意的數量而已。

㈣用「有系統的強迫比喻」來產生靈感

我們有時可以用更有系統的方式來進行「強迫比喻」。例如，如果我們想設計一種新型手機。針對這個目標，我們可以選擇另外一個任意選擇的物品（例如：衣服）來進行有系統的強迫比喻。首先，我

們可以列出「衣服」的各種特性（如下表左欄）。然後，針對每一個特性，我們可以把這些特性強迫比喻到手機上，於是我們就可能得到下表右欄的各種新型手機的構想：

「衣服」的各種特性	新型手機的構想
可以摺疊收藏	可以摺疊的手機
有口袋	附有口袋，可以裝隨身小物品的手機
不怕摔	掉到地面不會壞，不怕摔的手機
髒了可以洗（乾洗與濕洗）	髒了可以洗，不怕水的手機，或者可以乾洗的手機
衣服的主要功能是用來裝飾與美化	帶在身上某處可以作為裝飾品的手機
有的衣服是用來標示團體或產生所屬感的（制服）	讓團體訂製的統一形式手機
有的衣服只有學生才會穿（學生服）	專門給學生使用的手機
有的衣服是用來顯示身分的	讓人一看手機就知道使用者身分的手機
有的衣服是貼身的內衣	別人看不出來的貼身手機（放在衣服裡層或帽子裡層）
有連身的，也有衣褲分離的	手機的各種配備可以分離，也可以結合使用
可以在百貨店購買，也可以在衣服專賣店購買	陳列在百貨公司的大眾化手機以及在專賣店購買的高級手機
男女衣服有別	男女有別的手機造型
大人及小孩衣服有別	專為小孩設計的手機
針對不同場合有不同的衣服	適合不同場合使用的手機外殼

陳耀茂（民 87，p.45）把上述這個方法稱為「焦點法」，也就是把某一個事物的相關要素和特徵一一列舉出來，然後把這些特徵和思考的課題一一加以聯結在一起，以便構思創意，就像用凸透鏡把光線聚焦對準一個點一般。這種焦點法經常會是許多意想不到的創意。

　　陳耀茂（民 87，p.50）提到另外一種有系統的強迫比喻技巧，叫做「諺語構思法」。首先，確立自己的課題或有待解決的問題，例如：如何推銷汽車。其次，列出一些自己很熟悉或很認同的諺語或格言。然後，針對每一個諺語，強迫自己把所要構思的主題和諺語加以聯結，然後產生一些可能的創意靈感。以下用「如何推銷汽車？」為主題來說明這個強迫比喻的技巧。在下表中，我在左欄隨意列了十個常見的諺語。然後，針對每一個諺語，我從諺語的意義來聯想，強迫自己產生一個推銷汽車的想法或策略，如下表所示：

課題：如何推銷汽車？	
諺語	從諺語的意義比喻而來的創意或構想
解鈴還得繫鈴人	既然要推銷汽車，就讓自己成為汽車的行家，多多吸收各種有關汽車的知識，不僅是自己想要推銷的汽車，連市面上各種汽車的相關知識都要廣泛地吸收。
在家靠父母，出門靠朋友	先從自己認識的朋友裡尋找可能的客戶，然後請朋友介紹他們認識的朋友，一直延伸下去。
百聞不如一見	開車去拜訪可能的客戶，直接讓客戶看到車子，也許可以刺激他們的購買慾。
好心必有好報	平時多多助人，廣結善緣，也許可以接觸到可能的買主。
擒賊先擒王	接觸客戶時，要盡快瞭解誰才擁有購買的決定權，並試圖打動他的心。
柔能克剛	推銷汽車時，不要讓人覺得一定要把汽車推銷出去，也不要讓人覺得自己沒有把汽車推銷出去就影響很大，而是讓他覺得自己只是把推銷汽車當作業餘的嗜好，沒有非賣不可的壓力。
三個臭皮匠勝過一個諸葛亮	推銷汽車時，請另外兩個同事幫忙，從不同角度向客戶解說汽車的特色，提供不同的見解，並增加說服力，以避免客戶覺得你只是「一家之言」。

勿以惡小而為之，勿以善小而不為	在推銷汽車時，不要吝於強調汽車的任何小優點，也不要隱瞞汽車的小缺點。
士為知己者死，女為悅己者容	在推銷某一款汽車時，要讓客戶覺得是在尋找知音人，尋找能欣賞該款式汽車的人，而不是讓客戶覺得是在推銷汽車。
早起的鳥兒有蟲吃	要勤快地尋找潛在客戶，要比別人早一步接觸，以免被別人捷足先登。

㈤運用「個人比擬」的方式來產生靈感

　　所謂「個人比擬」，就是把個人想像成任何一個物品、動物、植物、大自然的現象或者其他人，把自己看成該物或人，然後設想自己處在那個處境之中的種種可能的感受、行為、反應。這種方式其實也是屬於前述「強迫比喻」的一種，只不過現在其中一個概念是「自己」。在寫作時，採用這種方式也可以產生源源不絕的靈感。本節第67頁到第71頁將介紹一系列有關「個人比擬」的練習活動，讀者可以藉由這些活動瞭解如何運用個人比擬來產生靈感，並透過這些活動來加強練習自己比喻的能力，在此不再贅述。

四、「比喻與借喻」的練習活動

㈠「比喻與借喻」練習活動一：看什麼就像什麼

活動目的	練習發揮想像力，培養比喻的能力。
練習形式	團體練習
活動方式	1. 教師在黑板上任意畫一個圖形（例如下圖），然後問學生：你們把這個圖形看成什麼？

	2.教師舉例它看起來像一個在天上飛的女巫、一隻在跑的狐狸、一隻在大聲吠的狗等等。然後點一些學生說出他們覺得這個圖像什麼。 3.依照同樣的方式，教師再任意畫其他圖形。讓學生發揮想像力。
活動變化	1.教師可以帶學生到戶外，請學生看天上的雲彩，發揮他們的想像力，學生自由發表並指出天上某部位的雲像什麼。 2.教師可以在一個裝滿水的大水缸中，滴一滴有顏色的顏料，當顏料在水中變化時，讓學生自由聯想並發表自己看到了什麼。

(二)「比喻與借喻」練習活動二：老師就像……

活動目的	練習進行簡單的強迫比喻。
練習形式	團體練習
活動方式	1.教師先請學生腦力激盪各種職業的名稱，並把這些名稱一一寫在黑板上，例如：醫師、律師、工程師、清道夫、護士、警察、檳榔西施、軍人、工人。 2.針對第一個職業名稱，教師可以先舉些例子，例如： (a)老師就像醫師一樣，經常要仔細診斷學生在學習上的疑難雜症，然後引導學生突破學習障礙。 (b)老師就像醫師一樣，需要經過專業的訓練。 (c)老師就像醫師一樣，要深入瞭解學生的個別差異，才能對

症下藥給予學生適性的教學或輔導。

3. 教師開始抽點二至三位學生造句，每個句子都是以「老師就像……」為開頭。

4. 針對其他各種職業名稱，教師一一抽點學生進行強迫比喻的練習。有些職業名稱可能比較困難，教師可以請全班學生一起想，想到的人就提出來。

(三)「比喻與借喻」練習活動三：個人比擬

活動目的	練習進行簡單的個人比擬。
練習形式	團體練習
活動方式	1. 教師引導學生腦力激盪一些物品名稱，並把這些名稱一一寫在黑板上。 2. 教師舉例說明如何在「人」和各種不同「物品」之間做比喻，例如： (a)人的生活就像天上的「雲」一樣，飄浮不定。 (b)人在宇宙間就像海邊的「沙」一樣那麼渺小。 (c)人就像一朵花一樣，有盛開的時候，也有凋謝的時候。 3. 教師請每位學生自行從黑板上的物品名稱中選擇一至三個，嘗試在「人」和「物品」之間做比喻。 4. 教師抽點一些學生分享他們的比喻。

(四)「比喻與借喻」練習活動四：強迫比喻

活動目的	練習在任意兩個概念之間看出共同點，以便進行比喻性聯結。
練習形式	團體練習
活動方式	1. 教師發給每位學生一張小紙條，教師把學生概略分成四個區域，第一區的學生在紙條上寫一種人造的物品名稱（如：桌子、汽車），一張紙條寫一種名稱即可。第二區的學生在紙條上寫一些大自然中的現象（例如：雨、彩虹）。第三區的

學生寫一些事情（例如：走路、洗澡）。第四區的學生寫一些抽象的名詞（例如：榮譽、道德、文化）。

2. 教師把紙條依照類別蒐集起來，一共有如下四堆的紙條：

(a)第一堆：人造物品名稱。

(b)第二堆：大自然中的現象。

(c)第三堆：事情。

(d)第四堆：抽象名詞。

3. 教師從第一堆紙條中任意抽兩張（例如：衣服、書）。教師舉例說明如何在此兩者之間進行強迫比喻，例如：

(a)衣服就像書一樣，能顯現一個人的個性與涵養。

(b)書就像衣服一樣，都是要給人看的。

4. 教師說明「衣服」或「書」哪一個在先、哪一個在後都可以，只要使用類似的句法就可以。教師再從第一堆紙條中再抽兩張，然後任意抽點兩位學生用類似的句法來做強迫比喻。

5. 依照同樣的方式再反覆兩次（每次都抽兩張紙條，且抽兩位學生來練習）。教師亦可在抽點兩次之後，徵求自願者，發表他們的強迫比喻想法。

6. 用同樣方式，教師先示範在任意兩種大自然現象之間做強迫比喻，例如，教師抽到「暴風雨」和「沙丘」，並做如下的舉例：

(a)暴風雨就像沙丘一樣具有強大的吞噬力量。

(b)沙丘就像暴風雨一樣，令人覺得生命的渺小與脆弱。

7. 教師開始抽點學生在任意兩種自然現象之間練習進行強迫比喻的練習。每次都抽兩張紙條，且抽兩位學生來練習。在抽點兩次之後，徵求自願者，發表他們的強迫比喻想法。

8. 用同樣的方式使用第三堆紙條，在各種不同「事情」之間練習強迫比喻，例如，在「吃飯」與「走路」這兩件事情上可以造出如下的句子：

(a)「走路」就像「吃飯」一樣，都是我們每天不可以缺少的活動。

(b)「吃飯」就像在健康步道上「走路」一樣，要細嚼慢嚥對身體比較好。

9. 教師在第四堆紙條（抽象名詞）中抽一張，在第一堆紙條（人造物品）中抽一張，然後示範如何在抽象名詞與人造物品之間進行強迫比喻，例如，在「品行」和「電視」之間，可以進行如下的強迫比喻：

 (a)一個人的「品行」就像「電視」一樣，是人人都看得見的，而且是眾所矚目的。

 (b)「電視」就像「品行」一樣，已經成為日常生活中無法缺少的必需品。

10. 教師用同樣的方式抽點學生練習如何在抽象名詞與人造物品之間進行強迫比喻。

11. 教師用同樣的方式抽點學生在「人造物」與「大自然現象」之間進行強迫比喻。

12. 最後，教師把所有的紙條全部混合，然後在任意兩張紙條之間進行強迫比喻的練習。

補充說明	1. 這個活動的重點就是「強迫」，也是延續前兩個活動（老師就像……，人就像……），但是這個活動的難度比前兩個稍微高一些。這個活動可以用來說明一個現象：在強迫的情況下，任意兩個概念之間通常都找得到比喻性的聯結。但是，在剛開始時，有些學生可能覺得很困難，教師可以先舉一些例子或者讓想到的學生先提出來，學生多看別人的例子後，慢慢就會覺得沒有那麼困難。 2. 遇到一些比較難的強迫比喻情況，有些學生會放棄，教師要鼓勵學生堅持下去，好好去想一個比喻。有時教師可以先舉個例，激發學生的靈感，或者暫時擱置，讓學生慢慢想，等想到再提出來，先讓別人繼續。 3. 這個活動是趣味性很高的活動，經常會產生非常新鮮、有趣的比喻，例如： (a)「文化」就像「風」一樣，雖然看不見，但是我們都知道它在我們的四周。 (b)「彩虹」就像「馬桶」一樣，雖然都很光鮮亮麗，但是都無法維持很久。 4. 這個活動對於訓練比喻性思考的效果很好。

(五)「比喻與借喻」練習活動五：人物類比

活動目的	用具體的物品來練習做人的比擬。
練習形式	團體練習
活動方式	1. 教師舉例說明日常生活中，我們會用某種物品來比擬人的各種特性或情境，例如： (a)當我們說一個人很「油條」是比喻說，這個人很老練、取巧、狡滑。 (b)當我們說一個人當「電燈泡」是用來比喻說，這個人在另外兩個人約會時在旁邊成為他們的累贅。 (c)當我們說一個人很「木頭」，是指他很不解風情，對別人的感情沒有知覺。 2. 教師以「衛生紙」為例，說明我們可以用「衛生紙」比喻各種人（有很多的可能性），如下所示： (a)指在一個團體裡地位無足輕重，但是卻又少不了他們的人。 (b)指身心都很純潔的人。 (c)指身段很軟，肯做非常低賤的事之人。 (d)指被人利用完就拋棄的人。 3. 教師隨意指定一些具體物品（例如：石頭、吸管、衣服、閃電、貓、鯨魚，或任何在教室裡剛好看到的物品），針對每一樣物品，請學生想一想：我們會把什麼樣的人比擬為這個物品？ 4. 教師抽點一些學生分享他們的比擬，也讓一些自願者提出他們的想法。教師可以略為表決一下，看看大家最喜歡哪一個比擬。
補充說明	1. 這個活動的趣味性很高，也很能訓練學生的想像力與比喻的能力。同時也可以讓學生瞭解到人的確非常複雜，具有許多不同的層面。 2. 進行這個活動時，教師應該在活動之前規定，不能拿特定對象或班上的同學來比擬，應以概括的人為比擬的對象，以免學生指名道姓地比擬班上某一位同學，而那位同學卻討厭這

樣的比擬。這樣可能會造成彼此負面的攻擊與情緒反應。

3. 這個活動除了在大團體裡練習之外，也可以在小團體裡（四至五人）練習。由每一個人輪流指定一種物品，然後每一個人都想一種比擬的角度。等每一個人都想出一個比喻後，再一一分享。分享之後也可以略做討論，看看哪一個比擬最有意思、最傳神或最有趣。

(六)「比喻與借喻」練習活動六：直接借喻

活動目的	練習使用借喻的方式來產生靈感。
練習形式	團體練習
活動方式	1. 教師說明：假如我們把學校看成一個「遊樂場」或「主題樂園」，我們在規劃學校時，可能會設計哪些設施？這種學校裡可能有哪些有別於傳統學校的學習型態或教學方式？
	2. 教師請每一位學生先把自己想到的一些想法寫下來。一段時間之後，教師抽點一些學生分享他們的想法。
	3. 依同樣的方式，教師一一引導學生練習下列各項借喻的練習，並一一引導學生分享他們的創意：
	(a)假如我們把一個國家看成一個巨大的「人體」，這個國家可能會有哪些有別於現代社會的設施？這個國家可能會有哪些有別於現代社會的制度或活動？
	(b)假如我們把照相機看成人類的眼睛，這樣的照相機可能具有哪些有別於目前照相機的結構或功能？
	(c)如果我們要設計一種能在深海中活動的交通工具，我們可以從「魚」的生理結構或活動方式得到哪些設計的靈感？
	(d)假如我們把老師上課看成演員在演戲，可能會產生哪些有創意的教學方式或活動？
	4. 經過上述的練習後，教師請學生自行選擇某種傢俱或日用品，然後自行選擇一個借喻的對象，並列出一些透過借喻產生的靈感，例如：
	(a)把「船」看成「水黽」（一種能在水面快速移動的昆蟲）。

	(b)把「飛機」看成「蒼蠅」。 (c)把「汽車」看成「豹」。 (d)把「工廠」看成「人體」。 (e)把「學校」看成「工廠」。 (f)把「電腦」看成「人腦」。
補充說明	這個活動可以幫助學生理解如何透過借喻來產生創意。在許多創思的時機裡，運用這種借喻可以產生許多突破性的創意。

(七)「比喻與借喻」練習活動七：擬人化故事

活動目的	練習個人比擬的能力。
練習形式	團體練習
活動方式	1. 教師說：如果有一天，某一個時刻，在某一個地方，你發現自己突然變成某種動物（例如：豹、狗、螞蟻、企鵝），你的心智、知識、個性都沒有變，只有外形變了。 2. 教師請每一位學生寫一篇簡短的故事，描述接下來可能發生的事情或趣事。時間、地點、動物都由自己決定。 3. 學生寫完之後，教師抽點一些學生分享他們的故事，也可以徵求自願者一起來分享。
補充說明	1. 這個活動可以讓學生練習把自己設身處地投射為某種動物，趣味性很高，練習的效果也很好。 2. 這個活動也可以個人練習或者約三五個朋友進行練習。

(八)「比喻與借喻」練習活動八：未完成圖

活動目的	加強練習「看成」的想像力，並增進思考的流暢力。
練習形式	個人練習
活動方式	在第 279 頁附錄三，有各種「未完成圖」。請你在每一個圖形裡畫上一些線條，使它變成有趣的東西或圖畫。請在圖形下方寫出幾個字說明該圖的意義。請用最流暢的方式，想到什麼就

	畫下去，儘量少做判斷。請儘量在大約十五分鐘之內完成。
補充說明	此活動主要在促進「看成」的想像力，也就是比喻的能力。這個活動同時也可以訓練「水平思考」的流暢力，因為在完成這個活動的過程，需要從各種可能的角度來看待這些「未完成圖」。

(九)「比喻與借喻」練習活動九：熟悉變新奇

活動目的	練習用比喻的方式把熟悉的事物變新奇。
練習形式	團體練習
活動方式	1. 教師說明，我們可以把一個非常平凡的日用品，用新奇的方式來描述，讓它變得很奇特、很不尋常，或者很有學問的感覺，例如： (a)冷氣機：一種小型室內空氣熱量交換器。 (b)飲水機：一種個人用水質過濾與水溫調節器。 2. 利用類似的方式，請學生針對下列這些日用品，想出一些新奇的方式來描述：微波爐、手機、電話機、電視機、腳踏車、手錶。 3. 教師說明，我們可以把一個很平常的概念用奇特新鮮的方式來描述： (a)彩虹就像大自然把雨水當作巨大三稜鏡在做陽光的分解實驗。 (b)太陽就像一個巨大的核子反應爐，一面把自己的身體當作核子燃料，一面放出強烈的光能。 4. 利用類似的方式，請學生針對下列這些概念，想出一些新奇的方式來描述：颱風、雲、沙漠、海浪、病毒、森林。

第三節　重組與結合

一、什麼是「重組與結合」？

產生大量創意的第三個技巧就是「重組與結合」。為了方便說明「重組與結合」的特性，我們先來看一個簡單的「重組與結合」活動。下列乃是四個非常簡單的「圖形要素」：

我們可以運用這四個「圖形要素」來設計各種花邊圖案，例如：

我曾經叫學生運用這四個簡單的圖形要素來設計花邊，雖然只運用四個簡單的圖形要素，但是學生設計出來的花邊圖案卻變化無窮，而且很少出現同樣的設計。這個活動乃是典型的「重組與結合」之例子，而且也可以說明一個非常簡單但是非常重要的現象：我們可以運用有限的要素來形成無數的可能組合。

「重組」與「結合」這兩個概念雖然很相近，但是意義不太一樣。所謂「重組」，乃是運用舊有的要素，但是重新組合為新的排列、新的結構。例如，在下面兩個圖形中，從左圖變成右圖，它們都具有同樣的圖形要素，但是排列方式改變了，因此叫做「重組」：

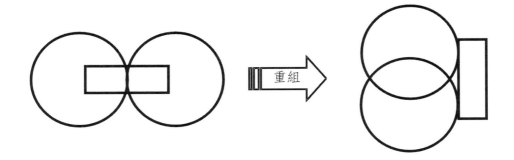

　　例如，當我們在設計海報時，同樣的海報內容（含圖形與文字），但是我們可以做各種不一樣的排列與構圖佈局，因而得到不同的設計初稿；當我們在進行一項室內設計工作時，在同一個室內空間中，我們可以把同樣的傢俱與設計要素擺設在不同的位置，因此得到各種不同的室內設計規劃案。這些都是利用「重組」的技巧來產生創意。

　　至於「結合」則是把兩個或兩個以上本來不相關的概念加以關聯起來，結果產生了新的組織與結構。例如，我們可以把「馬桶」和「體重計」這兩個概念加以結合，設計一種「馬桶式體重計」，當一個人在使用馬桶時，能夠同時也測量他的體重。假如到目前為止都沒有人想到把「馬桶」和「體重計」結合起來，而我想到了這個創意，我就是第一個把「馬桶」和「體重計」關聯起來的人，這種情形叫做「結合」。在發明史上，許多發明家都是利用「結合」的方式來創造新產品，例如：把橡皮擦和鉛筆這兩個概念加以組合，結果發明了帶著橡皮擦的鉛筆；把刀子、鑽子、螺絲起子、開罐器等小工具加以結合而設計成的「瑞士小刀」；新力公司的社長把「錄音機」和「走動」這兩個概念結合起來，設計了「隨身聽」。這些都是有名的例子，其他還有許多發明都是利用「結合」的方式而產生的創意。我在前面第 54 頁所說的「書籤筆」，也是結合了「書籤」與「原子筆」這兩個概念所得到的構想。另外，我也曾設計一種「指環式膠帶切割器」，結合了「指環」與「刀子」這兩種概念而成。我也設計過一種

「燈罩式排油煙機」，這是一種外形像燈罩的排油煙機，造型像個燈罩，但是具有排油煙機的功能。因此也是把「排油煙機」和「燈罩」這兩個概念加以結合而成。

在創思活動的過程裡，我們經常透過「重組」或「結合」來產生大量的創意。當我們把兩個或兩個以上舊的概念同時啟動與結合之後可以產生許多新的想法。這是一個很簡單的原理，但是卻也是創思的關鍵之一。在有關創造發明的書籍中有一句名言：「日光之下無新物」（奧斯朋，民53，p.186）。其實，這句話的意義是：一個創意的「成分」往往並沒有什麼新鮮之處，但是一個創意之所以成為創意乃是由於把舊有想法用新的方式來重組或結合。因此，Kostler乾脆把創造的行為定義為「把原先不相關的結構組合在一起，使這新的整體產生比原來放進去的材料更豐富的結果」（參見 James Adams，簡素琤譯，民85，p.74）。樺旦純（陳南君譯，民87，p.130）也說，所謂創造性，說穿了不過是把現有的要素或資訊加以組合，產生新的附加價值而已。

在現代社會中，許多產品設計師在設計新產品時，例如：汽車、電腦、家電、手機，都是運用「重組與結合」的原理，有時候他們只不過是把新的功能或配備不斷添加到舊的產品，然後就不斷推出新的機型，以便吸引顧客購買他們的產品。有時他們甚至只是把舊產品裡

的配備重組一番，功能與配備可能都一樣，使整體造型更小、更美或更耐用。這樣也可以不斷推出新的機型。

　　各種設計師（如：廣告設計師、服裝設計師、室內設計師、景觀設計師）也經常大量運用「重組」或「結合」的方式來產生創意。每一個設計多多少少都涉及到把舊有的要素加以重組或結合。一個廣告設計師在設計一個廣告時，他可能把一個完全無關的概念和所要推銷的產品結合起來，產生一個非常令人驚奇的效果，讓人印象很深刻，因而達成廣告的目的。

　　除了發明家或設計師之外，美術家也是經常利用重組或結合的方式來創作許多美術作品。許多美術家就是把一些別人意料不到的成分要素結合在一張畫面中，而產生令人驚奇的美術作品。作家則是利用文字組合的方式創造許多文學作品。

二、為什麼要運用「重組與結合」？

㈠重組與結合乃是宇宙萬事萬物演變與創造的基本原理

　　透過漫長的時間，我們現在居住的這個地球慢慢演變出各種礦物、植物、動物。如果我們仔細追究所有這些演變出來的物種，我們會發現大自然只是單純地運用一個簡單的創造法則：重組與結合。首先，從各種不同種類及數目的原子組合成千變萬化的無機分子，從各種無機分子進一步組合成各種有機分子，從各種有機分子進一步組合成各種氨基酸，然後又組合成更複雜的蛋白質，然後又組合成各種單細胞生物，各種單細胞生物又進一步組合成各式各樣的多細胞生物，然後是繽紛的植物、動物。至於人類所使用的各種物品當然也是運用同樣的過程不斷被設計、創造出來。簡言之，不管是生物或非生物，無數的物種或物品都是從簡單的要素或元素不斷「重組與結合」而成為愈來愈複雜的結構與組織。因此，如果我們想要產生大量創意，當然也要善用這個亙古不變的創造法則。詹宏志（民85，p.38）說：「創

意就是把兩個原本不相干的事物組合在一起。」這句話簡潔地道出創意的本質。許多創意的產生，常常只是把舊元素加以新的組合。兩個或兩個以上已經為人熟知的舊觀念，合併在一起時，可能會成為全新的觀念。

(二)有限的要素可以組合成無數的創作

從前述的說明中，我們也可以看到一個非常重要的現象：重組與結合的可能性雖然是無窮無盡，但是我們在創造時所使用的素材卻是非常有限的。例如，目前科學家在地球上發現到的「原子」（即化學元素）種類不會超過一百二十種，但是這些元素卻可以組合成不計其數的「分子」；生物的基因碼雖然只有四個：腺嘌呤（A）、鳥嘌呤（G）、胞嘧啶（C）、胸腺嘧啶（T），但是卻可以組合成地球上千萬變化的生物；英文字母雖然只有二十六個，但是卻可以組合出成千上萬的英文單字；音符只有幾種，卻能組合出無數首動人的音樂；七巧板雖然只有七片，但是卻可以組合成各種的形狀。

簡言之，運用有限的要素可以組合成無數的創作。這是大自然的奧秘，也是我們在進行創思活動時不可不知的秘訣。在多數情況裡，我們都是在有限的素材下從事創思活動。我們在現實情況裡，往往都受限於有限的物資、材料或資源，但是也不會妨害我們創意的發揮。有些人為了激發自己的創意，甚至故意用特定的材料或畫具作為創作的素材，例如：羽毛畫、貝殼畫、蝴蝶翅畫。

(三)要素本身並沒有新鮮之處，但是組合的方式卻有無窮無盡的創新可能

依照前面的分析，許多創意乃是從有限的要素組合而來，這些要素本身並沒有新鮮之處，所謂「創新」只是就組合的方式而言。雖然創造的素材了無新意，但是組合的方式卻可以不斷推陳出新。就像研究創造力的大師奧斯朋所說：「嶄新的靈感是不可能貿然產生的，它

們多半是藉著重新組合或改良古法而獲得新的生命」（程曦，民69，p.56）。有些人甚至對「創意」下了一個簡單的定義：「不外乎把既有的素材重新組合而已。」（陳耀茂，民87，p.4）

值得注意的是，雖然我們可以透過「重組與結合」來產生大量的創意，但是這些新的組合方式並非個個都是有價值的創意。從創思的心理歷程來說，在創思的初期，我們可以暫時先不用管創意的品質。我們可以運用其他的心理技巧來提升創意的品質（如第四章所述）。也就是說，我們在利用組合的方式產生新的想法時，也要結合本章第97頁所述的「延後判斷」這個心理技巧。

三、如何運用「重組與結合」來增加創意的數量？

(一)運用隨機組合的方式來產生創意

一個人在解決問題時，可以用隨機的方式把兩個或兩個以上看起來毫無關聯的概念加以組合，以產生創意的靈感。在許多創思活動中，有人會巧妙地利用此種方式，把舊有知識重新組合來產生新的觀念、新的結構。這個技巧的重點在於「隨機組合」，也就是隨機地、任意地把毫無關聯的概念加以組合，因而產生的組合就往往有意想不到的創意，有時甚至會產生突破性的創意，有時則產生非常有趣的創意。例如，某一家手機製造廠的老板想要產生一些和手機有關的創意，他任意地把「螞蟻」和「手機」這兩個概念加以組合在一起，結果就產生了以下的創意，例如：設計一種螞蟻造型的手機、設計一種面板上有許多小螞蟻圖案的手機、以「螞蟻雄兵」作為促銷某種手機的廣告主軸等等。在這個例子裡，老板只是任意地把「螞蟻」和「手機」加以結合，他也可以把「手機」這個概念，任意地和其他隨機想到的概念加以結合，例如：櫻花、榮譽、石頭、電燈、彩虹等。每一個隨機組合都可能產生意想不到的創意。

懂得運用這個技巧的人，光是用這個技巧就可能產生無窮無盡的

創意，而且常常會產生讓人感到驚奇的創意。誠如 Vincent Ruggiero（游恆山譯，民 83，p.186）所說：「問題的最好解法是組合通常不會碰在一起的事物。」例如，

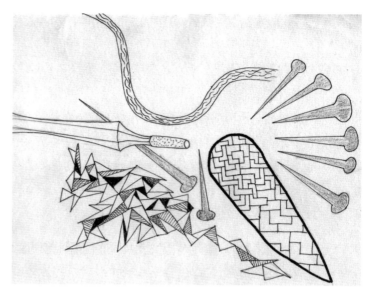

有一個美國園藝師名叫恩德曼，他非常善於聯想，為了培養西瓜新品種，他經常把西瓜和各種事物盡可能聯想在一起，作牽強附會的思考。有一天當他從西瓜聯想到醇厚甘美的酒時，突然腦海中閃現出培育酒味西瓜的創意。他就著手試驗，他在西瓜藤上切出一個口，接上一根燈蕊，再用粘膠把切口封住，然後把燈蕊的另一端浸在酒裡。當西瓜成熟時，就成為帶著酒味的西瓜了（參見張鈴翔，民 84，p.30）。這是一個運用隨機組合的方式來產生創意的絕佳例子。當然，使用這個技巧時也要配合運用前面所說的「水平思考」，讓自己腦海中的知識與經驗流暢地運轉出來，以便產生各式各樣的隨機組合。

　　前述隨機任意組合的技巧類似黃文博曾經建議的一個技巧，叫做「故意聯結不相關的事物」（黃文博，民 87，p.69），也就是把看起來缺乏正常關係的事物，硬掰出一個關係來。例如，我們可以在「一、二、三」和「甲、乙、丙」之間硬掰出一個關係來：我在「一」年級「甲」班的門口看到「兩」隻螞「蟻」，他們正在忙著搬動「三」個「餅」乾屑。另外一個類似的技巧叫「異類結合」（黃文博，民 87，p.147），也就是把原本不同範疇的事物，以巧妙的方式結合在一起，

使他們產生新的意義。這種任意辦出來或任意組合出來的關係，可以產生各種意想不到的組合，增廣我們的想像空間。黃文博認為這是開發創意的各種手法中最具啟發性的技巧。本章第 88 頁會提供有關如何運用隨機組合來產生創意的各種練習活動。如果多多累積一些這方面的經驗，就能巧妙運用這個技巧。

　　此種「隨機組合」或「強迫組合」的技巧和第 62 頁所述的「強迫比喻」有異曲同工之妙，都是強迫自己在兩個概念之間產生聯結，以便產生源源不絕的創意。但是隨機組合比強迫比喻又更為靈活，創意的可能性也更廣。

(二)運用有系統的排列與組合來產生創意

　　除了用隨機的方式之外，我們可以採用更有系統的方式來組合，以便產生大量的創意。至於什麼叫「有系統」，就因人而異，因事而異。陳耀茂（民 87，p.191）曾介紹一種「型態分析法」。首先把要解決的課題或研究的對象物，當作是幾個構成要素的組合，然後弄清楚每個要素的所有可變性，作出型態分析表，然後仔細研究要素的所有可能組合，就每個組合進行構思創意。以下用一個具體的例子來說明「型態分析法」。假設我們要設計一種新型的飲料杯子，我們可以把一個杯子的構成要素分成「杯體形狀」、「杯體材質」、「杯體附加物」三部分，然後我們進一步把每一部分的可能變化全部列出來，如下表所示：

杯體形狀	杯體材質	杯體附加物
三角錐	陶瓷	有手把
三角柱	硬質塑膠	無手把
四角錐	軟質塑膠	有蓋子
四角柱	玻璃	無蓋子
圓錐	紙	有吸管

| 圓柱
非幾何形體 | 木材
不鏽鋼
玻璃纖維
鋁
橡膠 | 無吸管 |

然後，我們可以把每一欄的每一個要素和其他欄位的其他要素有系統地排列組合，例如：三角錐—陶瓷—有手把、三角錐—陶瓷—無手把、三角錐—陶瓷—有蓋子、三角錐—陶瓷—無蓋子等等，一共可以得到四百二十種可能的組合（$7 \times 10 \times 6 = 420$）。當然，此處每一個欄位中，我們還可以增加其他可能的要素，因而產生更多可能的組合。在各種組合中，可能會出現一些非常奇特、有趣的組合，例如：四角錐—紙—有吸管、圓錐—橡膠—有蓋子。由於是運用有系統的排列組合，我們可以得到非常多的創意。

此種方式可以用在各種創思的任務上，不一定用來進行產品的設計。以下再舉一個例子說明如何運用有系統的排列與組合來產生促銷某一個新產品的創意。首先，我把一個促銷創意分解為三個要素：行銷的管道、促銷的方法、行銷的重點。然後針對這三個要素，列出各種可能性。以下以「促銷數位電視」為例，列表如下：

行銷的管道	促銷的方法	行銷的重點
報紙	降價	數位電視台愈來愈多
雜誌	設計抽獎活動	收訊品質很好
電視	產品序號和樂透頭彩號碼匹配得獎	未來的趨勢
電台	新產品命名活動	比有線電視便宜
網路	買到第十萬台者贈轎車一輛	
DM	舉辦電視大展	
夾報廣告	徵文比賽	
直銷		

街頭傳單	
E-mail 廣告	

　　在上表中，三個欄位中每一個項目均可以和其他欄位中的每一個項目加以組合，每一個組合都成為一個潛在的促銷創意。舉個例子來說，我們把「行銷的管道」中的「網路」、「促銷的方法」中的「徵文比賽」、「行銷的重點」中的「未來的趨勢」加以組合的結果，就可以成為一個促銷創意：透過網路，舉辦徵文比賽（題目是：我與數位電視），強調數位電視是未來的趨勢。從這個表中可以組合出其他各種可能的促銷創意。

　　教育學家 Crovitz 發展出一套所謂「關係演算法」（參見 Arthur VanGundy，李昭瑢等譯，民 83，p.182）。這個技巧乃是把問題要素和一些「關係字」強迫組合在一起，因而產生一些不尋常的關聯，再利用這些關聯來激發創意。因此，這個技巧也是屬於一種有系統的排列組合法。他所使用的所謂「關係字」就是英文的介系詞。以下列出一些可以使用的關係字：

大約	在……	為了	……的	在……附近	到……
橫越	因為	從……	離開……	所以	在……下面
在……之後	在……之前	假如	憑著	仍然	上面
靠著	在兩者之間	在……裡面	在……對面	因此	當……
在……正下面	但是	靠近	或	雖然	在那裡
和	在……旁邊	不是	向……外面	穿過	然而
如同	下面	現在	越過	直到	連同
進入	除了	在其中	朝向	踰越	在……之內
在……附近	超過	自從	沿著	在……後面	在……期間
在……上面（直接接觸）	在……上面（未直接接觸）	在……比較低的地方	靠近……旁邊	出乎……之外	在三者以上……之間

以下用「如何改良照相機？」為例，來說明如何運用這個表來產生創意。首先，我們從這個問題選出兩個問題要素。假設我們選的是「照相機」和「使用者」。接著我們把上列這些關係字一一插入「照相機」和「使用者」這兩個問題要素之間，然後一一產生一些創意。以下是我用這個方法想到的一些創意以及我使用的關係字：

關係字	產生的關聯	激發出的創意
為了	為了使用者而設計之照相機	設計一種可以讓使用者自行選擇顏色、功能、配件的照相機。
在……附近	照相機大約在使用者旁邊	設計一種和使用者若即若離的照相機，照相機上有一個可伸縮且很細的延長線，可以連接在使用者的身上。延長線的長度大約一公尺，如果照相機掉落也不會掉在地上為原則。當不用照相機時，延長線又可以立即縮回去，不會占很大的空間。
橫越	照相機橫越使用者	設計一種橫掛在使用者胸前的照相機，不用手拿著就可以照相，雙手可以空出做別的事情。
在……之後	照相機在使用者之後	設計一種且以掛在使用者背後的照相機，使用者不用轉頭就可以拍後面的場景。
靠著	照相機靠著使用者	設計一種靠著使用者衣服的照相機，照相機可以緊緊黏在衣服任何部位上。
雖然	雖然是照相機但其實使用者	提供一種非常高價位、高性能的照相機，購買者雖然是購買照相機，但其實是購買使用權一定期間而已（類似租用）。
穿過	照相機穿過使用者	設計一種微型照相機，可以穿過使用者的身體，通過消化道，拍攝消化道的各個部位，然後從肛門排出。
如同	照相機如同使用者	設計一種像人體一樣大小的照相機，並裝扮成警察的模樣，樹立街頭，作為測速照相之用。

朝向	照相機朝向使用者	設計一種方便朝向使用者拍照的照相機,可以伸出一個很細的腳架(收起來不占空間),出外旅行便於拍旅遊照。
沿著	照相機沿著使用者	設計一種照相機,可以沿著使用者的頭部或身體做三百六十度旋轉,拍攝環場照片。
在⋯⋯上面	照相機在使用者上面	設計一種放在使用者頭頂上面的照相機(像戴帽子一般,隱藏式照相),可以不動聲色地拍攝。

　　本書第五章第 199 頁會介紹一個故事創作的方法,也是運用「有系統的排列與組合」這個技巧來產生許多故事情節。陳耀茂所介紹的「文字鑽石構思法」(民 87,p.196)以及「定位法」(民 87,p.201)也都是運用某種有系統的排列與組合來產生創意。當然,面對不同的任務,組合要素的數目就不同,讀者可以根據需要自行發展適合的方式,或適合的圖形或表格來協助自己產生不同的組合。然而,不管運用什麼技巧,重點是要有系統地探尋各種可能的組合方式。

(三)運用電子辭典來協助排列與組合以產生創意

　　目前市面上有各式各樣的電子辭典,網路上也有一些可以在線上查詢的辭典,例如:《教育部國語辭典》(2004)。我們可以善加利用這些工具來協助我們產生創意。這些工具的好處是,如果你輸入一個字,它們可以列出許多相關的字詞,然後你可以自由運用這些字詞來進行排列組合,以便產生創意。經由這種方式可以產生許多意想不到的創意。以下讓我用一個具體的實例來說明。在現代社會中,可能許多人都想自行創業,但是到底要開創什麼新的事業呢?不管要開創什麼事業,不外乎要提供新的產品或新的服務,而這些新產品或新服務也必定要為我們帶來新的附加價值。因此,我試著用「附加」和「價值」這兩個詞作為關鍵字。首先,我在電腦網路上的《教育部國語辭典》中輸入「附」這個字,結果得到許多含有「附」的相關語詞,憑

著我的直覺，我把一些可能沒有用處的詞去掉，結果得到以下這些詞：

> 攀附、攀龍附鳳、附筆、附片、附帶、附讀、附體、附錄、
> 附款、附和、附會、附加、附加成分、附加稅、附件、附近、附
> 獎、附注、附著、附著力、附陳、附設、附身、附生、附書、附
> 屬、附載、附送、附議、附庸、投附、塗附、託附、內附、黏
> 附、來附、款附、吸附、香附、穿鑿附會、依附、附表、附記、
> 附贈

接著，我把這些詞一一和「價值」這個詞加以結合，結果得到下列這些詞：

> 攀附價值、攀龍附鳳價值、附筆價值、附片價值、附帶價值、
> 附讀價值、附體價值、附錄價值、附款價值、附和價值、附會價
> 值、附加成分價值、附加稅價值、附件價值、附近價值、附獎價
> 值、附注價值、附著價值、附著力價值、附陳價值、附設價值、
> 附身價值、附生價值、附書價值、附屬價值、附載價值、附送價
> 值、附議價值、附庸價值、投附價值、塗附價值、託附價值、內
> 附價值、黏附價值、來附價值、款附價值、吸附價值、香附價
> 值、穿鑿附會價值、依附價值、附表價值、附記價值、附贈價值

從這些新詞中，我進一步一一加以審視，看看哪一個新詞能給我一些新的創業靈感，結果我得到以下這些創業靈感：

新詞	創業靈感
攀附價值	使用某種能攀附到高處的設備，專門幫人到高處拿東西下來，或把東西帶到高處，或幫人清洗高處物品的事業。
攀龍附鳳價值	提供資訊給客戶，協助客戶尋找和某人的關係，以便客戶和此人拉關係（即攀龍附鳳之意），或者提供服務專門幫人和社會權貴拉關係、建立關係。

附筆價值	提供幫助別人潤飾文章的服務（可以在大學附近開設，以幫助學生潤飾報告或研究生潤飾論文）。
附片價值	在大賣場中附加一個賣各種 CD 片、VCD 片、光碟片、遊戲片的店。
附讀價值	提供服務，專門為老人家或閱讀有障礙的人讀報、讀書或讀小說。
附款價值	提供服務，協助客戶記得各種應該付款的日期與金額，而且會在適當時機自動提醒客戶。
附載價值	提供一種服務，專門為客戶載送孩子上下學、上補習班、安親班等等，強調「準時、安全、確實、親切、舒服」，可以讓父母安心上班。
塗附價值	提供一種服務，專門幫客戶塗消各種文件上的字跡，可以做到完全回復原狀，不露任何痕跡。
黏附價值	提供一種服務，專門幫客戶黏著各種物品，不管什麼東西破損或脫落都可以為客戶黏附、黏著、固定。
吸附價值	提供一種專門幫人吸水、吸汗、吸油、吸奶的服務。
香附價值	提供一種服務，專門幫人在家裡、車裡或任何物品上附著某種持久性的香料（各種顧客指定的香味），用某種獨家密方讓香料持續釋放出來。
穿鑿附會價值	提供一種服務，可以為客戶在各種奇特的物品上穿鑿或打洞，例如：牆壁、柱子、石頭、金屬、地板、木頭、磁器等等。

其實，就產生靈感的目的而言，不管輸入什麼字都沒有關係，電子辭典的目的是產生大量相關的語詞，以便透過組合的方式產生新詞，並進一步激發創意。

㈣運用「主體附加法」來產生創意

張鈴翔（民 84，p.38）提及運用「主體附加法」來產生發明的創意。以汽車為例，早期的汽車並沒有保險桿、行李架、消音器、剎車

燈、收音機、空調、雨刷等等附加物。經過多年來許許多多汽車設計者的不斷改進，這些附加物就逐漸增加到汽車的主體上。當我們試圖產生大量創意時，我們也可以運用同樣的技巧，針對某一個既有的主體或主題，構想各種可能附加的想法。例如，針對「桌子」這個主體，我們可以構想各種可能的附加物：燈、杯子、音響、讀書架、削鉛筆機、電話、風扇等等。當我們把每一個想到的附加物和桌子加以結合之後，都可能成為一個創新的設計構想。

　　針對一個抽象的主題，我們也可以用同樣的技巧來產生創意。例如，如果我們想寫一篇探討「公平」的文章，我們可以針對「公平」這個主題構想各種可能的附加概念：考試、族群、宗教、交通、教育、平衡、美學、史學、商業、建築、文化、電影、傢俱等等。每一個附加的概念都可以成為我們在探討公平時的一個切入點，也可能增加了我們在探討「公平」這個主題時的豐富性，有時甚至會產生意想不到的觀點或創見。如果一篇探討「公平」的文章從這麼多附加概念來延伸與討論，必然相當精采。這就是「主體附加法」的妙用。

四、「重組與結合」的練習活動

(一)「重組與結合」練習活動一：人地事物造句法

活動目的	練習簡單的文字組合。
練習形式	團體練習
活動方式	1. 教師發給全班學生每人兩張紙條，並把全班學生概略分成三組。教師請第一組學生在一張紙條上寫下一個地點（例如：車站、浴室等），請第二組學生在一張紙條上寫下一件事情（例如：游泳、散步等），第三組學生在一張紙條上寫下一個物品（例如：石頭、沙發）。教師把紙條分別收起來，各放一堆。 2. 教師請全班學生在另一張紙條上寫下自己的姓名，並收起來，放在另一堆。

	3.教師依次從四堆紙條（人、地、事、物）中各抽一張紙條。被抽到的學生必須造一個句子，包含自己的姓名、地點、事情、物品。句子長短不拘，且可以加入任何其他字詞。

(二)「重組與結合」練習活動二：強迫組合設計新產品

活動目的	練習「強迫組合」的技巧，把看起來完全不相干的兩種物品加以組合，使之成為一個新的產品。
練習形式	團體練習
活動方式	1.教師發給每位學生一張紙條，請學生在紙條上寫一樣物品。 2.教師從這些紙條中抽兩張（例如：椅子、眼鏡），教師先示範如何結合此兩個產品，設計數個新產品，例如： 　(a)一種造型像一副眼鏡的椅子，椅子的座位就是鏡片的部位，椅子的腳就是眼鏡架子。 　(b)一種小小的「眼鏡椅」，可以放在桌上，作為放置眼鏡的架子。 　(c)一種摺疊式的椅子，具有類似眼鏡的結構，可以像收眼鏡一般摺疊起來。 3.教師再度抽兩張紙條，請學生把這兩個物品結合起來，看看能不能產生一些新產品的構想，學生把構想寫在紙上或簡單畫在紙上。每位學生至少想兩種以上的創意。 4.教師抽一些學生起來分享，也可以鼓勵學生自願起來分享自己想到的構想。 5.教師再抽兩個物品，再做一次。依照同樣方式反覆練習幾次。
補充說明	1.這個活動有時會激發出一些很有趣的創意，因此非常能用來加深學生對「重組與結合」這個技巧的印象。 2.這個活動的前提是，教師要能先示範如何透過強迫組合的方式來產生新產品的構想，因而激發學生的潛力。剛開始時，學生可能不知如何下手，教師可以做如下的暗示： 　(a)你可以設計一種產品，具有「甲物品」的功能，但是具有「乙物品」的結構。

	(b)你可以設計一種產品，具有「甲物品」的結構，但是具有「乙物品」的功能。 (c)你可以設計一種產品，兼具「甲物品」和「乙物品」的功能。 (d)你可以設計一種產品，兼具「甲物品」和「乙物品」的結構。

(三)「重組與結合」練習活動三：有限材料的應用

活動目的	練習運用組合的方式來產生創意。
練習形式	小團體練習
活動方式	1.教師把全班學生分組，每組約四至五人。 2.教師發給每組學生下列材料：紙杯兩個、吸管五支、硬紙板一片、橡皮筋十條、一瓶膠水。 3.請各組學生在二十分鐘內運用這些材料組合成具有某種功能的物品，或設計成造型藝術品。 4.時間到時，教師讓學生分享各組的成品。

(四)「重組與結合」練習活動四：三合一造句

活動目的	練習文字的組合。
練習形式	團體練習
活動方式	1.教師抽點學生，前面三個被抽到的學生每人各提出一個詞，第四個被抽到的學生造一個句子，此句子必須使用到前面三個學生所提出的詞。 2.教師依照此方式一直反覆，直到全部學生都被點到為止或根據擁有的時間來決定何時停止。
活動變化	此活動也可以在小團體裡練習，每組四人，前面三人負責講任意一個詞，第四人負責造句。然後按照次序輪換，每人都有機會造句。

補充說明	此活動可以讓學生瞭解文字具有無窮無盡的可能組合方式。此活動的趣味性很高，有時可以出現非常有趣的句子。有些學生可能會提出非常冷僻的詞來故意為難別人，但是通常都難不倒別人，所以別讓學生放棄，有時反而會出現非常有趣的句子。

(五)「重組與結合」練習活動五：十合一篇故事

活動目的	練習文字的組合。
練習形式	團體練習
活動方式	1. 教師請十位學生到黑板上，每一位學生在黑板上寫一個語詞。 2. 教師請學生運用這十個語詞，寫一個有情節的簡單故事（一段話），必須使用每一個語詞。整個故事的總字數愈少愈好。如有必要教師可以提供簡單的獎品，進行比賽，字數最少的獲勝。 3. 學生都完成故事之後，教師請學生算一算自己的故事包含多少字數。教師請幾位字數最少的學生分享他們所編出來的故事。

(六)「重組與結合」練習活動六：姓名大會串

活動目的	練習文字的組合。
練習形式	團體練習或個人練習
活動方式	1. 教師把學生分成每三人一組，每組同學共同構思與討論，運用班上同學的名字來編一個故事。故事中必須使用到全班每一位同學的名字，而且必須用正確的名字，不可以用同音字。故事中可以不需要使用姓，但是如果需要，也可以把姓用進去。 2. 教師可以建議如下的創作過程，也可以讓學生採用自己的方法：先把全班姓名都寫下來。然後針對每一個姓名，做自由聯想，造一些可能的句子。最後，尋找這些句子之間可能的

	關聯，然後逐一把這些句子用在故事之中，每使用一個名字，就畫掉一個名字，直到用完所有名字，並完成故事。當然，在組合的過程中要根據上下文不斷調整句子的用字遣詞。 3.各組學生完成創作之後，由各組推派一人報告分享各組的作品。
活動變化	1.這個活動如果使用全班同學的姓名可能要花很多時間，難度也比較高。因此，可以改成只使用一部分學生的名字，教師可以把全班學生分成約三組，每組約十位學生。每組同學每人獨立創作一個故事，每一個故事只要包含同組內十位學生的名字就可以。 2.這個活動也可以改成個人進行，每位學生創作一個故事。或者徵求自願的學生，自行另外找時間在課餘時間進行創作。
補充說明	1.此活動適用於高中及高中以上的學生，對國中或國小學生可能稍嫌困難些。 2.我在民國九十二年秋季時，擔任初教系三年甲班與三年乙班「創造思考訓練」的授課。當時我曾經徵求選修這門課的同學自行創作班上同學姓名大會串的故事，然後我從每班應徵的作品中選擇一篇最好的作品，放在附錄五及附錄六，一方面作為本活動的成果範例，另一方面則是為了謝謝這兩班的學生對本書的初稿提供大量的修改意見，因此把他們的名字留在書中以資紀念。

(七)「重組與結合」練習活動七：語詞送作堆

活動目的	練習從散亂的東西裡發現規律與關聯。
練習形式	團體練習
活動方式	1.教師發給每位學生一張紙（大約A4的一半大小，可以用已經用過的紙，背後空白仍可寫字者）。 2.每位學生在白紙上寫一個兩個字的語詞，任何語詞都可以。 3.教師請學生把寫好的語詞用小磁鐵吸貼在黑板上。 4.教師請學生到黑板上操作，把某一些語詞放在一堆（白紙與

白紙邊緣相碰，但是不要疊在一起）。任何人都可以到黑板上操作，只要發現哪些語詞可以放在一起就把它們放在一起，但是要說得出把它們放在一起的理由。一次一個同學上台操作，操作完馬上說明自己為何把這些語詞放在一起。

5. 別人已經放在一堆的語詞也可以將之拆散，和別的語詞結合在一起。

6. 必要的話，教師可以舉例說明把一堆語詞「送作堆」的各種可能理由，例如：

　(a)筷子、碗、桌子、果汁、麵包、麥當勞：這些語詞都和「餐飲」有關。

　(b)手錶、歷史、日曆、永恆：這些語詞都和「時間」有關。

　(c)公主、侏儒、蘋果：這些語詞都和「白雪公主」童話故事有關。

　(d)鬧鐘、吃飯、公車、學校：這些語詞剛好是早上起床到上學時會經歷的過程。

7. 教師要鼓勵學生發揮創意，把一些看起來無關的語詞關聯起來，只要能說出理由來都可以接受。

| 補充說明 | 本活動可以練習培養把散亂的東西或概念關聯起來的能力，因為如果我們要培養學生的創思，要讓學生練習從各種角度把事物關聯起來。事實上，有創意的人能從一些似乎不相干的東西中看到關聯性。這個活動就是提供學生這種經驗，並從中體會到組合與關聯事物的要領。 |

(八)「重組與結合」練習活動八：數字的合成

活動目的	練習數字與運算符號的組合，並提升學生思考的流暢性。
練習形式	團體練習
活動方式	1. 教師使用一疊大約二十張的撲克牌（只含一到九的數字），每一張後面都粘了一個小磁鐵。教師先任意從中抽五張撲克牌（例如：8, 3, 8, 1, 6）（稱為「元數」），並吸貼在黑板上左邊，然後再抽一張撲克牌（例如：3）（稱為「合成

	數」)，並吸貼在黑板上右邊。 2.教師示範如何運用加減乘除的運算，把左邊五個數字轉化成右邊的數字，例如： (a)(6－3)×1+8－8=3。 (b)6/(3－1)+8－8=3。 (c)8－(3×8/6)－1=3。 3.教師請學生運用類似的方式，想出其他的組合方式，愈多愈好。 4.在一段時間後，教師尋問誰想出最多種不同的組合方式，並請他把想出來的解法在黑板上寫出來。 5.依照同樣的方式，教師另行抽出五張「元數」以及一張「合成數」，然後請學生想出各種組合方式，並請想出最多組合方式的學生寫在黑板上分享。 6.根據時間的許可反覆幾次。
補充說明	1.在此活動中，當學生在嘗試各種可能的數字組合時，他會逐漸領悟到同樣的數字卻有無窮的組合可能性。因此這個活動會讓學生領悟到人類創思的一個簡單訣竅。 2.此活動也可以訓練學生的水平思考，因為學生在嘗試各種數字組合時，要用流暢的思考來嘗試各種可能的組合。也就是說，這個活動會讓學生領悟到一個簡單的創思秘訣：此路不通就另找別路。

(九)「重組與結合」練習活動九：編字謎

活動目的	練習把一個字拆開，然後重組成為字謎。
練習形式	團體練習或分組練習
活動方式	1.教師提出下列字謎與謎底，並說明這些字謎都是依據一些共同的原則來設計，請學生說說看這些共同的原則是什麼： (a)風：蟲去鳳中飛去鳥。 (b)出：一山比一山高。 (c)朝：十月十日。

(d)經：織女失音去干戈，小逕散步走失了。

(g)教：放假找不到地方，只好在旁當孝子。

(f)矛：預習作業少一頁，原來多一撇。

(g)蘇：園中花，化成灰；夕陽一點已西墜；相思淚，心已碎；
　　秋日殘紅螢火飛。

2.學生說完之後，教師再度說明這些字謎的設計原則：

(a)這些字謎都是把一個字拆開成為一些要素，然後再用這些
　要素編成一個字謎。

(b)這些字謎都會在謎面裡使用一些關鍵字來暗示字的要素，
　例如，織女「失」音「去」干戈，就暗示了要把「織」這
　個字裡的「音」及「戈」去掉，剩下「糸」。

(c)這些字謎的謎面都含有一些暗示相關的位置的字眼。例如，
　在前述的例子裡：只好在「旁」當孝子，當中的「旁」就
　是暗示相關位置的字眼。

3.教師把一篇文章中的某些字挑出來，每一個字印在一張小紙
　條上，紙條上的字不要重複。教師並把此篇文章印出來，並
　發給每位學生一張文章。（發給此文章的目的是要縮小謎底
　的範圍，以免其他人猜的時候感到太難。如果要提高活動的
　難度，可以不用發下此文章。）

4.教師發給學生每人一張小紙條（每個紙條上只有一個字的小
　紙條），教師說明每位學生拿到的字都是從剛剛發下的那篇
　短文裡摘出來的，但是每個人拿到的字不一樣。

5.請每位學生針對自己拿到的字，創造一個字謎，採用類似前
　面舉例的原則來創造字謎。

6.學生把編好的字謎在黑板上寫出來（教師事先在黑板上畫好
　垂直線，每一個格子預計寫一個字謎，約十五格左右）。先
　想好就先到黑板上寫，直到每格都填滿為止。

7.教師開始和學生玩猜字謎的遊戲，直到每個字謎都猜出來為
　止。

8.把黑板上的字謎都擦掉，然後讓還沒有到黑板寫字謎的學生
　繼續寫。然後依照前述方式來進行猜謎。直到所有學生的字
　謎都編好，也猜出來為止。

活動變化	1. 這個活動也可以改成分組進行，每組約三至四位學生，每組設計一個字謎，其他方式如前。
	2. 教師可以發給每位學生一張長條狀的海報紙（大約寬 15 公分，長 60 公分），請學生把編好的字謎寫在海報紙上，用小磁鐵吸貼在黑板，或者貼在教室四周。等所有學生都編好字謎之後，再開始一一進行猜謎的活動。猜謎的進行方式有很多，由教師自行決定，例如：
	(a)一次揭露一個字謎，且一次猜一個。先舉手的先猜。
	(b)全部揭露所有字謎。全班同時猜所有字謎，但是一次讓一位學生舉手猜謎。
	3. 教師可以提供適當的獎品，以資鼓勵，例如：
	(a)教師可以請全班票選最佳的字謎設計。最佳設計獎可以得到簡單的獎品，以資鼓勵。
	(b)教師可以計點，猜出最多字謎的同學獲獎。
	4. 教師可以引導學生討論什麼樣的謎語設計得比較好，針對學生設計出來的謎語，如何把它們修改得更好些。請學生提出一些修改的意見。
補充說明	1. 這個活動的效果很好，也很能激發學生的想像力與創造力。
	2. 這個活動乍看好像很困難，然而編字謎其實比猜字謎簡單。只要嘗試幾次，學生通常都可以編出來。學生反而經常怎麼猜都猜不出別人編出來的字謎。
	3. 其實，前述「織女失音去干戈，小逕散步走失了。」、「放假找不到地方，只好在旁當孝子」、「預習作業少一頁，原來多一撇」這些謎題例子都是國小五年級學生編出來的作品。我們只要多多鼓勵學生，讓學生有一些時間去構想，多練習幾次學生的創意就會激發出來。

第四節　延後判斷

一、什麼是「延後判斷」？

在許多創思活動中，「產生創意」通常是我們的一項重要目標，而且是要得到有價值、高品質或能解決問題的創意。然而，在創思活動的初期，我們所關心的乃是創意的數量，不是創意的品質。也就是說，當我們在追求創意的數量時，先不要加入太多判斷，以便激發大量創意。嚴格說來，這個技巧不是一個獨立的技巧，而是要結合前面三個技巧一起使用。因此，在運用前述三個心理技巧時，都要延後判斷，才能產生大量的創意。這一點在前面各節都已經有所說明。本節雖然單獨說明「延後判斷」的技巧，也列了一些練習活動，但是其實這些訓練活動也同時訓練了前述的「水平思考」、「比喻與借喻」或「重組與結合」。

其次，所謂「延後判斷」其實是一種心理習慣。我們知道，一般學校裡的考試都有所謂「標準答案」，因此一般人在接受了很長的學校教育之後，很自然地就養成了「立即判斷」的習慣。也就是說當我們心中冒出一個想法時，我們會自然而然地立即判斷這個想法好不好、對不對、能不能接受。這種習慣一旦養成，要打破它還真不容易，對於創思也會造成一定程度的抑制作用。因此，當我們在追求創意的數量時，要不斷提醒自己不要太早下判斷，一直到養成習慣為止。本節後面也會提出一些練習活動，以協助我們養成延後判斷的習慣。

許多研究創思的學者都會提到「延後判斷」對創思的重要性，而且都不厭其煩地強調不要太早斷定創意（見奧斯朋，民 53，p.94；Robert Olson，呂勝瑛等譯，民 71，p.67；Vincent Ruggiero，游恆山譯，民 83，p.188）。在奧斯朋所提倡的「腦力激盪法」中，有一個非常重

要的原則：「在腦力激盪的過程中要摒除批評主義，也就是說對任何觀念反對性之判斷，必須保留至稍後之時期」。批評與判斷對創意會造成「澆冷水」的效果，只有消極的破壞，沒有積極的建設。許多人創思薄弱就是因為不瞭解這個道理，在應該產生大量創意的階段卻不斷在心中提早判斷，許多可能具有價值的創意就因此而夭折。因此，許多創思的訓練都不斷強調要培養此種暫時停止判斷的思考習慣。

值得注意的是，「延後判斷」不等於「不要判斷」。也就是說，在追求大量創意時，我們只是暫時不要判斷創意的好壞與價值，等到獲得一定數量的創意時，再來判斷與選擇創意。誠如 Vincent Ruggiero（游恆山譯，民 83，p.188）所說，判斷是思考的一個基本部分。若沒有判斷，我們將無法區分解決方法的好壞。但是判斷是否適時卻會造成很大的差異，而大部分的人做判斷的時機並不適當，他們往往迫不及待地在想法一產生時就予以評估，甚至在還沒有完全認識之前就把一個想法封殺出局。本書第三章會深入探討如何運用批判性思考來判斷與選擇創意。

二、為什麼要延後判斷？

(一)太早判斷會抑制我們思考的流暢性與獨創性

創思與批判性思考可以說就像開車時的「踩油門」與「踩剎車」，這兩者絕對不能同時進行。如果我們一面構想創意，又一面加以判斷，我們的創思就不會很流暢，也無法自由奔放開來。結果，我們的創意可能會受到阻礙與侷限，很難產生突破性的創意。因為我們的心理會自我節制，不敢大膽構想，不敢異想天開。在這種情形下所產生的點子可能就變得很平凡，創意的數量也不會很多。尤其是在團體進行創思（例如：腦力激盪會議）時，如果有人太早下斷語，不斷批判別人的點子不好，就會阻礙別人大膽的構想，因此整體的創意的數量必然大為減少，也很難期望產生突破性的創意。

(二)延後判斷可以讓創意之間互相激盪，產生更多的創意

在產生創意的過程中，即使一個構想很平凡，但是卻可能引發聯想出其他好的構想。因此，不管一個創意是好是壞，只要我們暫時加以接受，它有可能激發出其他的創意。但是如果我們一開始就把它封殺，那麼它就沒有機會激發其他的創意了。這個現象叫做「連鎖效應」。程曦（民 69，p.64）建議，如果我們把想到的東西都列舉出來，會激盪出愈來愈多的靈感，接二連三的構想就產生了。

太早判斷是一個非常普遍的現象。在許多團體討論或會議中，我們常會看到有人會習慣於立即批判別人提出的構想這裡不好、那裡不好。如果討論的目的是為了分析、過濾、比較各種不同的想法，這種現象當然沒有問題。如果是為了產生大量的創意，這種太早判斷的現象就會造成抑制創意的後果。奧斯朋所提倡的「腦力激盪法」特別強調在腦力激盪會議裡不能對別人的想法提出任何批判，就是因為這個道理。

(三)創意的品質無法立即加以判斷

一個創意乍看之下可能不好，但是往往只是我們從某一個角度來看時，它不是一個好的點子，但是從另外一個角度來看時，它可能是一個不錯的點子。在不同的心理狀態之下，不同的時候，我們的判斷也可能不一樣。針對一個創意點子，可能我們在今天判斷的結果和昨天的判斷已經不一樣了。不同的人在判斷一個創意的價值時，也往往會有不一樣的結果。因此，與其對一個創意立即將之判斷並加以封殺，為什麼不給它一個機會？如果我們養成延後判斷的習慣，許多點子就可能因而被保留下來。

太快判斷還有一個缺失：我們在做立即判斷時，往往只是根據少數我們當時想到的判準，因此在判斷時可能不夠周延。如果我們想到的是不同的判準，判斷的結果可能截然不同。有時一個點子乍看不怎

麼好，可能是因為我們立即想到它可能很花錢，但是如果我們從它的
效果或吸引力來看，也許它有很高的價值。當然，有時候一開始想到
的點子也可能就是最後被選擇採用的點子。然而，當你想到一個點子
時，你卻無法確定它是否就是最好的點子，也許有更好的點子也說不
定。有時一個點子乍看很好，是因為我們可能只想到某些判準，而沒
有想到別的判準。如果我們太早判斷，就會扼殺其他創意產生的可能
性。有些人在創思的初期，想到了一個自認為不錯的點子，就被這個
點子陷住了，於是就跳不開這個點子的框框，也想不出其他新的、有
突破性的點子。產生這種現象的原因也是由於太早下判斷。程曦（民
69，p.64）認為，我們在開始思考時，往往不容易一下子就有好的創
意或奇特的構想。有些好的點子可能需要一段時間來醞釀。延後判斷
也可以讓我們避免太早陷進某一個框框裡。

　　總之，為了避免太早封殺一些有潛力的構想或者避免被一個想法
侷限住，我們在產生創意時要儘量養成延後判斷的習慣。

㈣延後判斷可以讓一些創意有機會進一步演變成好的創意

　　一個點子即使乍看不是很好，我們也可能運用一些技巧把它轉變
成好的點子。但是，如果我們一開始就把它封殺，那麼它就一點機會
都沒有。Roger von Oech（李幸紋譯，民 81，p.96）提及一個很好的例
子。以前荷蘭有一個小村莊為了垃圾問題而煩惱，因為人們不把垃圾
丟到垃圾筒，而使街道變得非常骯髒。地方政府為了這個問題曾經想
過、試過許多清潔的方法、管理的方法、罰錢的方法，但是始終沒有
效果。有一次，有人提議一個方法：當人們把垃圾丟入垃圾筒，垃圾
筒就會跑出十盾的錢給丟垃圾的人，這樣就可以鼓勵人們把垃圾丟到
垃圾筒了。這個想法當然沒有被採納，因為如果照這個想法去做的
話，市政府會破產。但是這個創意對許多人來說是一個思考上的衝
擊，也就是把原先「處罰亂丟垃圾的人」轉變成「給守法的人報酬」。
後來市政當局並沒有把這個想法全盤否定，而是把這個想法再加以轉

變，想出一個類似的想法：當有人把垃圾投入垃圾筒時，會觸動一個
裝置，垃圾筒會播放笑話給丟垃圾的人聽，而且每個垃圾筒都有不同
的笑話，笑話也會每兩週全部更新。結果，這種會說笑話的垃圾筒大
受歡迎，也終於解決了人們亂丟垃圾的問題。

　　這個例子所要凸顯的就是「延後判斷可以讓一些創意有機會進一
步演變成好的創意」。當初想到「垃圾筒會跑出十盾的錢給丟垃圾的
人」這個想法的人，如果在想到這個想法時就認為它根本不可行，因
而自己把它封殺掉，他就根本不會把這個想法提出來給別人參考，也
沒有機會進一步演變成好的創意。很多優秀的創意都是來自一個很粗
糙、不起眼的創意，但是透過逐漸演變，最後卻變成一個很有價值的
創意，類似「醜小鴨變成天鵝」的故事。本書第四章將介紹如何運用
「逐漸演變與修改」的心理技巧來提高創意的品質。

三、如何運用「延後判斷」來增加創意的數量？

(一)把思考步驟明確化，以利養成延後判斷的習慣

　　前面說過，「延後判斷」是一種思考習慣。然而，要養成一種思
考習慣其實並不容易，除了在心理不斷自我提醒要延後判斷之外，最
好的方式就是遵循某種明確的思考步驟或流程，就像本書第 12 頁的
「創思的基本心理歷程」或者本書第五章「創思的心理歷程與心理策
略」中呈現的各種流程圖。目前市面上可以看到各種有關創意激發與
訓練的書籍（詳見本書參考文獻）。在這些相關書籍中，我們常常可
以看到各式各樣的「創意構思法」。它們雖然形形色色，但是幾乎都
有一個共通點：就是具有明確的思考步驟與流程。

　　各種有關創意構思的思考流程或步驟，通常都會把握「延後判
斷」的精神。也就是說，通常會把「創意的產生」和「創意的判斷」
明確放在不同的階段或步驟來進行。當我們遵循某種明確的步驟或流
程時，自然而然就是在運用「延後判斷」的技巧了。一旦我們熟悉某

一個思考流程或步驟，等於就已經養成了延後判斷的習慣。

(二)由他人不斷提醒來延後判斷

延後判斷的心理習慣有時要靠他人不斷提醒來逐漸養成。在一個團體或組織內，我們經常有機會進行集體的創思活動。這時，創意討論會的主持人就扮演很重要的角色，除了掌握會議的主題、時間、節奏、發言之外，還有一個非常重要的工作：當團體在進行某種創意激發的活動時，要不斷提醒成員延後判斷。如果有人違反這個原則，也要當機立斷立即制止，以利於營造產生大量創意的氣氛。經由他人用這種方式不斷提醒之後，久而久之就可以逐漸養成延後判斷的習慣。

(三)用刻意隱藏主題的方式來延後判斷

有些創意構思法採用刻意隱藏主題的方式來促成延後判斷。陳耀茂（民87，p.215）曾經介紹一種「戈登法」，在會議開始時，主持人刻意不告訴與會者真正的課題，而是用一個廣泛抽象的主題來進行腦力激盪。等到與會人員廣泛地提出各種想法之後，才說出真正的課題，然後以剛才提出的廣泛想法作為啟發，來進一步構思真正的課題。例如，如果真正的課題是「設計一種用新的方式打開盒子的飲料盒」。會議主持人在開始時，只說「開」這個概念，請與會人員想出各種「開」的方法。與會人員可能會提出諸如：切開、炸開、抽開、摔開、歕開、拉開、榨開、壓開、挪開、擠開、轉開、撥開、擘開、掰開、拋開、剖開、劈開、分開、打開、倒開、抖開、掉開、丟開、對開、攤開、捅開、撐開、挪開、裂開、揭開、截開、解開、撬開、掀開、展開、綻開、張開、掙開、睜開、岔開、拆開、敞開、撐開、伸開、撕開、撒開、散開、鬆開、擺開、搬開、翻開、推開、扭開、敲開等等想法。然後，會議主持人說出真正要面對的課題：開發一種新型的飲料盒。這時，與會人員就可以從前面各種打開的方法來思考新型的飲料盒的可能打開方式。由於一開始主持人並不明說真正的課

題，與會人員在開始想各種打開的方法時自然就不會做任何判斷，因此可以盡情想出各種千奇百怪的方法。等到後面時，一旦真正的課題揭露出來，意想不到的創意可能就因而產生了。例如，「壓開」這個想法可以引發一個新的想法：飲料盒的開口是用壓開的方式，用手一壓就會有一個開口被壓開來，可以從那開口來喝飲料，當手一鬆開，開口就緊閉回去，成為密閉狀態，飲料不會漏出來。

四、「延後判斷」的練習活動

(一)「延後判斷」練習活動一：故事接龍

活動目的	要練習「延後判斷」的心理習慣。
練習形式	團體練習
活動方式	1. 教師指定安排全部學生接龍的順序。 2. 教師起個故事的頭，然後由第一位學生把故事接下去說，每人說二至三句故事情節。然後按照事先指定的順序一直接下去，任何人都可以自行決定把故事結束，或者讓故事繼續發展下去。 3. 如果有人把故事結束，就由下一位學生另外隨便說個故事頭，然後繼續接下去。
補充說明	這個活動的趣味性很高，故事的演變也經常會非常曲折離奇，令人驚奇連連。然而，學生之間對於這個活動的難易度感受差異很大，尤其是在活動開始時。有些人可能覺得很簡單，有些學生則覺得很難接。在活動的過程中，有些學生會覺得不知道如何把故事接下去，不知道說什麼比較好。由於這個活動的主要目的是要練習「延後判斷」，因此教師要鼓勵學生只管大膽說自己想說的情節，任何情節都可以，不要管後面會如何發展，不要管接得好不好。只要多循環練習幾次，學生就會覺得愈來愈簡單，比較不會害怕接不下去。因此，這個活動可以協助養成「延後判斷」的習慣，而且效果很好。

(二)「延後判斷」練習活動二：即興說故事

活動目的	培養延後判斷的習慣。
練習形式	團體練習
活動方式	1. 教師安排好說故事的順序。教師以即興的方式編一個故事的開頭，然後以類似故事接龍的方式，請學生把故事接下去，但是每一位學生至少要講五句話，才能把故事轉給別人，一直到全部學生輪完一遍。 2. 然後，教師改變規定，改由抽點的方式來接故事，每次被抽到接故事的學生要儘量拉長故事的分量，能講多久就講多久，講到覺得講不下去了就把故事丟給下一位。然後教師再抽一位，依照這個方式繼續下去。任何人在接故事的過程中都可以自行決定把故事收尾。如果一個故事結束，下一位學生就另外再開個頭，繼續練習，直到時間不許可為止。
補充說明	1. 這個活動對於促進延後判斷的習慣有很好的效果。這個活動屬於「故事接龍」的延伸練習，但是挑戰性比較大。因此必須在有了「故事接龍」的練習經驗之後才能練習。 2. 教師要鼓勵學生在每一個時刻只想一個情節，不要判斷這個情節好不好，也不要管接下來會如何演變，想到就講，講了再想接下來的情節。換句話說，所謂「即興說故事」就是：「前一刻的自己」和「下一刻的自己」在玩故事接龍。每一個片刻都不要管後面會如何演變，只要大膽講出某種故事情節就好。有些學生剛開始時可能會覺得很困難，但是只要抓到了「延後判斷」的要領，就可以輕鬆地講很長一段故事。

(三)「延後判斷」練習活動三：大廈命名

活動目的	練習「延後判斷」的心理習慣。
練習形式	團體練習
活動方式	1. 教師說明：有一家建設公司準備推出一棟十層樓高的公寓大廈，請你為該公司構想此公寓大廈的名稱。請設計愈多愈好，

	以便讓公司老板選擇。
	2. 請每位學生自行構想，在自己的筆記簿上寫出愈多愈好。先不要判斷哪一個比較好。教師提醒學生，觀察自己的心理是否會不由自主地做一些判斷與自我過濾。如果產生了判斷的心理活動，立即予以擱置。
	3. 等一段時間之後（每位學生至少想出十種以上的命名），教師抽一些學生到黑板，各自從自己的命名選擇一個，並在黑板上寫出來，以參加決選。
	4. 教師鼓勵學生自願出去，到黑板寫其他可能的名稱。
	5. 針對黑板上的所有命名，全班進行舉手投票，每人可以投五票。
	6. 票數最高的前面五個名稱留在黑板，其餘的擦掉。進行第二輪的投票，每人投一票。最高票的同學中選，教師可以給予適當的獎品鼓勵。
活動變化	教師也可以配合學生實際的狀況來進行其他的命名活動，例如學校剛好在新建「男生宿舍」，就可以為此宿舍進行命名。如果學校正好在蓋「自然科教學大樓」，就可以為此大樓命名。教師可以鼓勵學生把自己想到的名稱向學校相關單位提出建議，或者直接參加學校舉辦的「徵名活動」。

(四)「延後判斷」練習活動四：異想天開

活動目的	培養延後判斷的習慣。
練習形式	團體練習
活動方式	1. 教師提出一個生活上的問題如： (a)機車安全帽戴起來不舒服。 (b)都市停車空間不足。 (c)現代社會垃圾太多，垃圾場不足問題。
	2. 教師鼓勵學生提出各種異想天開的想法來解決這個問題。教師特別強調，只要想到任何想法就提出來，任何異想天開的想法都可以，不要做太多判斷。
	3. 一個問題結束後再換另外一個問題，直到時間的許可為止。

補充說明	這個活動的主要目的就是要抑制判斷的介入，所以教師只要不斷鼓勵學生提出想法就好，任何想法完全接受，完全不要加入任何討論與批判。

(五)「延後判斷」練習活動五：胡言亂語

活動目的	培養延後判斷的習慣。
練習形式	團體練習
活動方式	1. 教師說明：我們現在來演戲，但是我們演戲時要使用「坦桑尼亞話」。當然，我們都不會講坦桑尼亞話，所以我們就假裝在講一種大家都聽不懂的話。講的時候不要做任何判斷，只要胡言亂語就好，不需要講有意義的聲音。兩個人像在對話就好，至於對話的內容完全不用管。 2. 教師抽一位學生先示範如何假裝講「坦桑尼亞話」，然後請學生回應，兩人進行一段假裝的對話。 3. 教師示範幾次之後，開始抽其他學生來進行練習，每次抽兩位學生來練習。直到每位學生都有機會練習到為止，或根據時間的許可來決定讓多少人練習。
補充說明	這個活動的趣味性很高，通常會造成全班學生哄堂大笑，讓活動暫時無法進行下去，但是這個活動對於培養「延後判斷」的效果很好。此處所謂「延後判斷」，其實甚至是「不要判斷」，也就是不要管講什麼，只要隨便發出一些聲音就好，不要判斷自己講出來的聲音好不好聽、像不像語言、有沒有意義、會不會給人笑等等。開始時有些學生可能因為放不開來，連一句話都無法都講出來，其實是因為他在心裡做了太多的判斷與節制。有些學生不知道要講什麼，會開不了口，有些學生對於自己不知道在講什麼總覺得很尷尬。有些害怕被笑、害怕講得不像等等。總之，有些學生講起來很簡單，但是有些學生就覺得很困難，關鍵在於「做了太多的判斷」。如果有些學生完全講不出來，不要勉強，教師可以再抽一些學生來試試看，直到有一些人做到了，就可以慢慢帶動氣氛，讓愈來愈多的人放開來練習。

3

選擇或評價創意的
心理技巧：批判性思考

好的思考者不僅必須富有想像力，更要能符合實際──經得起
考驗的想法，才是有用的、會被接受的想法。

（Vincent Ruggiero，游恆山譯，民 83，p.205）

　　如第 12 頁「創思的基本心理歷程」所示，當我們在進行創思的初
期，主要的目標是要產生大量的創意，但是我們不能一直停留在大量
創意的階段，我們遲早要開始刪減創意、過濾創意、選擇創意、修改
創意或評價創意。這些都涉及價值判斷的心理歷程，也就是本章所要
探討的「批判性思考」。本章的重點在於運用批判性思考來選擇或評
價創意，第四章會進一步探討如何運用批判性思考來修改創意、改進
創意。

第一節　有關「創意的品質與創意的價值」之基本觀念

一、為什麼要對創意進行價值判斷？

　　除了本章之外，第四章「提高創意品質的心理技巧」與第六章
「影響創思表現的相關因素」都涉及到「創意的品質」與「創意的價
值」這兩個概念。這兩個概念非常值得我們重視，因為在絕大多數情
形中，我們不只是要得到創意而已，我們更要得到高品質、有價值、
有用處或能解決問題的創意。正如本書第 15 頁所述，即使一個人能
產生很多創意，也不代表他就是一個「創造力」很高的人。易言之，
能產生高品質、有價值的創意才是真正的創造力。

　　有些人可能會想：為什麼我們要對創意進行價值判斷？如果我們
對創意進行價值判斷，會不會壓抑了創意？這種想法就是把「有創
意」和「創造力高」畫上等號。事實上，我們人類進行創思的目的並
非只是為了得到創意就好。如果我們只是為了好玩而產生大量的創
意，或者純粹只是玩想像的遊戲、思考的遊戲，這樣當然也無可厚

非，也能達成訓練創思的功效。然而，在許多現實的場合中，我們遲早要對創意進行價值判斷。這時批判性思考就要登場了。

此外，有些人也常常會誤以為只要是新點子就有價值。因此，他們會誤以為只要能產生「創意」就夠了，不用進一步做價值判斷。其實，這樣的想法背後也已經肯定了批判性思考的必要性，只是他們用「新鮮」或「新奇」作為唯一的判準來衡量創意的品質或價值。當然，在有些場合，這個判準的確就夠了（也就是說，只要是新鮮的點子就是好點子）。但是在許多場合，這個判準顯然不夠。本章會深入探討各種可能的判準以及如何運用這些判準進行價值判斷。

在創造思考界也有一個迷思，許多人誤以為「批判思考」或「邏輯思考」的訓練會扼殺一個人的創思表現。我們的各級學校教育的確太偏向於提供有關「邏輯思考」方面的訓練，但是這方面的訓練並不是壓抑創思能力的元凶。真正的元凶是我們沒有認清一個重要的事實：在完整的創思歷程中，應該包括「發散式思考」與「收斂式思考」兩者。也就是說，一個有創造力的人不僅要能產生大量創意，更要能從大量創意中選擇與過濾出真正能解決問題的創意。本章所關注的就是這個「收斂」的過程。Wakefield（1992, p.91）根據一系列有關小學生到高中生的創造力發展之研究結果，也指出同樣的觀察：邏輯思考或批判思考能力是成熟的創造思考能力之先備條件，收斂式思考或邏輯思考的訓練並不必然會抑止創造力，反而可以為日後發展創思能力打下基礎。

Vincent Ruggiero（游恆山譯，民 83，p.208）也認為，批判的角色之所以具有重要性的原因有兩個。第一，不論哪一種解法或想法如何具有創造性，總有需要改進的地方。第二，在許多情況中，任何解決方法通常都無法單純地付諸實踐，它們通常必須得到別人的認可和贊同。如果想得到別人的認可，通常要經過嚴密的批判，否則那些解法終究也是徒勞無功。Vincent Ruggiero 此處所謂的批判比較偏重於「改善創意」，這一點會在本書第四章進一步加以探討。

二、「創意的品質」不等於「創意的價值」

　　「創意的品質」與「創意的價值」這兩個概念也不能畫上等號。創意的品質乃是從創意本身「是否能有效解決問題？是否能達成目標？是否能表達出創造者想要表達的想法或感覺？」等角度來衡量。一般而言，創意的品質多半可以從創作本身來衡量，而且通常乃是由創造者或相關的專家來衡量。然而，創意的價值則要從更大的脈絡來衡量，不能單從創作本身來衡量，也不能只由創作者來衡量，而是要由相關的使用者或社會大眾來衡量。以「炸藥」為例，不同的人發明了不同的炸藥，炸藥的專家可以從這些炸藥的功效與成本來衡量炸藥品質的高低。然而，炸藥的價值就不能從炸藥本身來衡量，我們要考慮使用炸藥的「人」，而且要看用在什麼地方、用在什麼時機。我們可能把它們拿來用在開礦、開路，也可能用來製造炮彈或殺人武器。對不同的人來說，它們的價值就完全不一樣。

　　再以電腦病毒為例，有些程式設計師所設計出來的電腦病毒破壞性很強、傳染力很高，又不易被偵測與防止。電腦專家可能會說它們是高品質的創意（很厲害的病毒），但是社會大眾卻會認為它們不是高價值的創意。因為，這種病毒對整個社會的危害很大，不僅沒有正面的價值，甚至只有負面的價值。因為，到頭來，電腦病毒的設計者也會得到「損人不利己」的後果。

　　也就是說，當我們在評估創意的價值時，涉及到各種主觀的判準，而每一個人的判準並不一樣，在不同時空脈絡下的判準也可能不一樣。因此，同一個創意對不同的人可能會有相當不同的價值判斷。所以，一個創意對某甲來說價值很高，對某乙卻可能是一個災難，例如：某甲想了一個很機巧的方式來詐騙某乙。又如，最近社會上各種詐騙案件層出不窮，詐財手法也不斷推陳出新。有人以所謂財政部金融局風險部或相類似單位的名義發出簡訊，通知某人的金融卡資料遭盜用，要求他撥簡訊內容之電話號碼，聯絡後要他持提款卡至提款機

依其指示更改密碼，誤導他將存款轉至歹徒人頭帳戶而受騙。表面看來，對這些歹徒或詐騙集團而言，這些詐騙手法的確很有價值，但是對社會公眾而言，卻是極大的危害。總之，創意的價值受到許多主、客觀因素的影響，不是從創意本身來單獨決定，而是由衡量創意的「個人」或「公眾」來主觀地決定。

其次，高品質的創意不見得能帶來很高的價值。例如，有些電腦軟體設計得很好、功能很強、執行的效率很好、使用很方便，但是在市場上卻不見得很暢銷；有些電影受到影評人高度的評價，但是卻不是很賣座；有些畫家的創作在藝術圈裡得到很高的評價，但是卻沒有被社會大眾接受，因此可能也沒有賣得很好；有些新產品的功能很強、很多，但是市場上的反應卻不好。這一類「叫好不叫座」或「有行無市」的例子比比皆是。

再者，高價值的創意也不必然是高品質的創意。有些產品的功能與品質不如別的產品，可是在市場上卻賣得很好。造成這種現象的原因很多，也許是因為行銷手法成功，或者因為顧客對某一品牌已經產生信賴或習慣，或者因為群眾的「跟風」心理等等因素。由此可見「創意的品質」並不等於「創意的價值」。

即使如此，衡量創意的價值也不是像表面看來那麼簡單。有些創意對創造者個人而言，好像可以得到短暫的利益與價值，但是那些利益終究不是永遠，有一天可能會讓個人承受更大的損失。例如，騙徒夜路走多了，總有失手之時，屆時承受牢獄之災的損失可能遠比當初的利益還要大。此外，如果因為自己的詐騙行為，造成彼此之間爾虞我詐，最終可能會造成人與人之間信任感的崩潰，社會秩序遭到嚴重破壞，而這些歹徒或詐騙集團本身也仍然處在社會之中，到頭來終究沒有什麼好處。

所以，當我們在衡量創意的品質與價值時，我主張用「社會多數人的利益與長遠福祉」作為衡量創意的「最高判準」，而不是以個人短暫的利益為基準。否則我們人類就失去了追求創意的意義，畢竟人

類乃是為了創造幸福、美好的生活而進行創思活動，不是為了追求破壞、毀滅或相互損害而進行創思活動。嚴格說來，那種損人不利己的活動應該稱為「破壞性思考」或「破壞性創意」，而不是本書所說的「創造思考」。

即使從「最高判準」這個角度來看，有時「創意的價值」也很難衡量。例如，瑞典化學家諾貝爾在西元一八六七年成功混合硝化甘油與矽藻土而製成炸藥，此後更發明無煙火藥，當初只是為了炸山挖路之用，沒有想到日後被大量用在製造武器上。炸藥究竟是「創造人類福祉」？還是「破壞世界和平」？實在也很難衡量。這也是諾貝爾晚年在感慨之餘設立了「諾貝爾獎」，以彌補自己的罪惡感之原因。又如，「原子爐」與「核子能」對人類究竟是有利還是災難，短期之內我們也很難衡量。

在從事創思的當下，有些人可能只會從「創意的品質」來衡量，有些人則可能會衡量創意對個人的價值，有些人則可能更進一步從「社會多數人的利益與長遠福祉」這個角度去衡量創意的終極價值。能夠完整地從這些角度來衡量創意的品質與價值當然最好，但是，畢竟每一個人都有個人的侷限性與自主意志，一個人是否願意從這些角度來衡量，都是自己的選擇。

總之，本章所提出的一套衡量創意品質或創意價值的思考方法（也就是「批判性思考」）並不是一個放諸於四海而皆準的方法，也不是一個已經被大眾認可的標準方法。我只是提出一套可行的方法供別人作為參考。每一個人實際從事某種創思活動時，終究要自己決定採用什麼方法與判準來衡量創意的品質或價值，也終究要為自己的創思後果負起責任，沒有人能規定別人「應該」如何衡量。

第二節　什麼是「批判性思考」？

美國教育界近來興起一股「批判思考運動」（critical thinking movement）的熱潮，一時之間人人都在談論批判性思考（critical thinking）。許多學者都在致力於發展學生的批判性思考，也不斷呼籲各級教師們要重視發展學生的批判思考能力。當然，不同的學者對於什麼是批判性思考也曾經提出不同的定義，舉例如下：

> 批判性思考意謂著對問題或議題的解法從事一種嚴格的檢驗，以決定它的優點和弱點所在，簡而言之，它意味著「評估」和「判斷」（Vincent Ruggiero，游恆山譯，民 83，p.207）。
>
> 批判思考是個人對言論主張，文章陳述內容等從事正確評判的過程（Ennis, 1962，參見張玉成，民 82，p.247）。
>
> 批判思考是依據客觀證據檢視資料，依憑規範、常模或標準去比較事物或言論內容，從而提出總結的能力（Allen & Rott, 1969，參見張玉成，民 82，p.247）。
>
> 批判思考乃謹慎從事判斷，務求言論有據，並對輿論從事評析的能力（Skinner, 1976，參見張玉成，民 82，p.247）。
>
> 批判思考並非消極的批評或挑毛病，本質上，它具有評鑑功能：即針對主張訴求、資訊來源或信仰信念等，從事準確、持續和客觀的分析，從而判斷其精確性、妥當性或價值性（Beyer, 1988，參見張玉成，民 82，p.247）。
>
> 當個體對訊息資料（包括言論、問題或事物）內容進行瞭解與評析，進而明智地從事接受或拒絕之抉擇以為行動之準據時，即在運用批判思考（張玉成，民 82，p.251）。

綜合這些學者的看法以及我的見解，我認為所謂「批判思考」乃是一個人運用心中某些主觀的準則，針對某種人、事、物、言論、資

料等，進行品質判斷或價值判斷，並進行優劣的抉擇或提出改進的想法。這個定義可能仍然顯得太抽象，因此我們最好直接從人類實際進行批判性思考的各種時機來觀察其特性與本質。批判性思考是每一個人經常在進行的一種思考方式，批判性思考的時機非常多、非常普遍，並非特定人物的專利。例如，當一個人在吃自助餐時，他要運用批判思考來選擇要吃的菜色；當一個老師在批改學生的作文時，他要運用批判思考來評價學生的文章有哪些優點與缺點；當一個人在讀一篇文章時，他可能要運用批判思考來決定相信文章中哪些內容，捨棄哪些內容；當一個選民在投票前，他可能會運用批判思考來評價各個候選人，然後決定把票投給誰；當一個人在購買汽車之前，他要運用批判思考來評價不同廠牌與車型的汽車，然後做下最後的選擇；奧運的體操裁判要運用批判思考來評價每一個選手的體操表現。

當然，並非每一個人的批判性思考都非常理性、完整，人們在進行各種批判性思考的表現有很大的差別。然而，正如其他各種思考能力的表現，人與人之間批判性思考能力可能有高低不等的差別，而不是「有」或「沒有」的問題。因此，以下將進一步深入探討批判性思考的特性與本質。

第三節　批判性思考的特性

一、批判性思考依賴主觀的判準，而不是客觀的量測工具

當我們在進行批判性思考時，依賴的是主觀的判準，而不是客觀的量測工具。例如，當我們在選購衣服時，我們的判準可能包括：外觀、樣式、風格、質料、價格等。這些判準都非常主觀，外觀是否好看，每一個人的感覺不一樣；同樣的售價，對某甲來說夠便宜了，而某乙可能就覺得太貴了。因此，這些都是主觀的判準。

批判性思考充滿主觀的成分，而且是無法避免的現象。一般而

言，當我們使用客觀的度量方式來衡量事物的優劣時，就不屬於批判性思考。例如，百米賽跑時使用某種感應計時器來測量時間，以決定勝負；跳遠時有量尺可以測量所跳的距離。這些情形都不屬於批判性思考。近代奧林匹克運動會加上了許多需要運用批判性思考的運動項目，如：體操、跳水、水上芭蕾等。這些運動項目主要是依靠評審自己心中的尺度來評分，而不是運用客觀的量尺工具來決定誰的表現比較好，因此也多少帶有主觀的成分，也難免造成不公平的可能。為了克服這個缺點，一般都是依賴一群的評審，各自獨立評分，再扣掉最高與最低的分數，然後把評分加在一起。其他各種需要依賴批判性思考的比賽（例如：書法比賽、選美比賽、歌唱比賽等）也都運用類似的方式來達到某種程度「客觀的主觀」。由此可知，批判性思考帶有非常強的主觀性，因為用來「度量」的乃是每一個人心中的「判準」，而不是客觀的「量尺」。

二、批判性思考依據「模糊邏輯」，而不是「二元邏輯」

批判性思考是一種非常靈活的思考活動，所依賴的主要是「模糊邏輯」（Zadeh, 1965; Klir & Folger, 1988；汪培庄，民 79；饒見維，民 83），而不是傳統的「二元邏輯」。依照二元邏輯論，任何一個元素「a」與某一個集合「A」的關係是下列這兩個狀態中之一：「a 不屬於集合 A」或「a 屬於集合 A」。二元邏輯有所謂「排中律」，也就是說在「a 不屬於集合 A」或「a 屬於集合 A」這兩種情形之外，排除了任何中間的可能性。然而，「模糊集合論」（Zadeh, 1965；Klir & Folger, 1988；汪培庄，民 79）則認為，任何一個元素 a 歸屬於某一個集合 A 的程度可能在 0 到 1 之間，這個歸屬的程度簡稱為「歸屬度」，通常以「δ」代表。當 $\delta = 0$ 時，代表一個元素 a 完全不屬於集合 A，當 $\delta = 1$ 時，代表這個元素 a 完全屬於集合 A。這兩種極端情形剛好就是傳統的二元邏輯中所允許的僅有兩種情形。除了這兩種極端情形之外，「模糊集合論」則允許 δ 可能是 0 到 1 之間的任何數值，例如：

$\delta = 0.8$ 代表一個元素屬於集合的程度是 0.8。這種「模糊集合論」和人類的批判性思考非常接近。例如，當我們在評價一個女人是否「漂亮」時，我們通常不會說她絕對屬於「漂亮」或「不漂亮」，可能會把她放在「漂亮」與「不漂亮」這兩個極端之間的某一個位置。易言之，一個女人屬於「美女」這個集合有某種的歸屬度 δ，而 δ 可能是在 0 到 1 之間的任何數值（含 0 與 1 這兩種極端）。

當一個人在進行批判思考活動時，他並非在決定事物「有」或「沒有」符合某一判準，多半時候他是在決定符合此判準的「程度」。比如說，當我們在衡量一件衣服的價錢是否便宜時，我們並非單純地說這件衣服「便宜」或「不便宜」，大部分時候我們是在衡量這件衣服的「便宜程度」，此處所謂「便宜程度」是指這件衣服比其他衣服的價錢之便宜程度，而這個便宜程度的感覺又會受到很多因素的影響，如：質料、樣式、自己的預算等，這些判斷也都帶有許多主觀性與模糊性。因此人類的主觀判斷行為不能以傳統的「二元邏輯論」來看待，比較接近「模糊集合論」。

值得注意的是，批判思考時的價值判斷雖然是模糊的，但是當我們在做選擇時，卻往往沒有模糊的空間。以總統選舉為例，當我們在兩個候選人之間進行價值判斷時，往往很難判斷哪一個人比較好，因為可能各有優缺點，而且優點與缺點也往往不是截然分明。但是在投票時，我們必須選擇把神聖的一票投給其中一個人，我們沒有模糊的空間，不能把票投在兩人中間，或把票同時投給兩人。

三、批判性思考是一種「經驗本位」的思考活動

如前所述，當一個人在進行批判性思考時，他是以個人的主觀判準來進行價值判斷。當然，所謂「判準」絕非空洞的概念，而是以他過去的經驗為基礎的，如果缺乏某方面的經驗，就很難形成判準。易言之，批判性思考是一種「經驗本位」（experience-based）的思考活動。例如，有些人在選購「衣服」時，他選購出來的衣服總是能獲得

很多人的贊許，我們會稱讚他對衣服很有眼光。這是由於他過去在評價或選擇衣服的經驗很多，所以他逐漸形成了有關衣服好壞的判準，例如：質料、款式、車工、美感等等。這些判準都是從經驗當中累積出來的，而不是天生的。

既然我們心中的判準都依賴長時期的經驗來累積與發展，我們必須一樣一樣事物來學習，逐步累積對各種不同事物的批判思考能力。例如，一個人在「品酒」方面很有一套，並不代表他必然就很會「品茶」。同樣的，即使一個人已經具備「跳水」評審的資格，如果他沒有接受「體操」的訓練，他還是要從頭來學習有關體操以及體操評審的種種。易言之，批判性思考是一種「經驗本位」的思考活動。如果一個人只是具備一些空洞的判準，但是缺乏在某項事物的豐富經驗，他仍然無法進行有關那些事物的評價活動。

第四節　如何運用批判性思考來選擇或評價創意

一、分析與瞭解創意

當我們要從大量的創意中進行選擇或評價時，我們首先要針對這些創意加以分析，以便徹底瞭解這些創意的各種層面與細節，作為衡量品質或綜合評價的依據。當我們針對創意等進行分析時，主要是用各種「分析性概念」來作為分析的工具。以下舉例說明一些常用的分析性概念，其中有些是「二分性概念」、有些是「三分性概念」、有些甚至是「四分性概念」或「五分性概念」。

(一)分辨「有關因素」與「無關因素」

當我們在分析創意時，有時要區分每一個創意中，哪些因素是有關的，哪些是無關的。例如，在分析海報設計的「初稿」時，初稿中的用色、字的品質、紙質就是無關的因素，可以暫時不要管這些因

素；而海報的主題、構圖與創意就是有關因素。如果我們不知道要區分哪些是「有關因素」、哪些是「無關因素」，很可能過早考慮一些沒有必要的因素，不僅浪費時間，甚至可能會做出錯誤的抉擇。

(二)分辨「充分條件」與「必要條件」

當我們在分析創意時，有些要素是必要的、不可少的。例如，當我們在分析室內設計的創意時，如果客戶當初指定要有「和室」，這個項目就是「必要條件」，在分析創意時一定要考慮這個要素。如果設計師本身在設計時想到可以增加一些要素，讓整個設計更好，這些項目就是「充分條件」。我們在分析創意、評估創意時，一定要區分清楚這兩者的不同，才不會做出錯誤的評估。

(三)分辨「積極條件」與「消極條件」

當我們在分析創意時，有些條件是一定要具備的，這些條件稱為「積極條件」，例如，當我們在分析一個廣告設計的初稿時，要考慮的積極條件可能包括：銷售的商品名稱、銷售的對象、商品的特點。但是，有些則是絕對不能出現在創意中，這些稱為「消極條件」。例如，在廣告中不能出現族群歧視、性別歧視、職業歧視的文字或畫

面。在分析創意前，我們可能要先把積極條件與消極條件列出來，以免做出錯誤的選擇或評價。

㈣分辨「主觀特性」與「客觀特性」

我們在分析創意時，可以從「主觀」與「客觀」兩個角度來分析。主觀特性乃是心理的感覺，諸如：美感、質感、風格、氣氛等。客觀特性乃是可以用客觀的工具來量測的特性，諸如：材質、重量、長度、大小、容量、硬度、耐震度等。許多創意的品質主要決定於主觀的特性，有些創意的品質則主要取決於客觀的特性。有時兩者都要同時考慮，否則會做出錯誤的決定。例如，當一個工程師在設計電腦時，他可能著重在諸如CPU的速度、記憶體的大小等客觀特性，可是當一個人在選購電腦時，他可能也會同時考量電腦的整體造型與質感。電腦工程師在設計電腦時如果沒有考慮到主觀特性，可能會降低產品在市場上的接受度。

主觀特性與客觀特性的評價方式非常不一樣，因此我們不能加以混淆。以電腦的「整體造型與質感」為例，設計師不能只依靠電腦的客觀特性來決定，例如，不能單純地用電腦的外形大小來決定市場的接受度。設計師也不能只依靠個人的主觀判斷，他可能還要請一些潛在使用者來參與評估。

㈤分辨「內在條件」與「外在條件」

當我們在分析創意時，有時必須考慮這個創意在使用時的實際脈絡、創意和外在環境、創意和使用者的關係等，才能決定其品質，這些稱為創意的「外在條件」。例如，當我們在做廣告設計時，必須考慮這個廣告是放在哪一個報紙版面，哪一類的雜誌，或放在雜誌的什麼位置。當我們在做服裝設計時，必須考慮服裝的穿著場合與時機。如果不考慮這些外在條件，可能無法做出適當的價值判斷。有時我們只要考慮創意的本身的內在條件就可以決定創意的品質，例如：當我

們在評價一個新產品的創意時，主要是根據創意本身的結構與功能來衡量它的價值。

　　然而，多半時候我們在分析創意的品質時，同時要考慮創意的外在條件與內在條件，例如，一個工程設計案不能光從工程結構本身來衡量其價值，必須考慮它所處的自然環境、人文環境與社會環境。因為一個工程結構可能會對自然環境與人文社會環境造成一些衝擊與影響，有些影響甚至是在長時間之後才能顯現出來。在分析判斷不同的工程設計方案時，如果我們不考慮這些外在條件，可能會做出錯誤的評價。

㈥分辨「直接因素」與「間接因素」

　　當我們在分析創意的價值時，我們有時需要區分「直接因素」與「間接因素」。直接因素包括：創意的主要功能、創意造成的直接影響、創意所要傳遞的表面訊息、創意造成的立即影響、創意的明顯特徵、創意的表象等等。間接因素包括：創意所要傳遞的隱藏訊息或間接的訊息、創意造成的間接影響、創意的附帶功能、創意可能造成的深層影響等等。例如，當我們在設計一個玩具時，我們可能要分析每一個創意對孩子可能產生哪些直接的功能與影響，但是我們也要分析每一個創意是否可能產生一些間接的影響、附帶的效應？這些創意是否隱含一些深層的、隱晦不明的訊息，孩子在長期接觸之後是否會有不良的影響？

　　一般的設計師通常會注意到「直接因素」，但是可能比較會疏忽了「間接因素」。當然，這裡只是提供一個思考與分析的方向。實際上當我們在分析時，有時也很難預料到「間接因素」的部分。例如，諾貝爾當初發明炸藥時並無法預料到後來炸藥被大量運用在製造武器彈藥，其間接的影響非常深遠。我們只能儘量從「直接因素」與「間接因素」這兩個角度來分析創意，以便比較完整地分析與掌握創意的價值，並做出比較正確的價值判斷。

(七)分辨「時間因素」與「空間因素」

有些創意的品質乃是取決於「時間因素」（又稱為「動態因素」），例如，當我們在做劇本創作、音樂創作、活動設計或電視廣告設計時，時間的安排與分配乃是非常重要的考慮。有些創意的品質則主要取決於「空間因素」（又稱為「靜態因素」），例如，當我們在做室內設計、海報設計、美術創作、雕刻創作時，空間的佈置、排列、安排等等乃是創意品質的關鍵。

有些創意的品質同時涉及到時間因素與空間因素，例如：工程設計、科學研究、電影製作。因此，當我們在分析創意的品質時，有必要從時間因素和空間因素兩個角度來分析，以便做出適切的判斷。

(八)掌握「整體要點」與「細節成分」

我們在分析創意時，有時必須對創意的整體進行評估，有時要針對創意的某個細節成分進行評估。例如，當我們在分析海報設計的創意時，有時我們可能要分析整個設計給人的感覺、整體顏色的搭配、整體的空間配置等。有時，我們要針對設計中的某些成分進行評估，例如：文字部分、圖形部分、標題部分等。當我們針對工程設計的初步方案進行分析時，通常我們除了針對整個工程切割為幾個成分，分別進行分析之外，我們也會針對整個方案進行整體的分析。在選擇創意的初期，通常我們都只要著重在創意的整體要點就好，不要太過在意細節，以免被細節誤導，做出錯誤的判斷與選擇。到了創思的後期，開始要演變與修改創意，以提高創意的品質時，我們可能就要開始注意創意細節成分。所以，我們在選擇或評價創意時，要能區分什麼是整體要點，什麼是細節成分。

值得注意的是，整體並非等於所有成分的加總。在進行整體分析時，我們必然會發現一些個別成分所看不到的特性，這些特性稱為「萌發的特性」（emergent properties）。例如，有些顏色個別看時很

好看，但是一旦搭配在一起，可能會產生不協調的感覺。有些軟體在個別使用時都沒有問題，可是一旦搭配在一起使用，就會產生意想不到的衝突或錯亂。這些都是屬於萌發的特性。也就是說，即使一個創意的每一個部位都很好，但是組合在一起時，不見得就是最好的創意。不同的組合方式或空間配置方式，有時會造成截然不同的結果。我們在分析創意時，要掌握到「整體」與「成分」之區分，否則可能會做出錯誤的判斷。

(九)分辨「可行性」與「可取性」

當我們在分析創意的品質時，有時要能分辨「可行性」（feasibility）與「可取性」（desirability）之不同。有些創意在技術上的可行性很高，但是就個人的需求或社會的倫理價值來看並不可取。例如，我們可能發明某種殺人的利器，但是這種利器可能危害社會大眾的安全，因此並不可取。又如，我們在選擇廣告設計草案時，我們除了考量是否能達到促銷某一個產品的目的之外，也要考慮是否會傷害社會風俗與倫理價值。簡言之，「可行性」乃是就技術的、方法的、實務的層面來判斷，「可取性」則是從道德或倫理層面來做價值判斷，這兩者缺一不可。

(十)從「合情、合理、合法」來分析創意

我們有時可以從「合情、合理、合法」三個角度來分析創意，以便正確評估創意的價值。好的創意既要合情，也要合理，更要合法，三者缺一不可。這三個角度是前面所述「可行性」與「可取性」的延伸。「合理」乃是「可行性」的延伸，合理性除了方法上、技術上的合理可行性之外，還包括效率上的合理、效果上的合理、經濟效益上的合理、價格上的合理等等。至於「合情」，則是「可取性」的延伸，主要是考慮創意是否符合人的感覺與感情、是否符合人性。有價值的創意不僅要符合個人的利益，更要兼顧社會大眾的利益、普遍的

利益、長遠的利益。這些都是屬於人性與倫理道德價值的衡量。

除了「合情」與「合理」之外，這裡又加上「合法」。「合法」的意義很明顯，就是要考慮創意是否符合法律的規範。因此，「合法」也是「可取性」的延伸，因為不合法的創意也是不可取的。整體而言，「情、理、法」三個角度比前面的「可行性」與「可取性」更豐富、周延，且更容易記。

從「合情、合理、合法」這三個角度來看，創意的價值高低會因人、因地、因時而有很不一樣的評價。例如，某甲可能想出一些點子來陷害某乙，這個點子對某甲有很高的價值，但是對某乙或對社會大眾的價值卻剛好相反。這是一個無法避免的現象。這個課題涉及到倫理、道德、法律的層面，不是本書所能處理。如同我在本章一開始所提及的，我主張用「社會多數人的利益與長遠福祉」作為衡量創意價值的判準，而不是以個人短暫的利益為基準。此處我只是指出，我們可以從「合情、合理、合法」這三個角度來分析創意，但是每一個人在從事創思活動時，會不會完整地考慮這些層面也是個人的抉擇。從這個角度來看，所謂「創意的品質或價值」的確沒有客觀的標準。因此，「創造力」也是一個無法用客觀標準來衡量的概念。

(圡)從「結構、功能、外觀、材質」來分析創意

我們有時可以從「結構、功能、外觀、材質」這四個角度來分析創意，尤其是有關物品的創意。這四個角度可以幫助我們深入瞭解一個物品的各個層面，以避免遺忘某一個層面。當然，不同物品的著重層面不一樣。有些物品我們會特別強調其結構（例如：橋樑、拱門），有些物品我們會特別著重其功能（例如：工具、餐具、電腦），有些物品我們特別著重其外觀（例如：衣服），有些物品我們特別著重其材質（例如：紙張）。然而，多半時候我們會同時著重兩個以上的層面（例如：汽車、房子、手機），而且也最好同時分析這四個層面，以免做出錯誤的決定。

㈤從「何人（who）、何地（where）、如何（how）、何物（what）、何時（when）、為何（why）」來分析創意

　　在英文中，有一個很有名的「六分法」分析性概念：何人（who）、何地（where）、如何（how）、何物（what）、何時（when）、為何（why），簡稱「6W」。這六個分析性概念相當於中文裡的「人、地、事、物、時」。我們在分析一個創意時，可以從這六個角度來考慮，這樣比較不會遺漏重要的層面。這六個層面可以用來作為建立某一個制度或寫一篇文章時的組織架構，也可以用來做很多不同的比較，例如：比較不同的理財方式、比較不同的休閒或旅遊方案、比較不同的故事結構、比較不同的活動規劃方案。例如，當我們在分析某個活動規劃方案時，我們可以這樣考慮：這個方案由誰來執行？這個方案在何處執行？這個方案如何執行？這個方案需要什麼物品或設備？這個方案何時執行？為什麼要執行這個方案？當我們這樣分析時，可以通盤掌握整個方案的各個層面。如果有好幾個方案要進行分析與比較，也可以從這六個層面來比較。

　　在這裡我雖然提出的是6W，但是有時不需要考慮「為何」（why）這個層面，於是就剩下5W：who、where、how、what、when。有些時候，我們不用考慮「如何」（how）的層面，也是剩下5W：who、where、what、when、why。總之，這六個層面只是作為分析性的架構，我們要根據實際使用時的狀況，靈活加以選擇運用。

　　以上這些分析性概念只是一些比較常用的分析利器。當然，也有其他更複雜的分析性概念，但是可能愈來愈不好記，因此就比較沒有那麼常用。如果分析性概念的數目非常多，我們有時甚至可以把這些分析性概念排列成某種「檢核表」（checklists），以方便使用。不管概念的數目有多少，所有這些「分析性概念」都是一般人在進行批判性思考時的思考工具。

　　當我們在使用各種「分析性概念」來分析創意時，就像使用工具

一般,來剖析創意的各種層面,以便全面掌握瞭解創意的特性與品質。這些分析性概念都是常用的分析利器,可以用在許多不同的狀況,當一個人擁有愈多的分析性概念時,他就愈能靈活地進行批判性思考。此外,他在進行批判性思考時,還是要根據經驗來決定何時使用何種分析性概念,不是每次都要使用所有的分析性概念。當然這也要靠經驗的累積,也就是說經常實際進行各種分析辨別的活動,久而久之對這些「工具」的使用就愈來愈靈活、愈來愈熟悉,並能遷移到新的狀況中。

二、綜合評價創意

前面所述是運用一些分析性概念來針對個別創意進行分析、瞭解,但是在創思的過程裡,我們經常要針對許多創意進行評價、比較與選擇。這時我們要運用更複雜的批判性思考技巧:綜合評價。本節說明綜合評價的心理技巧與過程。所謂「綜合評價」,乃是依據某種準則來衡量創意的整體價值,並進而做出選擇,或提出修改的意見、方向。

㈠激盪各種可能的判準

當我們在進行「綜合評價」時,本質上是依據某種「準則」、「規準」、「價值標準」、「準繩」來從事價值判斷。本書把這些統稱為「判準」(criteria)。在決定判準之前,我們必須先激盪各種可能的判準。首先,我們可以參考第 118 頁所述各種分析性概念,其中有許多概念都可以直接變成判準。

其次,我們也可以參考一些日常生活上常用的判準。例如,當我們對物品進行評價時,我們常用的判準是:美觀、實用、方便、便宜、創意等;對人評價時,一般常用的判準包括:品格、操守、知識、能力、精神、理念、外表、出身等;對各種主張或辦法進行評價時,常用的判準有:現實性(practicality)、理想性、前瞻性、可行性

（feasibility）等；對於理論或學說評價時，常用的判準有：內部一致性（coherence）、周延性（comprehensiveness）、簡潔性（parsimony）、原創性（originality）、邏輯性等。

當我們對不同的言論事物進行綜合評價時，所使用的判準也有所不同，因為不同的事物還是有其特殊之處，判準無法完全遷移。上述這些判準也只是一些常用的判準，而不是所有的判準。然而，這些常用的判準還是有其普遍適用性。有些人對某些事物無法進行批判性思考，往往是因為他無法決定要用什麼判準，或是因為他不知道要採用什麼準則，或是不知道何者適合某一情境，何者較合適另一情境。因此，當我們要針對創意進行綜合評價時，我們必須要先激盪各種可能的判準。然後才進行下一個步驟，也就是選定判準。

(二)選定判準

在激盪了各種可能的判準之後，接下來我們必須從眾多的判準中做出抉擇，以決定實際要採用的判準。我們在選擇判準時其實也是在進行另外一個層次的批判性思考，我把它稱為「後設批判思考」。所謂「後設批判思考」，是指當我們針對自己的批判思考活動進行更高一個層次的批判思考。既然「決定判準」本身也是某種的批判性思考，我們也要採用一些判準來做抉擇。當我們在進行後設批判思考時所採用的判準就稱為「後設判準」。常用的後設判準說明如下：

1. 簡潔清晰

我們在選擇創意時，可能採用的判準通常很多，因此一定要有所抉擇，否則浪費時間。也就是說，我們要儘量把重複的、多餘的、不重要的判準加以刪除，使判準的數目愈簡潔愈好，以免在花太多時間來進行批判思考。然而，如果太過簡潔，有時會使得判準的意義變得含混不清、意義不明。所以判準的數目不但要簡潔，意義也要清晰。

2.周延性（完整性）

如果判準的數目太過簡潔，可能又會不夠周延。因此我們在選擇判準時，也要考慮到是否完整地考慮到應該考慮的判準，不要遺漏了重要的判準，才不會做出錯誤的決定。究竟判準的數目要多少才符合前述的「簡潔清晰」以及此處的「周延性」？這又是一個經驗的問題，要根據個別狀況來決定，例如：要根據批判思考任務的性質、複雜性與重要性、擁有的時間、參與的人數等等因素來決定，沒有一定的法則可以遵循。

3.階段性

我們在選擇創意時，在不同的創思階段或時機所使用的判準不一樣。例如，在創思的初期階段，當我們在選擇室內設計初稿時，我們要考慮初稿的風格、基本需求、空間配置等。可是，當我們在創思的後期，我們可能要從幾個完整的設計稿中選擇一個，作為最後的施工藍圖。這時，我們的判準可能會著重在「預算」、「施工可行性」或「法律規定」等。因此，我們要依據階段性的需要來決定適當的判準。

(三)運用判準來進行綜合評價

依據前述這些「後設判準」，我們就可以從眾多可能的判準中加以過濾、選擇或整合，決定最後要採用的判準。有了這些判準之後，我們就可以對各種創意進行綜合評價。所謂「綜合評價」，乃是針對創意符合判準的程度提出一個價值的指標，這個指標可能採用文字評語（質的評價），也可能採用數字評分（量化評價）。不管是採用文字或數字，我們通常可以設計某種評分表或評價表來協助進行，如下各例所示：

創意選擇評分表

評分準則 ＼ 創意編號	1	2	3	4	5	6	7	8	9	10	11
判準一											
判準二											
判準三											
判準四											
判準五											
總分											

附註：在每一格中給予 1 至 5 的分數，分數愈高代表評價愈好。這個評分表的預設是每一個判準的重要性都一樣。實際使用這個表時，可依實際情形決定不同的加權比重，以區別不同判準的重要性。

創意選擇評價表

評分準則 ＼ 創意編號	1	2	3	4	5
判準一					
判準二					
判準三					
判準四					
判準五					

註：在每格中寫下評語。

　　值得注意的是，即使我們決定了判準，也設計了如上的評分表或評價表，但我們還是要運用主觀的判斷來給分或是寫下評語，並不是說提出了判準，就代表它是一個客觀的評量工具。

第五節 增進批判性思考能力的練習活動

　　如前所述，批判思考乃是一種「經驗本位」的思考活動。因此，我們只能一次又一次地從欣賞、賞識、品味、批判各種事物的經驗中來增進自己的批判思考能力。除此之外，如果我們想增進自己的批判思考能力，可能還要再加上一個更高層次的批判性思考，我把它稱為「後設批判」（meta-critical）。所謂「後設批判」，就是「對批判的批判」，也就是說一個人不但能進行批判性思考，又能對自己的批判性思考進行批判，此種人不但知道要採用什麼判準來進行批判性思考，又能時時檢討自己所用的判準，而不是僵硬地運用既有的判準。此種人能觀察並能判斷別人或自己的觀察；能推論並能判斷別人或自己的推論；能歸納並能判斷別人或自己的歸納；能作價值判斷並能判斷別人或自己的價值判斷。這當然是非常不容易達成的一種批判性思考，但是如果我們想增進自己的批判思考能力，遲早要養成後設批判的習慣。

　　本書第五章將介紹一些創思活動的綜合練習，其中每一個活動中都涉及到批判思考，因此也都可以增進批判思考能力。以下列舉一些可以單獨進行的批判性思考練習活動。

一、「批判性思考」練習活動一：二分性概念

活動目的	練習使用二分性概念來分析日常用品。
練習形式	個人練習
活動方式	1. 隨便選擇一類周遭或身邊常見的用品（例如：書桌），當我們在評價此類用品的品質高低時，哪些是「有關因素」？哪些是「無關因素」？請把你的分析結果填在下面的表格中：

有關因素：
無關因素：

2. 依照同樣方式，請在下列表格中進行各項的分析：

充分條件：	
必要條件：	

積極條件：
消極條件：

主觀特性：
客觀特性：

內在條件：
外在條件：

直接因素：
間接因素：

3. 依照同樣的方式，另外再選一類的日常用品（例如：椅子、鉛筆、電視、手機），完成各項的分析。

二、「批判性思考」練習活動二：購買物品的判準

活動目的	練習形成判準的過程，並讓學生瞭解每一個人所著重的判準可能不一樣。
練習形式	團體練習
活動方式	1. 針對任何一類物品（例如：汽車），教師說明：當我們在購買這一類物品時，需要考慮什麼面向？ 2. 教師引導學生腦力激盪各種要考慮的面向。 3. 教師引導學生討論這些面向，並逐漸形成各種判準，並合併類似的判準，修改不適當的判準。一直到不超過十項判準為止。判準數目不宜太多，否則不符合「簡潔清晰」這個後設判準。 4. 教師請每位學生針對每一項判準，自行給予一個重要性的分數（1至5分），1分表示該判準對自己而言非常不重要，

5分表示該項判準非常重要。

5. 針對每一項判準，教師請認為該項判準非常重要的學生舉手（也就是給該項判準5分的學生），以大致瞭解有多少學生看重該項判準。必要時請學生分享他們為何認為該判準很重要，並進行必要的全班討論與比較。

6. 教師再針對另一類物品，引導學生討論購買這一類物品的判準。依照同樣方式反覆練習幾次。

三、「批判性思考」練習活動三：海報設計初稿的選擇

活動目的	練習如何決定判準。
練習形式	團體練習
活動方式	1. 教師在黑板上用磁鐵吸貼大約八張左右的海報設計初稿。 2. 教師引導學生腦力激盪選擇設計初稿的各種可能判準，並將之一一寫在黑板上。 3. 教師引導學生刪減、合併、修改或增加判準，直到大約剩下四至六項判準為止。在做演變判準的期間，其目標要符合簡潔清晰、周延性、階段性這三個「後設判準」。 4. 教師在黑板上畫出一個類似如下的評分表：

評分準則＼初稿編號	1	2	3	4	5	6	7	8
判準一								
判準二								
判準三								
判準四								
判準五								
總分								

5. 教師請學生在每一格中給予1至5的分數，分數愈高代表評價愈好。

6. 教師請學生計算自己的評分表中各件初稿所得的總分，得分最高的作品代表自己認為最好的設計，亦即「入選作品」。
7. 教師一一詢問每一件作品被入選的人數（舉手數人數）。
8. 針對最多人選擇的作品，教師引導學生討論該作品的優缺點。然後討論次多人選擇的作品。依此類推，一一討論每一項作品的優缺點。
9. 教師引導學生討論：大家是否滿意在先前所決定的判準？經過實際使用這些判準之後，應該增加哪些判準？可以刪掉哪些判準？哪些判準可以提出來修改？

四、「批判性思考」練習活動四：故事的情理法分析

活動目的	練習使用「情、理、法」三個角度來分析故事。
練習形式	個人練習或團體練習
活動方式	1. 請隨便找一本故事繪本。針對該繪本的內容，進行下列分析： (a)該故事內容涉及到哪些感情的層面？（含情緒、愛情、親情等） (b)該故事內容涉及到哪些理智的層面？（含做事方法、科學知識等） (c)該故事內容涉及到哪些法律的層面？（含社會規範、習俗、約定等） 2. 依照同樣方式，反覆分析其他的故事繪本。

五、「批判性思考」練習活動五：6W 的練習

活動目的	練習使用 6W 的分析性概念。
練習形式	團體練習
活動方式	1. 教師發給每位學生一張報紙剪報（全班都拿到同樣的新聞事件或幾個不同的新聞事件）。 2. 每位學生針對拿到的新聞事件，在下列分析表中填入相關的

	資訊。如果某一列無法找到相關的資訊，可以空下來：

何時（when）	
如何（how）	
何物（what）	
何人（who）	
何地（where）	
為何（why）	

	3.教師抽點一些學生分享彼此的分析，比較看看分析的結果有何異同。
活動變化	教師可以改為請學生分析一則簡短的故事、某一個活動規劃案、某一個方案。
補充說明	雖然這個練習只是幫助學生更瞭解整件事情的來龍去脈而已，但是此活動的主要目的是提供機會讓學生練習使用「6W」的分析性概念。此種練習有助於分析與選擇各種活動或制度的規劃案。

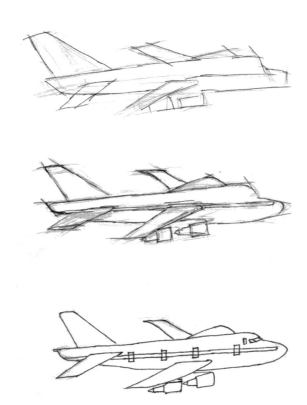

Chapter

4

提高創意品質的心理技巧

就如同美好的寶石一樣，在你的傑出想法迸射出光芒之前，總
是必須先經過洗淨、切割和琢磨的功夫。

（Vincent Ruggiero，游恆山譯，民 83，p.207）

　　從第一章所述的創思心理歷程來看，不管我們從事哪一類型的創
思活動，最後都涉及到「提高創意品質」的階段。

　　本章探討和創意品質有關的兩個心理技巧：積量得質、逐漸演變
與修改。其中「逐漸演變與修改」乃是本章的重心，因為「積量得
質」這個技巧其實在前面各章中已經做了不少的說明，本章只是稍做
一些統整而已。

第一節　積量得質

　　所謂「積量得質」，是指在大量的創意中，我們可以從中找到高
品質的創意之機會也比較高。這純粹是一個「以量取勝」的策略，因
為創意的數量愈多，得到高品質創意的機會就愈高。從這個角度來
看，第二章所述各種產生大量創意的技巧，也無形中對於創意的品質
有所貢獻。

　　其實，許多有創意的人早就知道運用這個技巧來得到高品質的創
意。James Adams（簡素琤譯，民 85，p.15）認為「構想的過程是解決
問題的關鍵，假如有愈多富創意的想法讓你選擇，解決問題的希望就
愈大」。有名的創思研究者Osborn曾經為自己的一本新書取了六百多
個名稱，然後從中選一個名稱。許多都市或學校常常會舉辦「命名活
動」，例如：有些學校新建一棟宿舍或教學大樓，可能會公開徵求為
這棟建築命名。然後學校可能會組織一個委員會來進行初選與決選。
最後被選中的名稱就作為該棟建築的名稱，而獲選者通常也可以得到
一筆獎金。有些公司會為自己的一個新產品舉辦公開徵名的活動，最
後從社會各界中寄來的各種名稱中選擇一個，並給予一筆獎金。除了

達到為新產品促銷的目的之外,他們的基本用意是:在大量的構想中比較可能遇到品質好的構想。

　　科學家和工程師也常常運用「積量得質」的技巧,他們會產生大量的備用觀念或備用假說,然後逐一嘗試。愛迪生發明電燈時,試驗了三千多個構想,其中只有兩個成功。許多藝術家也是運用「積量得質」的技巧來得到高品質的作品。梵谷曾說:「我不斷的繪畫,直到有一幅與其他幾幅不一樣,而且似乎是不平凡的作品才停筆。(Robert Olson,呂勝瑛等譯,民71,p.57)」作曲家Berlin也是一個創作量很驚人的音樂家,但是他的許多作品並沒有公諸於世,他只公布眾多作品中自己比較滿意的作品。

　　Jack Foster提及一種類似滾雪球的效應:「找點子像滾雪球一樣,推動整個計畫的最佳方式就是由一個點子開始,任何一個點子都可以。不管這個點子是否有意義、是否真正能解決問題、是否恰當,只要是新的、不同的東西即可(鄭以萍譯,民86,p.174)。」他的意思是說,當我們要尋找點子時,只要從任何一個點子開始啟動,然後讓它自由滾動,激盪出愈來愈多的點子,只要點子夠多,我們就自然能從中找到一個好點子。

　　值得注意的是,「積量得質」畢竟只是一個心理技巧,我們不能僵硬地遵循。此外,當我們在運用這個技巧時當然也要付出一些代價。當我們產生愈多的創意時,可能就要花愈多的時間來評估與選擇創意。而且,如第241頁所述,如果一個人缺乏果斷力,有時在面臨許多創意時,每次都會擔憂:自己選了這個創意,會不會就忽略了其他的創意?到了最後反而不知道要選擇哪一個創意。所以,我們在實際從事創思的任務時,慢慢就會知道究竟要產生多少初步的創意,而且不同的任務與狀況所需要的初步創意數量也不一樣,不能僵硬地使用「積量得質」這個技巧。

　　我們可以從採集珍珠的心理來瞭解「積量得質」的技巧。一個到海底採集珍珠的採珠者,必定是在海底大量地採集所有看到的蚌,等

到自己的氧氣不夠了，才浮到船上或到海邊去一一檢查，看看蚌裡有沒有珍珠。採珠者會期望，在大量採集到的蚌裡，得到珍珠的機會比較高。誠如 Vincent Ruggiero（游恆山譯，民 83，p.182）所說，這純粹是一個機率問題，因為當你所提出的想法愈多，你就愈有機會擁有一個創造性想法。總而言之，高品質的創意不容易從少數的想法中浮現出來，而有突破性的創意則有可能從許多創意中出現。這是從許多創思的經驗中歸納出來的一個法則。當然，純粹的「數量」並不見得一定保證能得到有價值的創意，但是創意的數量卻可以增加成功的可能性。因此，「積量得質」是一個顯得比較依靠「機運」的技巧。

值得注意的是，純粹就「積量得質」的角度來看，當我們得到大量的創意後，我們需要運用第三章所說的「批判性思考」來從眾多的創意中選擇一個最好的創意。一旦我們選擇了某一個創意，通常也不代表那個創意就是最後定案的創意，我們往往需要進一步修改與改進創意，因此下一節將進一步探討如何運用「逐漸演變與修改」的心理技巧來得到高品質的創意。當然，這個階段我們需要再度運用批判性思考。

第二節　逐漸演變與修改

一、什麼是「逐漸演變與修改」？

高品質的創意除了來自大量的創意外，還可以依賴另一個重要的心理技巧：就是「逐漸演變與修改」。「逐漸演變與修改」的基本技巧就是，我們可以把任何一個創意局部加以慢慢修改、調整，該創意就逐漸演變，創意的品質就逐漸提升。此種逐漸演變的現象發生在許多創思的過程。例如，當一個人在寫作時，經常必須對正在寫作的作品不斷調整，包括字、詞、句、段落、文章的組織結構等。很少人在寫作的過程中，把事先想好的意念一氣呵成地寫出來。許多有關寫作

歷程的研究也指出（Murray, 1978; Bracewell, 1983），學生是否能運用不斷的修改與調整之寫作策略，會影響其寫作的品質。高品質的作品通常是來自勇於修改與調整，以及精益求精的精神，而不是來自小心翼翼的寫作習慣。過度小心翼翼的人通常不敢大膽嘗試不同的表達方式，不敢輕易修改自己的作品，也不敢輕易把正在進行中的作品呈現給別人看，以徵詢別人提供修改的意見。凡此種種都沒有運用到「逐漸演變與修改」的技巧。

　　美術作品的創作過程也依賴此種逐漸演變的原理。一個美術家可能在心中有一個原始的構想，然後在一面作畫的過程中，他會隨著畫面的演進，而一面調整其整體表達。最後表現出來的作品可能與原先的構想大異其趣，但是作品的品質已經無形中逐漸在提升之中。

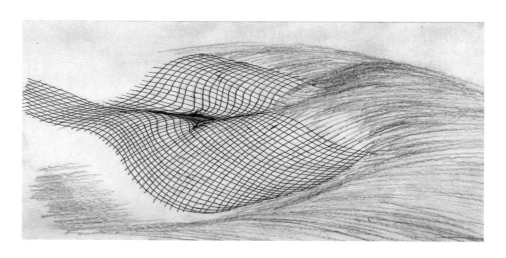

　　當然，「演變與修改」的結果不見得一定會提升創意的品質，但是，如果要提升創意的品質，必然要透過演變與修改。例如，有時我們針對某一個設計稿或藝術創作進行局部修改之後，感覺比原來更不好。我們可能回復原來的樣子，或者甚至整個重來，然後繼續修改，一直到滿意為止。大多數情況，我們也只有修改了之後，才能判斷是更好或更壞。如果更壞，我們當然就會放棄那個修改，如果更好，我

們就進步了。如果不改，就只能維持原來的品質水準。這個現象也說明了一件事：單純的「演變與修改」並不見得會帶來品質的提升，我們還得在演變的過程中加入一定程度的批判性思考。這個現象就如同「演化論」中「物競天擇」法則。易言之，在演變與修改的過程中，我們仍然需要依賴批判性思考來隨時評價創意的品質，隨時決定何處應該修改與調整。因此，在這個過程中，第三章所述的批判性思考仍然扮演相當重要的角色。

二、為什麼要運用「逐漸演變與修改」？

長久以來，我們在學校裡的作文課或美術課其實都沒有強調「逐漸演變與修改」這個技巧。我們的寫作時間都有所限制，只有短短兩節課的時間，所以很少有機會做到逐漸演變與修改。結果，「修改」的工作好像變成是老師的責任，學生不僅沒有學到這個重要的技巧，也因而沒有體認到自己才應該負起提升創意品質的責任。以下探討為何要運用「逐漸演變與修改」的心理技巧。

(一)許多偉大的創意都是從許多小的演變累積而來

按照「逐漸演變與修改」的技巧，我們與其等待重大的、突破性的、革命性的創意，倒不如針對粗略的創意，進行許許多多小的演變。累積許許多多小演變的結果，最後往往可以得到重大的改進。一般人往往只是看到創造的結果，而忽略了創造的過程。其實創造的過程往往依賴許許多多的小演變。當代工業文明中，許多偉大產品的發明與設計過程也是依賴無數的「小演變」而來，而不是來自一個「大躍進」。例如，我們今天所看到的飛機、太空船、電腦、電視等，每一樣都和當初最早發明出來時的面貌不可同日而語。但是它們都是透過無數工程師與設計師逐漸加入各種演變與調整而來。

人類此種創造的歷程其實和大自然中物種的創生與演化有異曲同工之妙。在大自然中，物種的創生與演化也是依賴長期持續的逐漸演

變。生物學家研究物種的創生與演化過程，很早就發現到，今天我們在地球上看到的許許多多物種，都是在地球漫長的歲月中，累積了無數的小突變，逐漸演化出來的結果，而不是在某一個時刻突然冒出了某一種全新的物種。當然，每一個小的突變在發生時的確是一個突然的變化，也是一個「小躍進」，但是從一個物種長時間的演化角度觀之，那些突變都只能稱之為小小的變化而已。

在進行各種創思活動中，許多人都有一個經驗：在創思活動的初期有時雖然可能得到有價值的創意或高品質的創意，但是多半時候我們所得到的許多初步創意都是粗糙的、有待改進的。Robert Olson（呂勝瑛等譯，民 71，p.40）提及：「無論是由意識或潛意識思考得來的初步構想，通常都是欠完備的。這些構想都必須加以修改、清理和簡化，以成為有用的解決方法。」有些人在進行創思活動時，常常想要立即得到偉大的靈感，或者想要馬上找到一個適當的解決方案。這不僅是一個不切實際的期盼，反而常常讓自己不知如何下手，或者總覺得腦海裡冒出來的許多靈感都不夠偉大，只好繼續「守株待兔」地等待，但是卻往往等不到什麼偉大的靈感冒出來。

(二)與其等待「頓悟」的時光，倒不如努力地「漸修」

許多學者都認為，在創造的歷程中有所謂「孕育階段」（incubation，郭有遹，民 62，p.334）或「醞釀期」（奧斯朋，民 53，p.173；彭震球，民 80，p.67；Sally Rasberry 和 Padi Selwyn，黃玉華譯，民 86，p.32；Jordan Ayan，趙永芬譯，民 88，p.33；陳龍安、朱湘吉，民 87，p.36），一個人在醞釀期只能靜待創意的到來，除此之外似乎毫無他法。依照這種觀點，偉大的創意似乎只能依賴靈光乍現，或是依賴某種頓悟或豁然開朗的來臨。然而，這種「守株待兔」的態度未免太過消極，我們可以用不一樣的方式來得到高品質的創意。也就是說，我們與其等待「頓悟」的時刻，倒不如努力地「漸修」，我們可以刻意運用「逐漸演變」這個技巧來改變創意，逐漸提升某一個原始創意的

品質，久而久之自然可以得到高品質的創意。畢竟，靈光乍現或突然產生重大靈感的時刻乃是可遇不可求的一件事，它可能在毫無預期的情況下發生，它也許會發生，也許不會發生。

　　更值得注意的是，有些人在絞盡腦汁，不斷進行演變與修改之後，把創思活動暫時擺在一旁，過了一段時間之後，在做別的事時（也許是在騎車時、在散步時或看電視時），可能突然從心中就莫名其妙地冒出重要的靈感。如果他先前沒有經過一番「逐漸演變與修改」的努力，也可能不會有這種「頓悟」的時刻。這項觀察也不是我的獨到見解，在創造思考的領域中，也有一些人有類似的主張。樺旦純（陳南君譯，民 87，p.87）就指出，所謂的直覺，是在無數次埋頭苦幹後完成的結果，雖然「靈機一動」都是在剎那間閃過的念頭，但會產生這些點子的基礎，除了努力之外，還是努力！詹宏志（民 85，p.28）也提及，創意的來臨有時的確不可捉摸，且經常帶著神秘的氣息。但是，一個創意的形成，也許是在人類潛意識中，經過無數的孕育過程，才突如其來地冒出來。就像愛迪生所說：「天才是 99%的努力，和 1%的靈感」。即使這個 1%的靈感，也要努力才能得到。他同時也提到（詹宏志，民 85，p.33），人類也有一些重要的創意來自一些獨特的天才，他們的創意來源卻不是依靠「日積月累的修正」。也就是說，人群之中的確有一些特殊的天才（像達文西），但是這種天才很稀少，也不是我們能學習的，我們可以不用管他們究竟如何思考。我們所能學習的是有關「逐漸演變與修改」的態度、觀念和技巧。

　　Vincent Ruggiero（游恆山譯，民 83，p.194）認為，許多人誤以為洞察力既然都是在休閒的時刻不經意地跳躍出來，所以洞察力的獲得就不需要費心去努力。然而，這是一個很大的誤解。對創造歷程有深入研究的學者都一致同意，洞察力絕不會和怠惰、安逸連結在一起。而且，並不是在任何型態休閒時間中都可以出現洞察力，通常反而是在當事人經過一陣子強烈的腦力活動後，在調節精神與體力的那段休閒時間中，它才適時地來到。

前述這些學者的主張和我的經驗比較接近。簡言之，我相信人類的確有頓悟的時光，但是我更相信，那些「頓悟」都是在無數「漸修」的努力之後才能到來。

(三)針對某一個主題製造許多演變才是創造力的關鍵

Hofstadter（1985, p.233）從許多創思的例子中也發現，人類心中的概念或觀念都有無數變化的可能性，我們可以非常靈活地從某一個角度來改變一個原始的「主題」，並進而逐漸演變成全新的想法。如果我們把一個原始的創意稱之為一個「主題」，我們可以把這個主題的許多部分加以微小的改變，在累積了許許多多的微小改變後，原始的主題可能因而產生某種「質變」，有時甚至可能蛻變成與原來截然不同的面貌。也就是說「量變」會產生「質變」。他的結論是：「針對某一個主題製造許多演變才是創造力的關鍵」（Making variations on a theme is really the crux of creativity）。他的觀點與奧斯朋（見奧斯朋，民 53，p.187）的觀點不謀而合，都是一針見血地點出創思的奧妙，也揭開了創思的神祕面紗。

三、如何運用「逐漸演變與修改」來產生創意或增加創意的品質？

「逐漸演變與修改」這個技巧說起來非常簡單易懂，但是實際在運用時，它又涉及到經驗與判斷的問題。針對任何一個創意，究竟要從什麼地方下手去修改？可以如何改？這是一個難解之謎。因為有些人很快就可以決定什麼地方可以改改看，有些人則可能覺得腦袋空空，不知道如何改起。這已經不是心理技巧的問題，而是經驗的問題，只有不斷累積創思的經驗，自然可以逐漸培養出那種觀察力、鑑賞力與決斷力。

除了經驗的累積之外，以下介紹一些方法，把「逐漸演變與修改」這個技巧變成比較具體、可操作的方式，讓初學創思的人有所遵

循。然而，在多數的狀況裡，「逐漸演變與修改」這個技巧在實際運用時非常靈活多變，不一定如此僵化。

(一)自問自答法

當我們選擇出一個初步創意之後，我們通常面臨的下一個課題就是：這個創意還有什麼地方值得改變，以便改善其缺點？易言之，我們需要嚴密地檢視一個創意，找出任何可能的缺點，然後一一加以改善，就可以逐漸提升創意的品質。通常任何創意值得改善的地方都很多，所以我們需要全面地檢視它，避免忽視任何細節。Vincent Ruggiero（游恆山譯，民 83，p.217，p.228）提及一個方法，從各種角度來檢視某一個創意，以尋求可以修改之處，從而逐漸改善該創意。這個方法就是用一系列的問題來問自己，在試圖回答每一個問題時，強迫自己去思考原來的解法中有哪些可以改善之處。此處他所謂的「解法」就是一個解決問題的創意。針對任何解法，我們都可以用一系列的問題來檢驗，以便找出值得改進之處。以下列舉一些他所建議的問題：

1. 如何正確應用你的創意？
2. 在應用時可能會出現哪些困難？如何去克服？
3. 為什麼別人會反對這個創意？如何修正才能抵消他們的抗拒呢？
4. 你必須說服哪些人來相信你的創意之價值？什麼方式的說服最有可能奏效？
5. 你的論證是否足夠健全？
6. 你的創意是否會很難理解？
7. 創意對使用的人是否會造成任何危險？
8. 在使用或實施上，創意是否會很笨拙或不稱手？
9. 使用這個創意是否會耽誤太多時間？
10. 這個創意在製造或實施上是否太過於昂貴？
11. 這個創意在結構或樣式上是否會太過於繁瑣？
12. 這個創意在使用時是否會很不舒服？

13.這個創意是否易於破裂或損壞？

14.這項創意是否具有外表的吸引力？能否引起人們的購買慾望？

15.這個創意和其他的產品或系統是否會彼此衝突？應該加以調和嗎？

16.這個創意和競爭性的創意比起來有哪些優勢？

17.這個創意對人們生理上、情感上、道德上、知識上、經濟上會造成什麼影響？

在上列這些問題中，原先 Vincent Ruggiero 乃是使用「解法」一詞，我把它改為「創意」，以便適用於比較廣泛的用途與情況。當我們試圖改善一個創意時，這些問題可以引導我們從各種角度來批判它，並逐漸改善一個創意的細節。Vincent Ruggiero（游恆山譯，民83，p.228）特別強調細節的處理，他認為大部分的創意都必然要面對改良過程中的難題，即使最有創造性的想法，除非它在細節部分被處理好了，否則也很難有實際的用處。當然，上述這些問題並不見得能夠適用在所有狀況與細節。我們可以透過經驗來逐漸發展出更多「自問自答」的問題，讓工具愈來愈完備。

(二)加減乘除法

奧斯朋（見奧斯朋，民53，p.320）提倡一種「加減乘除法」來產生大量的創意，也就是直接對某一個原始創意提出下列問題：

1.【增加或擴大】：可以增加些什麼？可以加強什麼部分？是否可以把某部分擴大些？

2.【縮減或省略】：把整體縮小會如何？把某部分縮小會如何？還可省略些什麼？

3.【倍增】：把某部分的數量加倍會如何？

4.【分割】：某部分加以分割會如何？

透過這些問題的啟示，我們可以得到許多改變原始構想的可能性。此種「這邊修修、那邊改改」的技巧比靜待靈感的到來更有可能產生創意。

(三)卡片暗示法

陳耀茂（民 87，p.171）曾提及一種產生創意的方法。這個方法乃是利用一疊的卡片，每一張卡片上提供一種「暗示問語」，然後逐張翻開卡片或隨機抽取卡片，從卡片上的暗示問語來刺激自己產生演變與修改的創意。其實，這個方法和前述奧斯朋的「加減乘除法」很類似，只不過是用更多種類的暗示問語，從各種不同的角度來刺激自己產生各種演變與修改的創意。卡片上可以放各種可能的暗示問語，包括前述「加減乘除法」中所有的暗示問語。此外，這個技巧和 Arthur VanGundy 所謂的「創意激發詞」（李昭瑢等譯，民 83，p.196）也有異曲同工之妙。以下我把陳耀茂的「暗示問語」和 Arthur VanGundy 的「創意激發詞」加以整合，再根據我的經驗，增加一些暗示問語，成為下列二十種可能的暗示問語，而每一個暗示問語中都有一系列相關的創意激發詞：

1. 什麼地方可以增加、附加、擴大、加強、放大、擴散、膨脹？
2. 什麼地方可以減少、刪除、移除、縮小、變弱、稀釋、變薄、變細、收斂、壓縮、濃縮？
3. 什麼地方可以結合、合併、整併、並列、重疊、倍增、重複？
4. 什麼地方可以分割、切割、分裂、分開、分散、擴散？
5. 什麼地方可以扭曲、變形、變軟、變硬、變尖銳、變鈍、變透明、變成有磁性、變成有黏性、變成固定不動？
6. 什麼部分可以變成可活動、可移動、可轉動、可伸縮、可旋轉、可擺動、可搖動、可手提、可丟棄式？
7. 把什麼部分上下反轉、左右反轉、前後反轉、內外反轉過來會如何？
8. 什麼地方可以增加把手、鋸齒、缺口、圓角、按鈕、凸出物、凹槽、輪子、掛勾、孔洞、蓋子？
9. 什麼部分的材質、質地、顏色、造形、線條可以改變？

10.什麼部分的大小、粗細、長短、高低、寬窄、容量、內容物可以改變？

11.什麼部分的方向、角度、排列順序可以改變？

12.什麼部分的文字大小、型體、顏色、用字遣詞可以改變？

13.什麼部分的表面色澤、圖案、光滑度、質感、樣式、條紋可以改變？

14.什麼部分的成分、組成要素、零件、配件、裝飾物可以改變？

15.什麼部分的物質狀態（固態、液態、氣態）可以改變？

16.整體結構、佈局、位置或配置可以做什麼改變？

17.使用對象、工作人員、操作人員或操作人數可以做什麼改變？

18.操作方式、操作流程、操作程序、操作步驟、運送方式、運送動線、打開方式、關閉方式、移動方式、安裝方式、包裝方式可以做什麼改變？

19.工作場所、貯存場所、運送場所、丟棄場所、展示場所可以做什麼改變？

20.使用的材料、材料的來源、使用的工具、工具的來源可以做什麼改變？

以上這些暗示語適用在很多不同的場合，你也可以根據自己的需要與任務類型，自行增加其他適合的暗示問語，不斷累積卡片的數量以便隨時使用。當然，這些卡片暗示問語只是提示你一些可能的思考方向，並不是每一個問語都能適用在你的實際任務，因此當某一個卡片並不適用於某個實際狀況時，只要略過不管它即可。

㈣有系統的變化法

除了用一些提示問題來導引我們產生演變與修改的創意之外，我們可以採用更有系統的方式來產生改進產品的創意。所謂「有系統的方式」並沒有唯一的方式。此處只介紹一種「屬性列舉法」，就是把想要改變的目標物之所有屬性加以列表，針對每一項屬性有系統地探

索各種可能的改變想法。例如，如果我們想要設計一項新型的椅子，我們可以列出下列這個表格：

屬性		可能的變化
椅面	結構	圓形、方形、三角形、橢圓形、六角形、八角形、雙層、單層
	材質	木質、鐵質、鋁、銅、玻璃纖維、塑膠、橡膠、紙質、籐
椅腳	結構	三隻腳、四隻腳、可伸縮的腳、有關節的腳
	材質	木質、鐵質、鋁、銅、玻璃纖維、塑膠、橡膠、紙質、籐
椅背	結構	有椅背、無椅背、圓弧形椅背、編織網狀、柵欄、桿狀
	材質	木質、鐵質、鋁、銅、玻璃纖維、塑膠、橡膠、紙質、籐

在這個表格中，我們可以把各種變化的可能性一一列出。當然，此處只是列出「椅面、椅腳、椅背」三項屬性，一個椅子的屬性不只這三項。這些只是舉例說明，而且也不是窮盡所有可能的變化。重點是，運用這種方式可以讓我們從一個物品的各個屬性來探索最多可能的變化，產生大量演變與修改的創意。當然，並不是所有的變化都是有價值的創意，我們需要從中進一步選擇有價值的改進創意。

以上只是舉出一個例子，說明如何透過有系統的演變與修改來產生大量創意。讀者可以自己發展一套有系統的變化法，以協助自己很有系統、很有條理、很完整地產生大量的創意。

(五)使用「逆設定法」來產生創意

當我們想要產生大量創意時，我們當然希望想出一些別出心裁的創意。但是由於思考的習慣，往往我們的想法只是延著舊有的思考途徑，不易產生有突破性的想法。陳耀茂（民 87，p.158）建議使用一種「逆設定法」來產生創意。這個技巧和 Arthur VanGundy（李昭瑢等譯，民 83，p.176）所建議的「逆轉假設」非常接近，它們往往可以協助我們產生一些別出心裁的創意。

　　這個技巧的進行方式如下：首先把某一個想要改變的目標物之屬性列舉出來，然後針對每一個屬性，刻意完全加以逆向轉變，因此而產生一些意想不到的創意。以下用「電腦」為例來說明如何用「逆設定法」來產生創意。在下表中我在左欄列出一些一般人希望電腦擁有的理想屬性，然後我在右欄刻意把每一個屬性加以逆轉，於是產生了一些特殊電腦的創意：

傳統電腦的理想屬性	逆轉電腦屬性之後產生的靈感
CPU 速度快	設計一種CPU速度雖然比較慢，但是價錢便宜、運轉穩定的電腦。可以長時間操作，不用開機、關機，以便宜的價錢大量提供給小學生開始學習電腦，只做簡單的操作就好。最好能便宜到讓每一個小朋友都每人一機。
記憶體多	設計一種記憶體少，但是功能單一的電腦，可以快速開機，價錢也不貴，沒有用到的軟體通通不要，可以提供給許多辦公室，作為單一功能使用，例如：記帳、掛號、旅館客戶資料登錄。
體積小、重量輕	設計一種雖然體積大、重量也大的電腦，但是可以在非常惡劣的工作環境中穩定操作，例如：高溫、高濕、低溫、灰塵多等等。這種電腦可以適用在一些特殊的工廠或場所。
硬碟容量大	設計一種硬碟容量小，甚至完全沒有硬碟的電腦，此種電腦的資料乃是透過網路儲存在一個集中的地方，可能適用於大型企業中，許多個別工作站但是又共享同一個資料庫，大部分的資料都是共用同一個資料庫，因此每一部電腦幾乎用不到硬碟機。
硬碟讀寫速度快	設計一種硬碟讀寫速度雖然比較慢，但是硬碟的穩定性高、資料安全、磁軌不易毀壞、檔案不易錯亂，特別適用於定期做資料備份之用。可以在夜間人們睡覺時慢慢操作，所以不用在意讀寫速度比較慢。

| 螢幕大又清晰 | 設計一種螢幕很小的電腦，甚至沒有螢幕的電腦，專門讓盲人使用，它的操作主要是以聲音為主，並搭配特殊設計的鍵盤來作為人機互動的介面。 |

第三節　「逐漸演變與修改」的練習活動

一、「逐漸演變與修改」練習活動一：設計主題標語

活動目的	練習文字的演變與修改。
練習形式	團體練習
活動方式	1. 教師說明：假設學校即將舉行五十週年校慶或運動會。請每位同學每人至少想出一個「校慶主題標語」或「運動會主題標語」。 2. 教師抽十位學生（或採用自願的）到黑板上，每人寫出一個主題標語。 3. 針對黑板上的標語，教師引導學生提出修改意見。學生可以對任何一個標語提出修改意見，並到黑板上在某一個標語旁寫出修改後的標語。 4. 依照同樣的方式持續進行，一直到黑板已經沒有位置可以寫為止。 5. 教師引導學生針對黑板上的標語進行表決，每人五票，選出最高票的五個標語。
補充說明	這個活動的主要目的是練習「演變與修改」這個技巧。所以，當第一批的學生寫出標語之後，接著到黑板上去的學生只能提出演變與修改的意見。如果是實際上要進行標語的設計任務，就不需要加上這個限制。也就是說，任何人可以針對別人的標語提出修改的想法，也可以提出新的標語。

二、「逐漸演變與修改」練習活動二：杯子的演變設計

活動目的	練習奧斯朋的「加減乘除法」。
練習形式	團體練習
活動方式	1. 教師呈現如下所示一個簡單的馬克杯之輪廓圖： 2. 針對這個馬克杯，教師請學生思考下列這些問題，以提出一些使這個杯子更加美觀或實用的創意： 　(1)【增加或擴大】：可以在杯子上添加什麼裝飾或裝置？可以把什麼部位擴大？ 　(2)【縮減或省略】：可以把什麼部位縮小？可以把什麼部位省略？ 　(3)【倍增】：可以把什麼部位的數量加倍？ 　(4)【分割】：可以把什麼部分加以分割？ 3. 教師請學生根據前述提示問句，每人至少想出十種修改的創意。 4. 教師抽點一些學生發表他們想到的創意，並讓一些學生自願發表他們想到的創意。

三、「逐漸演變與修改」練習活動三：圖案的演變

活動目的	練習圖形的演變與修改。
練習形式	個人練習
活動方式	針對第 281 頁中的兩張照片，請以逐漸演變的方式加以改變，把每一個圖形加以簡化成為簡潔的圖案。每個圖形演變三次，一次比一次愈來愈簡潔。最後演變出的圖案要能簡潔地捕捉到照片的要點與輪廓，如下面這兩個圖例所示：
補充說明	本活動的目的是要讓學生體會到「累積許多小的演變就會成為大的改變」。但是有些學生可能會運用他過去的經驗，一次就把圖形加以簡化成非常簡潔的圖案。有些學生往往因而畫得太簡潔，以致完全無法辨認究竟是畫什麼，而且這樣就沒有達到本練習的目的。因此教師可以告訴學生：不要試圖一次就達成最簡潔的圖案。當然，如果有人可以一下子就得到很好的結果，教師就不用限制他一定要經過幾個步驟逐漸地演變。

四、「逐漸演變與修改」練習活動四：舊產品的改進設計

活動目的	練習用演變的方式來改進常見的日用品。
練習形式	團體練習
活動方式	1. 教師請每位學生自行選擇任何一個常見的日用品。 2. 教師請學生針對自己選擇的用品，提出至少五種改變或改進的想法，使之更有趣、更實用或更美觀。 3. 教師抽點一些學生提出他們的想法，針對每一位發表的學生，教師並鼓勵其他學生進一步提出其他演變的想法。

五、「逐漸演變與修改」練習活動五：重新定義訓練法

活動目的	練習觀點的演變。
練習形式	團體練習
活動方式	1. 教師說明：針對任何一個名詞，我們可以採用「拉遠視野」（zoom-out）的方式，給予新的定義，例如： 賣豆漿的人→供應早餐的人→幫助早上外出人士方便的人→協助人們快速進食的人 2. 請學生用類似方式，嘗試把「寵物」給予新的定義，並將之寫在紙上。 3. 學生完成後，教師抽點一些學生發表他們所寫的系列定義。 4. 依照同樣方式，反覆練習「風景」、「動物園」等名詞。 5. 教師說明：針對任何一個名詞，我們可以採用「平移」的方式，給予新的定義，以「百貨公司」為例，我們可以給予如下平移的定義： a.賣東西給消費者的大商店 b.各種新奇物品應有盡有的供應者 c.為消費者選擇生活用品的地方 d.提供消費資訊的地方 e.充滿驚奇、新鮮和趣味的室內逛街場所 6. 請學生用類似方式，嘗試把「垃圾」給予五種新的定義，並將之寫在紙上。 7. 學生完成後，教師抽點一些學生發表他們所寫的一系列定義。 8. 依照同樣方式，反覆練習「市場」、「保險」等名詞。
補充說明	本活動的主要目的是練習做觀點的演變，不管是「拉遠視野」、「拉近視野」或「平移」都是觀點的演變。換句話說，當我們用不同的方式來定義一個舊有的概念時，我們就是在轉換不同的觀點。觀點的轉換有時會帶來完全不同的視野，甚至讓創意的品質從「量變」產生「質變」。

六、「逐漸演變與修改」練習活動六：不同的問法

活動目的	練習用不同的方式來問同一件事情。
練習形式	團體練習
活動方式	1. 教師說明，我們可以用五種不同的方法將某種問句改寫，但是可以問出同樣的答案。例如，「您今年幾歲？」這句話可以用下列各種問法來代替： a.您什麼時候出生？ b.您今年貴庚？ c.您今年有多大年紀？ d.您已經過了幾個生日？ e.您是哪一年次的？ 2. 教師請學生按照類似方式，針對下列問題，一一提出五種不同的問法： a.你吃過飯了沒有？ b.你是哪裡人？ c.你喜歡看電影嗎？ 3. 針對每一個問題，教師抽點一些學生分享他們的問法。
活動變化	在此活動中，除了用國語來改變問法之外，教師也可以進一步鼓勵學生改用各種英文或台語的問法。當然，這也要看學生的年齡及語文能力而定。
補充說明	1. 本活動表面看來純粹只是為了變化而變化，但是本活動其實乃是為了讓學生體會到我們可以用不同的方式來表達同樣的意思。 2. 我們在不同的脈絡下通常必須選擇不同的表達方式，而不同的表達方式通常也會給我們帶來不同的感覺。在很多創思活動的過程中，我們會嘗試用不同的方式來表達，一直到找到一個最貼切的表達方式為止。

Chapter

5

創思的心理歷程與心理策略

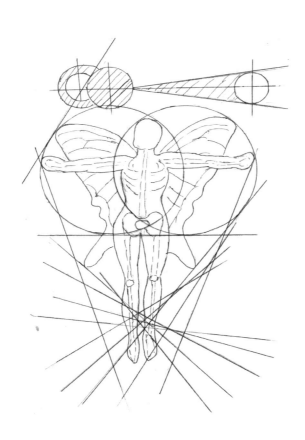

我們對於創造過程已知的部分與要學習的部分，最終都將有助於我們瞭解這個世界、瞭解自己、調和人文與科學、增進創造力、創作更好的產品、拯救這個世界，並治癒這個世界。

（Jane Piirto，陳昭儀等譯，民84，p.83）

第一節　創思的心理歷程

　　本書第一章第12頁已經說明了「創思的基本心理歷程」。該流程圖呈現的是基本的心理歷程，然而在各種實際的場合中，一個人在進行創思活動時，並不是像這個流程圖那般僵硬。尤其是不同的人在從事不同類型的創思活動時，他們的心理歷程也不見得完全一樣。我把各種創思活動分成六大類：一般設計、創造發明、工程設計、自然科學研究、藝術創作、創造性問題解決。雖然人類絕大多數的創思活動都屬於這六類創思活動，但是也有一些創思活動不屬於這些範疇。本書第6頁提及，我們在生活上也經常在進行某種「即興的創思」，例如：演講、聊天、上課、會議等。當我們在進行這一類的創思活動時，都是一面在心中進行創思，一面把想法表達出來。相對而言，這一類創思活動的心理歷程並不是很複雜，也不需要用流程圖來表達，因此本節所述並不包括這一類創思活動的心理歷程。

　　在探討各種創思活動的心理歷程之前，有一個現象值得在此一提：人類對自己的心理歷程其實都有某種程度的監控與調節能力。這種能力一般稱之為「後設認知」（metacogintion），董奇（民84，p.36）將之翻譯為「超認知」。他認為人不僅能夠意識到周圍事物的存在，而且也能意識到自己的存在，意識自己在感知、思考和體驗，意識到自己有什麼目的、計畫和行動，以及為什麼要這樣做，應如何調節自己的行為等等。就創思活動而言，一個人在進行創思活動的過程中，對自己的思考方式與過程更要進行監控和調節，以期達到最佳的效

果。董奇甚至認為「超認知監控可以說是創造性思考的核心」（民84，p.38）。本章所探討的心理歷程與心理策略，乃是我們在進行創思活動過程中能自主調節與監控的思考運作，這些是我個人的觀察、整理與經驗分享，僅供讀者參考採用，而不是作為僵硬的模式來依循。更重要的是，一個人如果能夠更有意識地、更密切地、長期地觀察留意自己的心理歷程與策略，就能逐漸瞭解、調節、改善，並逐漸發展出適合自己的心理歷程與策略。在這個前提之下，本章的描述，不管是心理歷程或心理策略，才有其參考價值。

一、創造發明的心理歷程

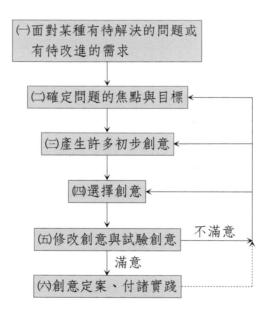

(一)面對某種有待解決的問題或有待改進的需求

發明家的創造動機通常源自於生活上某種不方便、不滿意的問題，或某種有待改進之處。發明家通常是指創造出具有原創性產品的人，而不是針對舊有產品加以改進的人。我們通常把後者稱為「工業

設計師」，屬於第 163 頁所謂「一般設計師」的一種。也就是說，發明家乃是「開創者」或「先驅者」，而設計師則是「改革者」或「改良者」。

　　發明家和設計師還有一個小小的差別。發明家的成品通常都是具體的物品、具體的物質結構，而設計師的成品有時是具體的物品（例如：服裝設計師、室內設計師），有時則是一些訊息或概念結構而已（例如：海報設計、教學設計、廣告設計等）。

(二)確定問題的焦點與目標

　　發明家在面對有待解決的問題或有待改進的需求時，通常都是朝向創造出某種具有新功能的產品來努力，有時則是創造出某種具有多項舊功能的新產品。因此，發明家雖然有很明確需要解決的問題或需求，但是究竟要創造出什麼產品來解決問題就不是很明確。所以發明家有時需要對問題再三嘗試不同的定義方式，因為不同的定義方式會把問題的焦點放在不同的地方，形成不同的目標，因而可能會導向不同的解決方向，並導致不同的發明品。

(三)產生許多初步創意

　　在這個步驟，發明家和設計師一樣也需要產生許多解決問題的初步創意。就發明家而言，最後能不能創造出新產品，這是一個相當關鍵的步驟。發明家通常在這個步驟要使用圖畫與文字把各種創意記錄下來。

　　發明家在這個步驟應該儘量產生大量的初步創意。因為許多創意到了後面試驗時可能因為種種因素而行不通。如果有大量的初步創意，就比較可能找到可行的創意。

(四)選擇創意

　　在這個步驟，發明家要從眾多的初步創意中仔細評估並選擇一個

最具潛力的創意。發明家在評估創意時，主要是考慮結構上的功能與
效果、技術上的可行性、成本與材料等等。這個步驟只要先選一個最
好的創意就好，如果發現還有其他創意好像也都不錯，就暫時把這些
創意放著作為備用的創意。如果在後續的步驟中，發現原先選擇的創
意並不可行，還是要回到這個步驟來選擇其他創意。畢竟，一個創意
是否可行有時非得經過試驗或試用不可，無法只靠書面的分析或心中
的想像來決定。

(五)修改創意與試驗創意

在這個步驟，發明家需要把前一個步驟選擇出來的創意不斷修改
與演變，同時進行必要的試驗。發明家通常花最多的時間是在修改創
意與試驗創意，因此這兩個步驟通常緊密地結合在一起。發明家雖然
經常都要把創意經過試驗，以作為修改的依據，但是有時他們也可以
只依靠自己的經驗與知識來判斷，不需要經過試驗就可以持續修改自
己的原始創意，直到創意完成。但是這種情形通常只適用於比較簡單
的創意。

許多時候，即使經過反覆的修改與試驗，可能仍然無法成功。這
時，發明家可能要回到步驟四，再去選擇別的初步創意，作為修改與
試驗的基礎。有時甚至可能必須回到步驟三，再度產生許多初步創意。

在這個步驟，發明家和設計師有一個很大的差別：設計師通常最
後總能完成某一個設計，只是最後得到的設計品質好壞與否的問題。
但是，發明家常常都會面臨失敗，也就是說，一個發明家可能經過反
覆試驗後，始終無法找到一個行得通的創意。我在本書第 55 頁談到，
我曾經想要發明一種「不沾水的玻璃」，其表面就像荷葉表面一般不
會沾水。這個構想就是試圖從各種不沾水的物體表面得到借喻的靈
感。因此，也曾經花了一些時間，研究各種物體表面不沾水的物理原
理與化學原理。但是，後來雖然我知道了那些原理與結構，但是我遇
到了技術上的問題：如何使玻璃表面產生類似的結構？這已經超越了

當時的工程技術以及我的能力範圍。所以，後來我放棄了這個研究。

㈥創意定案、付諸實踐

發明家經過前面的步驟，如果能夠找到一個滿意的創意，就算是創意定案。至於付諸實踐可能包括申請專利、實際量產或產品促銷等。有些創造發明可以得到專利，有些則不見得能申請到專利。即使申請到專利，也只有一部分被商品化，而即使商品化了，也不見得在市場上賣得好，這些都不是屬於創造發明的範疇，而是涉及到諸如：投資、製造工程、行銷與廣告等等活動。這些活動又會涉及不同類型的創思歷程。

二、一般設計的心理歷程

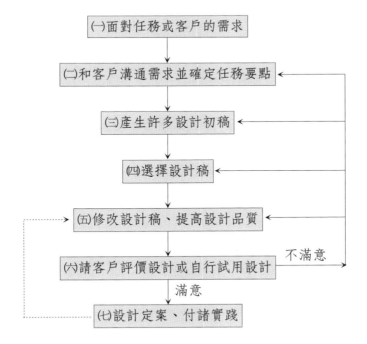

(一)面對任務或客戶的需求

當代社會充斥著各種設計活動，諸如：廣告設計、海報設計、標誌設計、服裝設計、玩具設計、遊戲設計、教學設計、活動設計、晚會設計、節目設計、室內設計、工業設計、工程設計等，我把這些設計活動統稱為「一般設計」（general design）。每一種設計活動當然都有其獨特的心理歷程，但是我們也可以大致勾勒出一個共通的心理歷程。在這些設計活動中，「工程設計」需要比較專門的工程技術知識，其心理歷程也有一些獨特之處，因此下一節將單獨討論「工程設計」的心理歷程，此節則廣泛地討論一般設計活動的心理歷程。

一般設計師都是為了服務客戶的需求而進行設計活動，例如，廣告公司為了客戶某項需求進行一個廣告設計。有些設計師則是為了因應自己的工作需求，或為自己的某些特定任務而進行設計活動，例如：一個教師可能為了自己某項教學單元而進行教學設計。不管是為他人或者為自己，設計師的創思活動乃是由某種任務或需求所引發。

有些設計師會在這個階段進行所謂「需求評估」（needs assessment）或市場調查，以確立設計任務或需求的必要性。「需求評估」的目的是為了避免浪費太多人力、時間或金錢在需求或必要性不高的設計任務上。有些重大的設計工作可能要先經過很慎密的程序來進行「需求評估」，有些設計工作則只要概略地評估就夠。究竟「需求評估」的工作要做到多仔細，當然要根據實際的狀況與任務的性質來決定。當然，一個設計師也可能純粹是以興趣或打發時間作為出發點來進行設計，並無牽涉到自己或他人的需求。這種情形當然就不需要進行任何需求評估，也可以跳過下一個步驟，即「和客戶溝通並確定任務要點」。

(二)和客戶溝通並確定任務要點

通常在一個設計任務中，有些目標、需求或條件是非常明確的，

這些部分則要透過溝通予以明確化。例如，一位室內設計師可能要瞭解客戶的預算範圍、室內設計的範圍、需求等。這些是很明確的目標，也是設計師終究要滿足的目標。一位廣告設計師可能要瞭解客戶所要銷售的產品、客戶希望運用的廣告通路與媒體、客戶的預算範圍等等。

　　有時一個設計師可能是為自己的工作需求而進行設計工作，因此他並不是和客戶溝通，而是根據需要和相關的人員進行溝通與瞭解。例如，一個教師在進行教學設計時，他為了要確定教學的對象、學生的人數、學生的起點行為、單元教學目標、學校的環境與資源等等，可能必須和校內相關教師、行政人員或家長進行必要的溝通。這些是教學設計時要考慮的一些任務要點，因此必須在這個步驟加以確立。

　　一個設計師在面對某項任務或需求時，除了這些很明確的目標、需求或條件之外，通常也要面對一些不是很明確的目標。有些客戶只有一個概略的需求，但是卻說不出具體的目標。例如，一個教師想要為自己的某一個單元進行教學設計（如：分數的除法），他可能覺得自己以往教這個單元時太過死板，他希望這次的教學能夠活潑些，讓學生覺得比較快樂些。雖然「分數的除法」這個教學目標很明確，但是教學氣氛（活潑、快樂）就不是一個很明確的目標，只是一種抽象的目標與感覺。

　　又如，一個客戶找上一個室內設計師，他可能概略和設計師說，他很喜歡讓自己的家裡有一種浪漫的感覺，但是究竟要使用什麼方式來達成這種浪漫的感覺，他一點也說不出來。這時，設計師可能需要設法揣摩客戶的心理，他可能需要用一些具體的案例、照片來和客戶溝通，一直到概略捕捉到客戶的心理需求。同樣的，一個公司在推出一個新產品時，可能會請一個廣告設計師為他們設計一個廣告。公司主管可能只能說出一個概略的需求：他希望這個廣告能讓人感覺到使用他們的產品會有一種青春、活力的氣息。當然，設計師可能必須和客戶進一步談談，或者用一些具體的例子來設法釐清客戶心中的感

覺。這些溝通的目的都是為了確定任務的要點，作為設計的目標。

　　一般而言，設計師常常要面對類似這種目標不明確的情形，只是概略的需求與感覺。因此設計師要設法捕捉客戶或自己的心理意象，以便掌握到設計的需求要點。當然，就設計師的創思活動而言，這個步驟並不是要得到一個僵硬的、確切的結果。保留一定的彈性與模糊的空間反而更能在設計時有發揮的空間。

(三)產生許多設計初稿

　　一個設計師在這個步驟要產生許多設計初稿。就設計師而言，所謂「設計初稿」就是把設計構想概略地畫出來或寫出來，不需要很精緻，也先不用評斷構想的好壞。本書第二章已探討如何產生大量創意的心理技巧。

(四)選擇設計稿

　　設計師要從先前產生的設計初稿中選擇一個初稿，以便進行後續設計，有些設計師在這個階段可能會選擇不只一個初稿（大約兩個到三個）。設計師在選擇時當然要根據先前所確立的目標與需求，選擇時主要涉及美學、倫理學、心理學、社會學上的考慮，其次則是自然科學或工程科技方面的考慮。必要時，設計師可能會徵詢客戶或他人的意見，以協助自己的選擇，也避免自己的盲點。

(五)修改設計稿、提高設計品質

　　對設計師而言，這是一個非常重要的步驟。設計師把前一個步驟選擇出來的每一個設計初稿，透過演變與修改來提高其品質，使設計愈來愈精緻。如果當初選了三個初稿，那就好好修改這三個初稿，讓三個初稿都愈來愈精緻。

㈥請客戶評價設計或自行試用設計

設計師經過前面一個步驟，設計到一定程度時，就可能需要請客戶評價自己完成的設計，如果是多於一個設計稿，就可以請客戶從數個設計稿中，進行評價與選擇。當然，通常客戶不會一次就滿意，即使選擇一個最喜歡的設計案，也會有一些不滿意的地方。然後，設計師又要回到前一個步驟，針對設計案再度修改。透過雙方的互動與溝通，在第五及第六這兩個步驟之間來回反覆，直到客戶滿意為止。

如果一個設計師乃是為個人的工作而設計，通常這個步驟乃是由個人自行評價。有時，設計者本人反而不容易做一個客觀的評估，如果能找一些人來協助評估，並提出修改的建議會更好。

有時，這個步驟不能只是從設計案來進行評估，而必須做一些必要的試用（自己試用或他人試用），然後透過試用的結果找出設計的缺點，作為修改的依據。例如，一個教師在完成一個教學設計案之後，除了請其他有經驗的同仁加以評價並提出改進建議之外，可能會把自己的教學設計實際進行教學，看看有什麼缺陷，然後根據教學的情形來加以修改。我在民國八十三年秋季，曾經在花師實小進行「臨床教學實驗」，把模擬遊戲的策略應用在小學數學教育中。其中許多教學遊戲設計都是經過實際的反覆試用之後，逐漸修改而來（饒見維，民 85b）。

㈦設計定案、付諸實踐

設計師最後的設計案通常都只是書面的設計，這些書面的設計在定案之後，要付諸實踐才能變為具體的成品。例如，一個室內設計師所完成的設計案只是設計圖以及相關的文字說明，有時可能再加上立體的模型或 3D 電腦模型。這些設計資料在定案之後，就成為施工的藍圖。一個電視廣告的設計案在定案之後必須經過實際的拍攝、錄製、剪輯才能成為最後的廣告作品。一個運用到視聽媒體或多媒體的

教學設計案也必須經過實際的拍攝、錄製、剪輯等過程。

有些設計案在設計定案之後，幾乎就成為完成品。例如，一個報紙的廣告設計或海報的設計，可能在設計過程中已經加入必要的文字與圖像，所以在設計定案時，成品就出來了。尤其是現代的設計師，多半都是運用電腦來進行設計，然後把設計出來的設計圖直接拿去做高品質的列印輸出，就成為最後的完成品。有些教學設計案，由於只要運用文字與圖片來說明教學活動流程（即教案），因此在經過前述的試用與修改過程之後，設計就定案了。例如，我在完成前節所述的臨床教學後，把設計出來的各種數學遊戲集結成《國小數學遊戲教學法》一書（饒見維，民85b）。這本書就是最後的設計定案。

當然，不管是什麼設計，在付諸實踐的過程中，也可能會發現一些設計的缺點，然後進行必要的修改。所以，在第163頁的「一般設計的心理歷程」流程圖中，最後一個步驟有一個虛線的箭頭，回到「修改設計稿」這個步驟。

三、工程設計的心理歷程

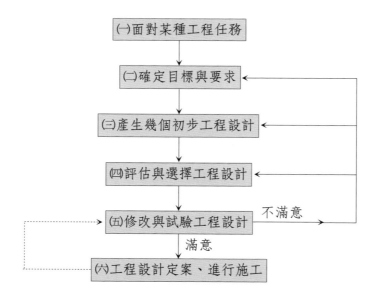

㈠面對某種工程任務

在所有的設計活動中，「工程設計」（engineering）算是一種比較特殊的設計活動，也需要比較多的專門技術知識。所謂「工程師」（engineers），包括諸如：建築師、土木工程師、機械工程師、電子工程師、資訊工程師、電機工程師、化學工程師、工業工程師等。工程師為了達成某種工程任務所進行的創思活動就稱為「工程設計」或「工程規劃」。例如，一群土木工程師的任務可能是要設計一座橫跨某一條河流的橋樑；一群機械工程師的任務可能是要設計出一個引擎；一群道路工程師的任務可能是規劃出一個高速公路的建造計畫。工程師的任務通常都不是為個人而完成，而且現代的工程任務多半都很複雜，通常要透過團隊工作，不是一個人能獨立完成，有時也不是單一類別的工程師能獨力完成。

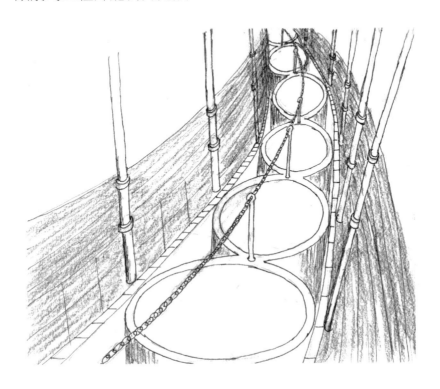

一般人的印象中，常常誤以為工程師都是很刻板地按照一些既定的方式來進行工程設計。然而，事實上工程師所面對的任務多半都是新的狀況、新的挑戰，常常無法套用過去的或別人的工程設計。即使有時可以套用，也都需要某種程度的修改，以因應獨特的需求、情境或條件。總之，工程師的工作也涉及到某種程度的創思活動。

(二)確定目標與要求

工程師通常都有非常明確的工程任務目標，而且他們的目標通常都能用客觀的規格或數據來描述與檢驗。例如，一個土木工程師在設計一座橋樑時，橋樑的耐震度、載重、長度等等都是很明確的目標。一個機械工程師在設計某種引擎時，引擎的輸出馬力、汽缸大小、引擎的重量等等都是可以數據化的目標。和其他各種設計師比較起來，這是工程師的獨特之處，因為一般設計師的設計目標都無法像工程師那麼明確化。

此外，工程師所面對的問題情境通常很複雜，需要花很多時間來確立目標，並深入瞭解外在的自然環境、人文社會環境、客觀的限制條件、擁有的資源以及其他相關的因素。值得注意的是，蒐集與分析這些相關資料的除了可以協助產生創意之外，主要是作為後續的「評估、選擇、修改與試驗工程設計」之重要參考。

(三)產生幾個初步工程設計

一般的工程師給人的印象是不需要什麼創意，好像只要依照技術知識就能完成一個工程任務。其實，工程師在這個階段也需要產生一些可能的工程設計構想，他們主要是依靠第二章所述的「產生大量創意的技巧」來得到一些初步的工程設計想法。就這方面而言，工程師和發明家、設計師一樣都需要運用創思來產生一些初步的工程設計。

在創意的數量上，工程師在這個階段可能不需要像發明家或一般設計師那麼多，畢竟即使是一個初步工程設計案也都需要花費很大的

時間與精力來完成。在設計品質上，工程師在這個階段的初步設計通常不能太過簡略，否則可能無法做後續的評估與選擇。因此，工程師在進行初步工程設計時，實際上就需要運用一些他們的工程技術知識，不只是運用創思而已，畢竟任何工程設計方案必然要受到自然定律的限制（如：物理、化學、生物、生理學等），同時也要考慮美學、倫理學、心理學、社會學、政治等相關層面。

㈣評估與選擇工程設計

工程師在這個階段需要大量依賴他們在工程技術方面的專業知識來評估與選擇第三個步驟所產生的初步設計構想。這個評估有時不是工程師本身就可以完成，而是要結合許多相關人員共同來分析、比較。工程師可能會花很多時間在這個步驟上，進行仔細的分析與評估，從幾個可能的設計案中選擇一個最佳方案。相關人員在評估與選擇工程設計方案時，當然要回到一開始確立的目標，並從各自的角度與專業技術來綜合評估與選擇。

不過，有些工程師在進行工程設計的初期，可能會在第三及第四這兩個步驟間迅速來回幾個循環。起先他可能會產生一些概略的設計構想，然後做一些初步的評估、選擇與過濾。然後再把選擇出來的構想做進一步的細部設計，然後再度評估與選擇。每經過一回合的設計與選擇，設計構想就愈來愈仔細，可能的方案數量也就愈來愈少。有時工程師可能會選擇數個方案，進行後續的修改，甚至要到下一個步驟，經過試驗之後才選擇一個方案。

㈤修改與試驗工程設計

在這個步驟裡，工程師通常要針對選擇出來的初步工程設計案進行更細膩的修改與設計，然後進行必要的試驗。經過幾次的反覆修改與試驗，逐步提升工程設計的品質。在一個工程設計任務中，這是關係到最後設計品質優劣的關鍵步驟。當然，所謂「必要的試驗」要看

工程的大小與性質來決定。如果是重大的工程，工程師必然會想盡辦法來進行試驗（例如：做模型或電腦模擬等），如果是簡單的工程，工程師可能依據自己的經驗，直接在設計圖的每一個部位進行仔細考量與修改就好。

㈥工程設計定案、進行施工

一個工程設計的成果通常是用某種工程藍圖、工程規劃書、說明書等等來呈現。工程設計定案之後，接下來當然就是按照工程藍圖、工程規劃書來進行施工。當然，在施工的過程中，通常也難免會發現到一些先前沒有看到的缺陷，因此也通常要做一些必要的修改，如第168頁的流程中虛線所示。一個好的設計案當然是在事先設計與考慮得愈周延愈好，不要等按圖施工了才做太多的修改。

四、自然科學研究的心理歷程

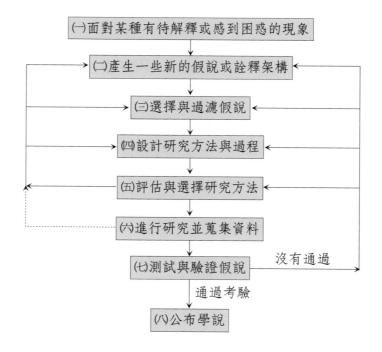

(一)面對某種有待解釋或感到困惑的現象

　　所謂「科學研究」其實有很多不同的類型，包括自然科學、社會科學。本節所描述的是自然科學家的心理歷程，不包括社會科學方面的研究。當然，各類型的社會科學研究也需要運用到創思，其中也有一些和自然科學家相似之處，在此無法一一細述。我只是用自然科學研究的心理歷程，來說明科學家在進行科學研究時如何運用創思。

　　自然科學家的研究動機通常是來自於面對某種有待解釋或感到困惑的自然現象。自然科學家的研究目標通常是試圖建立某種理論架構來解釋、理解、詮釋或預測自然現象。當然，也有一些自然科學家不會只是用旁觀的角度來解釋自然現象，他們甚至會想要介入現象、改變現象、改進現象。事實上這一類科學家所做的事已經成為「工程師」的角色，所以一般將之稱為「基因工程、生物工程、合成化學」等等，因此不包括在本節的範圍內。

　　值得注意的是，許多人誤以為自然科學家的工作只是在「發現」自然現象中的規律，而不是「發明」理論，因此他們並不是在從事創思。其實，任何學說都只是一種人為的詮釋架構，只要是人為的詮釋架構，就是出自人類的創思。大自然中並沒有現成的詮釋架構等待我們去「發現」。甚且，從人類科學文明的演進過程中，我們也可以看出來。雖然一代代的科學家不斷提出新的理論、學說來詮釋自然現象，但是卻沒有一個科學家敢說自己已經發現到大自然中的「終極理論架構」。隨著時間的演進，科學家會不斷創造出新的理論，因此科學理論必然會不斷「推陳出新」。

(二)產生一些新的假說或詮釋架構

　　科學家面對有待解釋或感到困惑的現象時，代表目前的理論架構有所不足，因此需要修改既有的理論或假說。因此，在這個步驟裡，科學家必須產生一些新的假說或詮釋架構，作為可能的替代假說。許

多科學家在進行研究之前常常有大量的備用觀念、備用假說,而這也是科學家運用創造力的一個關鍵點,有創意的科學家往往能在這個階段產生有突破性的假說、觀念或見解。但是,就創思活動的歷程而言,這只是其中的一個步驟,究竟哪一個假說或觀點最具有詮釋的價值或預測的價值,必須在後續的步驟中決定。

(三)選擇與過濾假說

在這個步驟,科學家會從前一個步驟所產生的各種假說中進行選擇與過濾。科學家會參考既有的、已知的資料以及自己的直覺,從中選擇一個最有可能的假說。有時無法判定哪一個最有可能,只能把不可能的假說過濾掉,剩下來的都是可能的假說,也有待後續的步驟一一加以測試。

(四)設計研究方法與過程

針對某一個選擇出來的假說,科學家在這個階段需要設計一些研究方法與過程(如:觀察、觀測、實驗等),以便蒐集資料。科學家可能會參考過去別人使用過的研究方法,也可能自己獨創一些研究方法。因此,科學家有時在這個階段需要運用產生大量創意的技巧,來設計一些研究方法與步驟。即使科學家所採用的主要方法可能和別的科學家一樣,但是細部的研究方法可能要發揮自己的創意來設計,畢竟每一個研究都有獨特性,常常無法完全複製別人的研究方法。

(五)評估與選擇研究方法

在這個步驟,科學家要再度應用批判思考來選擇與評估適當的研究方法與過程。科學家必須考慮方法的合理性、可行性、成本、時間、邏輯性、嚴謹度、合法性、合情性等等。這是一個非常重要的步驟,也往往深深影響到研究成果的品質。在這個步驟中,針對選擇出來的研究方法,科學家往往也需要請一個科學社群裡其他的專家或有

經驗的研究者，來協助評估或審查自己的研究方法（例如：論文計畫審查），並提出修改意見。科學家會根據別人的評估意見，回過頭來修改自己的假說或研究方法，如第 172 頁流程圖中左上的箭頭所示。

㈥進行研究並蒐集資料

在這個步驟，科學家會按照選擇出來的研究方法，開始蒐集資料。這個步驟乃是研究工作的主體，也是科學家花費最多時間的一個步驟。當然，在研究進行的過程中，科學家也可能發現原先所決定的研究方法出了問題，或者遇到無法施行的現實困難，因而必須回到前面的步驟去修改研究方法，或選擇其他的研究方法，如第 172 頁流程圖中左下的虛線箭頭所示。

㈦測試與驗證假說

科學家從前一個步驟蒐集來的資料主要是用來測試與驗證假說。由於自然科學大量使用量化的資料，這個步驟幾乎都依靠統計與數學工具來進行。測試的結果，一個假說如果沒有通過考驗，科學家就只好回到前面的步驟，再去找針對其他的假說來進行下一個階段的研究，如第 172 頁流程圖中右邊的箭頭所示。

㈧公布學說

如果一個假說通過測試的考驗，代表此假說暫時被認可，科學家就可能以研究報告或論文的形式來公布其假說，而這個假說也可以稱之為「學說」。然而，值得注意的是，一個「學說」暫時被認可並不代表永遠成立。因為在日後自己或別人可能又會觀察到一些無法解釋的現象。然後，整個科學研究的歷程又再度啟動（回到第 172 頁流程圖中最上面）。由前面幾個步驟的說明可知，科學研究是一個非常動態的歷程，並不是一個線性的歷程。

五、藝術創作的心理歷程

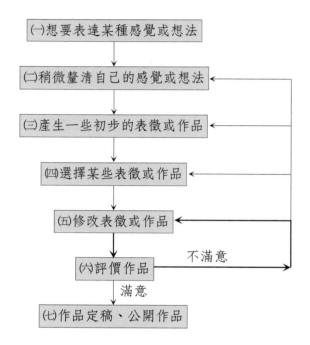

(一)想要表達某種感覺或想法

　　藝術創作的範圍很廣，除了傳統的視覺藝術、聽覺藝術、表演藝術、文學之外，現代社會也發展出一些高科技的藝術，如：電腦藝術、雷射藝術，而電影藝術更是集各種藝術之大成。藝術家的創思活動基本上是源自於心中某種感覺或想法，因而產生某種表達的慾望或意圖。至於表達的媒介或媒材則是形形色色，也因而產生各種不同的藝術形式。

　　當然，有些藝術家的創作動機是為了取得「名」或「利」，尤其是當代許多電影的製作更是徹底商業化的行為。但是，即使是為了名或利而創作，藝術家的心中還是必須有某種想法或感覺，作為表達的

核心，否則就不是藝術創作。有些藝術創作並不是為了藝術而藝術，乃是和具有某種功能的物品結合在一起，例如：陶藝、庭園造景、建築藝術等。這一類創思活動也是因為除了滿足生活上的需求之外，還具備了「表達某種想法或感覺」，才具有藝術創作的成分。第163頁所述的一般設計活動有時也含有這一類的藝術創作成分在內。

(二)稍微釐清自己的感覺或想法

藝術家在從事創作初期，會在心中或透過語言文字，把自己的感覺或想法稍加釐清。所謂「釐清」並不意謂著一定要把感覺或想法非常明確化，而是捕捉心中一個概略的感覺或想法就好。畢竟，許多感覺或想法都是在後續的創作過程中，才變得愈來愈明晰，愈來愈成形。因此，這個步驟可能為時很短，也可能在心中醞釀很久、持續很長一段時間，直到自己產生了夠強的表達慾望或衝動。

(三)產生一些初步的表徵或作品

藝術家在這個步驟會使用某種媒材，初步嘗試把自己的感覺或想法加以概略的表達出來。每一種表達方式可以稱之為一個「表徵」（representation）。有些藝術家甚至會初步嘗試使用不同的媒材做初步的表徵。有些藝術家可能會使用一種媒材，但是嘗試用不同的形式做初步的表徵。有些藝術家可能針對創作的整體佈局或輪廓做了一些不同的嘗試，有些藝術家可能針對創作的局部或某一個細節初步嘗試產生一些不同的表徵。

(四)選擇某些表徵或作品

在這個步驟，藝術家會從自己的一些初步表徵中選擇一個或少數幾個，作為後續創作的基礎。當然，也有藝術家在前一個步驟裡只產生一種初步表徵，因而不用做任何選擇，直接進行下一個步驟（即修改表徵或作品）。每一個人的創作動機、創作風格、創作媒介、藝術

形式、媒材的熟悉度、技巧的純熟度都不一樣,因此在每一個步驟所花的時間就不一樣。有些藝術創作者可能花許多時間在第三及第四個步驟,例如:一個電影在全面開拍之前,導演可能會做許多初步的嘗試、評估、選擇與準備,以免在後續製作時才發現整體的佈局不當、整體的電影節奏不好或電影的整體基調與氣氛不好,結果已經浪費了太多的時間與成本。

(五)修改表徵或作品

針對選擇出來的初步表徵,藝術家在這一個階段可能會花費很多的時間來進行不斷修改與調整。事實上,整個藝術創作的過程中,這可能是最花費時間的一個步驟,也是藝術創作品質的關鍵步驟。

(六)評價作品

所謂「評價作品」其實並不是等前一個步驟完成了之後才進行。第五和第六個步驟通常都是緊密結合在一起,也就是說,藝術家會在做了一些修改之後,立即評價一下修改後的成果,然後決定何處應該要再修改。在「修改」與「評價」之間不斷循環反覆,小步前進。在第176頁這個流程圖,我把這兩個步驟之間的循環箭頭用粗黑線來表示,就是要凸顯出一個現象:這兩個步驟乃是整個藝術創作歷程的主體。

(七)作品定稿、公開作品

藝術家在藝術創作定稿之後通常會想要把自己的作品加以公開展示,或者在私人場所展示,甚至自己收起來,留給自己欣賞。

值得注意的是,我在這裡所描述的只是一般的藝術創作歷程。事實上,每一個人的藝術創作歷程都會有自己的風格、特色,也不見得都那麼僵化、一致。有些天才型藝術家的藝術創作甚至完全脫離任何模式,他們的創作只是一種「流出」,好像某種想法或感覺透過藝術

家源源不絕地流出來，一氣呵成，完全不用修改，也不需要選擇判斷。在創作的過程中，這種藝術家變成好像是一個「導體」或「管道」（channel），沒有介入任何自我意識與胡思亂想，也沒有被社會價值或文化框框所限制。倡議「創造性觀想法」（creative visualization）的知名作家沙提・高文曾經深刻描述這種「成為有創意的輸通管道」之創思歷程。他認為：

> 每一位具有創造力的天才都曾是一項管道，每一項偉大的傑作都是經由輸通的過程創造出來的。偉大的成就不是由自大感所創造的。它們來自宇宙層面極深的啟發，然後經由個人的自我中心與個性加以表達並使之成形。一個人或許有非凡的技能，但如果沒有輸通的能力，他的作品將不具什麼啟發性（沙提・高文，楊月蓀譯，民 77，p.25）。

Julia Cameron（黃慧鶯譯，民 85，p.151）提及一種類似的現象：「藝術是一種調準頻道和控制泉源的工作，所有的故事、繪畫、音樂、表演，彷彿都存在於我們正常意識的表層底下，像地下河流，當它流過我們時，我們可以循聲開鑿，找到靈感的泉源。」有些畫家也發現，當他們在畫畫時，起先也許有個構圖，但不久畫面就有了它自己的主張、它自己的生命。於是畫家變成只是一個工具，讓作品自己流出來。其他在舞蹈、作曲、雕刻等方面，也有一些傑出的藝術家曾有類似的經驗。

在人類文明史中，有些偉大的藝術作品可能都是這樣產生的。有時我們只能欣賞這種人，或者只能心嚮往之，但是他們就像天邊的彩虹，可望而不可及。沙提・高文（楊月蓀譯，民 77，p.26）也認為，這類型的天才似乎永遠神秘、難解，也似乎只有少數幾個人賦有此一天賜的才華。他們的天賦似乎來去自如，有時無比豐富，有時卻付之闕如。本書並不是為那種天才寫的，也不敢奢望要造就那種天才。如

果你是那種天才，你可能早就把這本書丟到一旁了，絕對不會看到這一頁。但是雖然我們不是那種天才，我們也要瞭解有這種天才的存在，我們要懂得賞識他們，這種人可能在年紀很小時就會展現驚人的天賦。我們唯一要做的是不要扼殺他們，我們只要把他們的天賦引出來，給他們空間去發揮他們自己，這樣就夠了。

然而，這種創作方式也不是完全無法學習。本書第二章第 20 頁所說的「水平思考」也有某些類似「流出」的特徵。也就是說，如果我們能抓到水平思考的要領，我們也能漸漸像那些天才型的藝術家一般，從我們的內心深處擷取源源不絕的靈感。本書第六章第 253 頁會進一步探討一個人的意識狀態如何影響他的創思表現。該節也會說明如何營造有利的意識狀態，讓創意從無意識或潛意識自然地流露出來。

六、創造性問題解決的心理歷程

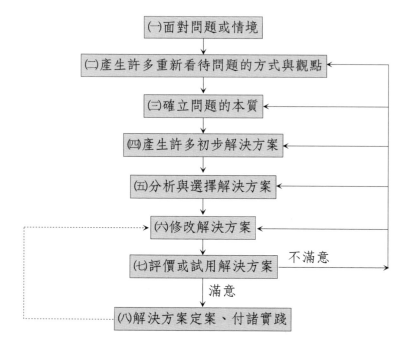

(一)面對問題或情境

前述這些活動乃是傳統上被認為非常需要依賴創思的活動。除了這些典型的創思活動之外，其實我們在生活上面臨各種問題時，也可以運用創思來解決問題，例如，孩子挑食的問題、夫妻溝通不良的問題、學生上學經常遲到的問題、社區垃圾過多的問題、社會治安不良的問題、某一個交通路段經常發生車禍的問題、高速公路塞車問題等等。這一類問題，有的很簡單，有的很複雜；有的只關係到很少的人，有的就涉及很多的相關的人或整個社會；有的是個人問題，有的是公眾問題。

一般人在面臨這一類的日常問題或社會問題時，多半時候只是運用既有的習慣、舊有的方法來面對問題、解決問題，一旦無法解決，就常常會顯得束手無策，也很少發揮創意來解決問題。本節說明，我們可以如何運用創思來提出有創意的解決方法，而此種解決問題的活動與歷程通常被稱為「創造性問題解決」（creative problem-solving）。當然，本節所述的問題乃是允許我們相當的時間來從事構思的問題，而不是那些迫在眉睫、必須立即反應的問題。面對那一類急迫性的問題，我們可能無法運用所謂「創造性問題解決的心理歷程」來慢慢提出解決方法。

(二)產生許多重新看待問題的方式與觀點

當我們在面臨一個問題情境時，首先就是要產生許多重新看待問題的方式與觀點。這個步驟主要的目的就是要重新看待解決問題的方向與關鍵。這也是創造性問題解決的一個關鍵步驟。為什麼呢？主要的原因就是，既然一個問題會成為問題，就是因為我們用既有的方式已經無法解決，所以我們需要想出一個有突破性的方法來解決。如果我們想要得到有突破性的方法，就需要好好重新看待問題，重新釐清問題，重新探討問題的關鍵。Robert Olson（呂勝瑛等譯，民71，p.74）

認為：「解決問題誠然困難，但是要瞭解問題的癥結所在，更加困難。」愛因斯坦也說過：「找出問題比解決問題更重要，因為解決問題可能只需要數學或實驗的技巧而已，而發現新的問題、新的可能性，以及從一個新的角度來看舊問題，必須富有創造性想像力，科學的真正進步也因此而產生。」James Adams（簡素琤譯，民 85，p.36）認為：「解決問題的專家們致勝的因素，往往便在於他們能看得清楚問題，用簡單的方式醫治複雜的難題。」換言之，在解決任何問題之前，我們寧可先花一些時間來重新看待問題、定義問題，也許會因而看見一些簡單可行的解決問題之方向。

有些人可能會誤以為：「問題一直都一樣，需要重新看待、釐清、探討的應該是解決方法才是，怎麼會是問題呢？」這正好就是我們是否能提出創意來解決問題的關鍵。如果我們不重新看待問題，我們往往只會一再回到既有的觀點與模式，就永遠無法得到有創意的方式來解決問題。一般人在解決問題時，往往無法得到有創意的突破，就是因為依循著自己的舊經驗，從某一個固定角度來看待問題，而不是多方向地探討解決問題的可能方向。例如，假設某一個市政府在開闢新的垃圾場時遇到居民的抗爭問題，市政府如果想要解決這個問題，可能需要從許多可能的方向來探討解決問題的方向，例如：是居民不理性嗎？還是因為居民有政治的意圖，惡意要和市政府進行抗爭？還是因為垃圾場的整體空間本來就太小？還是因為居民製造了太多的垃圾？還是因為沒有做好資源回收？還是因為資源回收的成效不好？還是因為目前資源回收的方式不夠方便，減少居民做資源回收的意願？如果我們要解決這個問題，首先就是要發揮創思，產生諸如此類許多重新看待問題的可能方式，而且是盡可能地產生愈多的看待方式愈好，以免疏忽某一個可能的思考盲點。

當我們在思考解決一個問題前，也要能質疑問題本身：「這為什麼是一個問題？」這時我們也許會產生全新的思考方向（多湖輝，民 80，p.32；刘谷剛彥著，李玲瑜譯，民 87，p.205）。例如，假設一個

人想解決一個問題「如何學會電腦？」他可以重新思考一下「這為什麼會是一個問題？」然後重新審視這個問題。對於這個問題，可能的答案包括：由於公司內開始使用電子郵件，不會用電子郵件就無法工作；由於網際網路逐漸普及，所以必須從中獲得最新的資訊；擔心被時代淘汰而感到不安；如果不會電腦可能會被裁員。每一個人實際提出的答案可能不一樣，也很可能不在上列這些答案之內。重點是：不同的答案會導引一個人往不同的方向去解決。有些人可能只要加強自己電腦的輸入能力，有些人可能要加強自己電腦影像處理的能力，有些人可能要加強自己電腦的維修與管理能力。所以，雖然同樣要解決「如何學會電腦？」這個問題，但是最終的解決方向會有很大的差異。這是由於我們能夠從最源頭去質疑問題本身所帶來的結果。由此可知，在解決一個問題之前，重新看待問題的確是非常重要的一個步驟。

　　我們也可以採用「逐漸演變問題」的方式，來產生許多重新看待問題的方向。以下舉幾個例子說明。

　　例一：學生不交作業怎麼辦？

　　針對這個問題，我們可以用下列方式來逐漸演變：
➤如何鼓勵學生準時交作業？
➤如何鼓勵學生回家主動做作業？
➤如何讓學生有興趣做作業？
➤如何讓學生把作業看成有趣的休閒活動或玩樂活動，而不是無可奈何的負擔？
➤如何設計有高度趣味性的作業？
➤如何讓學生做作業就像在玩電動遊樂器？
➤如何讓學生做作業就像在玩電腦網路的線上遊戲？
➤如何把作業設計成線上遊戲的形式？
如果我們把一個待解決的問題用這個方式來逐漸演變，往往會擴

展我們對問題的焦點與解決方向。

例二：如何解決高速公路塞車的問題？

針對這個問題，我們可以做下列的問題演變：
➤如何拓寬高速公路以解決塞車問題？
➤如何增加高速公路的交通流量？
➤如何減輕一特定地點上的交通擁塞？
➤如何增加通過高速公路上某一特定點的車流量？
➤如何增加通過高速公路上某一特定點的人數？

在這個例子裡，高速公路當局最後採用的方法是用「高承載管制」的方式來解決高速公路塞車的問題。也就是說雖然高速公路的寬度不變，但是由於採用「高承載管制」的方案，結果通過高速公路上某一特定點的人數已經增加了，車流量也減少了一些。

例三：如何設計有效的捕鼠機？

有一個人因為家中有許多老鼠，對生活產生極大的困擾，於是就想到要設計發明一種有效的捕鼠機，以解決這個問題。但是經過下列的問題演變之後，他產生了截然不同的解決問題方式：
➤如何發明一種有效的捕鼠機？
➤如何從家裡除去老鼠？
➤如何避免老鼠進入家裡？

最後他採用的方法是，用鐵絲網把所有排水口封起來，讓老鼠無法從外面侵入自己的家裡，從此也解決了鼠患的問題。

例四：如何減少學生上課亂講話？

一個老師想要解決學生上課亂講話的問題，他用下列的方式來演變問題：
➤如何制止學生上課講話？
➤如何防止學生上課講話？

➤如何吸引學生的注意力？

➤如何引起學生對學習的興趣？

➤如何使學生喜歡上課？

➤如何使上課活潑有趣？

用這種方式來演變問題，這位老師最後反而變成改進自己的上課方式，設計有趣的教學活動。

(三)確立問題的本質

經過前面一個步驟從多方面來重新看待問題之後，在這個步驟我們就要確立問題的本質。也就是說，我們要好好選擇一個解決問題的方向。當然，如果我們所選擇的這個方向在後續的步驟中被證明是行不通的，我們仍然要回到這個步驟來選擇別的思考方向。因為我們在解決問題時，最好一次從一個方向來思考，一個方向行不通就換另一個方向。這個步驟再度需要依賴批判思考，從各個可能的方向中，好好去釐清究竟哪一個方向最能解決問題，究竟哪一個方向才是問題的關鍵與本質。

這個步驟非常重要，如果沒有抓到問題的本質，往往事倍功半，甚至徒勞而無功。有時究竟要選擇哪一個方向的確是一個很困難的抉擇，因此有時需要透過集體的力量，邀請許多相關人員並且參考許多相關的資料，從多方面來論辯、分析與釐清，最後才確立問題的本質。誠如 James Adams（簡素琤譯，民 85，p.45）所述：「恰當的陳述問題，可以說是關鍵的藝術，不但會激發解決問題的人最大的創造力，還能導出有用的解決方法。」Hite Doku（黃心藝譯，民 87，p. 119）也認為，每當我們在構思如何解決一個問題時，我們必須確定問題的「真意以及大題目」。愈是高層次的主題，其所涵蓋的面愈廣，所產生的創意愈多，解決問題的可能性也愈大。反過來說，如果我們沒有把問題的真意及大題目弄清楚，或者抓到的是低層次的主題，就可能產生很有限的創意了。

(四)**產生許多初步解決方案**

針對前面一個步驟所確立的問題性質與方向，我們在這個步驟要再度產生大量的創意，提出許多解決問題的初步方案。第二章所述的各種產生大量創意的技巧就變得非常重要。有些人在這個步驟可能會很快地鎖定某一個解決方法。這樣往往無法得到有突破性的解決方法。

(五)**分析與選擇解決方案**

從前面一個步驟產生的許多解決方案中，我們要再度運用批判思考來分析、評估與選擇某一個解決方案。這個步驟需要使用的判準包括：可行性、有效性、時間效率（及時性）、周延性、成本效益、合情、合理、合法等等。有時我們可能暫時無法評估哪一個比較優越，因此會選擇數個可能的解決方案，等到後面才做最後的選擇。

(六)**修改解決方案**

選擇出來的解決方案通常要做更細膩的修改，以提升解決方案之品質，減少沒有考慮到的盲點。有時我們也可以把數個可能方案組合在一起，形成一個配套在一起的解決方案，其中包括在不同條件與脈絡下的數個可能選項，或者包括有優先順序的數個可能解決方案，然後在後續的步驟中一一加以評價或試用。換言之，有時我們可以把數個解決方案加以「重組與結合」，演變成更完備的解決方案。

(七)**評價或試用解決方案**

如果前面選擇出來的解決方案不只一個，我們在這個步驟通常要透過更嚴密的方式來分析、評價與比較，或者透過實際的試用來評估哪一個比較好。這個步驟當然也通常會邀請許多相關的人員共同參與評價或試用，以免沒有考慮到一些盲點。如果評價或試用的結果不滿意，就要回到前面的步驟，有時可能只要修改方案就可以，有時可能

要選擇別的方案，也有可能要再度產生其他解決方案，甚至也可能要重新確定問題、釐清問題等等，如第 180 頁流程圖中的回饋箭頭所示。

(八)解決方案定案、付諸實踐

一個問題的解決方案通常是以某種「辦法說明書」、「方案說明書」或「計畫書」來呈現。一旦解決方案定案，就可以付諸實踐，採取行動。有些時候，即使採取行動之後，也要一面在行動中蒐集相關的回饋資料，一面進行省思與檢討，一面修改行動方案或行動構想，如第 180 頁流程圖中的虛線箭頭所示。這種情形就成為所謂「行動研究」，請參考許多相關的書籍（陳伯璋，民 79；周愚文，民 76；胡夢鯨、張世平，民 77；張世平，民 80；饒見維，民 85a），在此不再細述。

七、各種創思活動的綜合比較

從前面六種創思活動來看，我們可以發現各種創思活動心理歷程有相同之處，但是也有相異之處。以下我從創造的動機、目標的確定性、產出成品、考慮的重點這幾個方面來做一個綜合比較，如下表所示：

	創造的動機	目標的確定性	成品	考慮的重點
一般設計	因應當前的實際需求	有些很明確、有些不明確	文字、圖形、訊息、物品的外觀	美學、倫理學、社會學、心理學
創造發明	創造未來可能的需求	目標明確，但是又可以很有彈性地調整	具體的物品	自然科學
工程設計	因應當前的實際需求	目標非常明確，沒有彈性	具體的物品，但是偏向於物體的結構	自然科學

科學研究	滿足好奇心、解決心理的困惑	目標有點明確,但是也有不確定性	以文字與數學表徵的理論知識,部分允許主觀的詮釋空間,部分沒有	自然科學
藝術創作	滿足表達的慾望	目標不明確	以各種表徵與媒材來呈現的藝術作品,允許主觀的詮釋空間	美學
創造性問題解決	面臨實際的問題	目標明確	解決方案、解決方法	因問題性質而異

第二節　創思的心理策略

　　本書到目前為止探討過創思的「心理歷程」與「心理技巧」,本節則探討創思的「心理策略」。「心理歷程」、「心理技巧」、「心理策略」這三個概念有差異,值得在此做個區分。「心理策略」乃是我們在整個創思的過程中持續運作的思考原則或思考方針。就「心理歷程」和「心理策略」來比較,「心理策略」不像「心理歷程」有明確的步驟與程序可以遵循,「心理策略」比較籠統、抽象,只是原則性的描述。就「心理技巧」和「心理策略」來比較,每一個「心理技巧」都是在某些特定的思考階段運作的技巧,而「心理策略」卻是在整個創思活動歷程中持續運作著。

　　究竟什麼是心理策略呢?與其在此用抽象的定義來陳述,倒不如從本節所介紹的五個心理策略(即先量後質、收放自如、整體演變、內外同步、鬆緊適度)來加以瞭解。

一、先量後質

　　所謂「先量後質」就是指,在追求創意時,我們要先求創意的

「數量」，然後再求創意的「品質」。在進行創思活動時，並非只要想出創意就好，我們當然希望想出有品質、有價值、能解決問題的創意。問題的關鍵是，我們不需要在創思的開始就想得到高品質的創意。許多人無法想出創意，主要的問題就是一開始就想要得到好的創意。由於心裡一直在期待好的創意，結果心裡一面產生創意，又一面判斷這個創意好不好，然後一面把這些創意一一加以封殺。如此一來，當然不可能產生源源不絕的創意。「先量後質」的策略乃是在創思的初期暫時不管創意的品質，專心追求創意的數量，愈多愈好，等到創意的數量到達一定程度，才開始關心創意的品質。

我們也可以說「先量後質」是一個心理習慣的問題。因為許多人的心理習慣就是：一面構想新的點子，一面在心裡加以判斷這個點子的好壞。在日常生活中的許多時機，這樣的確很有效率，也能減少被別人嘲笑的機會。但是如果我們要進行重要的創思活動，這種心理習慣非打破不可。人類的思考方式常常只是一種心理習慣。習慣於批判性思考的人，常常會不自覺地一開始就對自己或他人所提出的某些想法不斷地加以批判。問題不在於批判的本身，問題在於批判的時機不對。如前所述，在創思的初期，創意的數量比創意的品質還要重要。一面產生創意一面進行批判的結果必定降低創意的數量。

如果我們從本章第一節所述的各種創思心理歷程來看，不管哪一種創思活動，基本上也是遵循先量後質的大方向。至於要得到多少數量的創意才開始追求創意的質，則要根據不同的創思任務而定。下一個心理策略「收放自如」則更進一步凸顯創思活動的靈活特性。

二、收放自如

㈠什麼叫「收放自如」

創思活動並不是一個線性的過程，也不是像前述「先量後質」這個策略看起來那麼單純的兩個步驟。有些創思活動持續很久，且整個

過程迂迴曲折、非常靈活多變。在整個過程中，有時我們要追求創意的量，有時我們則專注在創意的品質，而且經常是在這兩者間來回反覆。當我們在追求創意的數量時，就是讓我們的思考自由奔放，讓思考放開來大膽構想各種創意，簡稱「放」；當我們在追求創意的品質時，就是把我們的思考加以收斂，簡稱「收」。「放」是為了增加創意的量，「收」是為了提升創意的質。所謂「收放自如」，就是在創思活動的過程中，我們能夠自在地選擇要「收」或要「放」。

「收放自如」這個策略是前述「先量後質」之延伸。在創思活動的過程中，當我們意識到要追求創意的數量時，我們就儘量放；當我們意識到要追求創意的品質時，我們就開始收。通常我們必須在收放之間來回反覆幾次，類似「放→收→放→收→放→收⋯⋯」的樣式。其實，在第一節所介紹的各種創思心理歷程中，每一個流程圖中都有一些箭頭，回到前面的步驟。也就是說，這些流程圖已經隱含了「放→收→放→收→放→收⋯⋯」的可能性與必要性。多半時候我們必須在收放之間來回反覆幾次，而不是在產生大量創意後，進行批判性思考，然後就得到我們需要的創意。

「收放自如」的第一個要領就是，兩者不要同時啟動。「收」與「放」就如同開車時的踩剎車與踩油門。該收就收，該放則放，但是不能同時啟動，就像我們不能同時踩油門與踩剎車一般。當我們在「放」時，就要儘量地放，不要擔心、害怕、焦慮、不要自我節制。有些人把這種思考方式稱之為「擴散式思考」。當我們在「收」時，就要好好加以分析判斷創意的品質好壞，要能從各種角度來做各種考慮與分析、比較，並儘量從前面想到的各種構想中仔細選擇、篩選、過濾，或者把既有的想法加以改變、調整。有些人把這種思考稱之為「收斂式思考」、邏輯思考、判斷思考、批判性思考或綜合思考。

「收放自如」的另外一個要領是，要有意識地選擇「收」或「放」，對自己的思考方式與狀態要有清晰的自覺，不要讓自己不知不覺地陷入某一個思考方式，而忘掉要適時跳開那個思考方式。重點

在於自己要很清楚地意識到自己現在是要「放」或要「收」，而且是靈活地選擇「收」或「放」，這樣才叫「自如」。尤其是在團體的創思會議中，最忌諱的就是，在某一個時刻團體的成員選擇不同的思考方式。如果有人正在「放」，卻有人不斷在「收」，結果必然造成衝突。因此，在任何一個時刻都要讓所有成員非常清楚，現在是要收還是要放。要收就大家來收，要放就大家來放。這樣不僅不會產生情緒上的衝突，也不會使彼此的心智努力產生互相抵消的效果。

(二)為什麼要收放自如？

「收」與「放」是兩種截然不同的思考方式，兩者可以相輔相成，但是卻不能同時運作。同時運作會產生互相抑制的效果，使兩者都做不好。但是在任何一個時刻如果能靈活選擇兩者之一，就可以使我們的思考發揮最佳的效能。就像騎腳踏車時，我們必須左右腳交替用力踩，但是又不能同時用力踩。這樣腳踏車就能在輕微的左右擺動中保持平衡，但是又維持向前的動力。

思考方式本身並非目的，而是為解決問題而服務。能夠在不同的時機選擇最適切的思考方式才是最佳的思考策略。在從事創思的活動過程中，我們隨時都要準備「思考的換軌」，就像一個工匠隨時選擇不同的工具一般。「收放自如」的人，可以選擇適當的思考方式為我們服務，而不是固執於「收」或「放」中的任何一項。如果一個人一心一意在「放」，而不知道在適當時候該「收」，他的創思活動可能會失序，最後也可能變成無所適從、一事無成的結果。反之，如果一個人只知道「收」，或者太早就開始「收」，而沒有適度地放，那麼他的創思活動想必不會有太多的收穫，我們也很難期望從中得到重大的創意或突破。一個懂得收放自如的人，能夠靈活地根據實際的狀況，選擇跳到另外一個思考方式，而不是僵硬地固守某一個思考方式。

多數的創思活動都很複雜，需要長時間的思考運作。任何思考方式使用久了，其效益難免就會開始減弱。例如，當我們在腦力激盪

時，到了一定的時間，創意的激盪效果可能就不再像一開始時那麼快與那麼多。這時就可以考慮開始收斂，進行評估與選擇。一個懂得收放自如的人，能夠讓自己的思考方式適時換軌，避免長時間使用單一思考方式產生思考上的疲乏，因此可以達到思考的調節作用。

(三)什麼時候該收？什麼時候該放？

有些人在創思的過程中，太早開始「收」，反之，有些人可能太慢「收」。何時要開始「收」，何時要再度「放」，這是一個很難拿捏的問題，也沒有什麼規則可以遵循。一個人惟有不斷從創思活動的經驗中慢慢掌握個中的竅門。

一般而言，當我們感覺已經才思枯竭或江郎才盡時，或已經心思奔放了一段時間，或感到時間不夠時，就可以開始「收」。反之，當我們感覺在已經產生的創意中仍然無法找到滿意的解決方式時，或對先前所選擇的創意覺得不理想，或者覺得這些創意都行不通時，就要開始再度「放」，再度追求創意的量。本書第二章已經介紹產生大量創意的心理技巧，第四章介紹提升創意品質的心理技巧。這些細部的心理技巧，都可以讓我們在選擇要「收」或「放」後，協助我們達成收或放的目的。

三、整體演變

(一)什麼是「整體演變」？

所謂「整體演變」，是指我們在進行許多創思活動時，都不是按照順序一步一步完成創意的各個部位，而是有時關注創意的整體，有時關注創意的細節，在「整體」與「細節」之間來來回回修改。如此一來，創意就在整體演變中逐漸完成。「整體演變」的策略尤其是發生在比較複雜的創思任務中，一旦我們開始進入「提升創意品質」的階段，開始演變與修改我們的創意時，就必然要運用「整體演變」的

策略。也就是說，我們在演變與修改創意的過程中，一面修改創意的細節，一面關注創意的整體。簡單的創思任務通常不需要很多的演變與修改，因此「整體演變」的現象比較不明顯，也比較不需要刻意運用這個策略。

許多人誤以為創思是一個線性的發展過程。例如，有人以為在寫一本書時，我們是先寫第一章，寫完第一章再寫第二章，然後一章一章地寫完。事實上，多數的創思活動並不是一個線性發展的過程。以寫作為例，如果我們所從事的是稍微複雜的寫作活動，例如：寫一本書或論文，其過程往往就是一個非常動態的過程。從一開始，我們對整本書可能就有一個整體的構想，即使這個構想非常粗糙，或者只是一個大綱，也是一個整體。在寫作的過程中，我們可能從第一章開始寫細節，有時第一章還沒有完成可能就跳到第二章或第三章，甚至跳到最後一章。然後，又回到當中某一章繼續寫未完成的部分。整個過程中，我們可能隨時從一點跳到另一個點，而不是依照章節的順序按部就班地寫。當然，如果是一個簡單的寫作任務，可能我們的確是從頭到尾、按照順序，一氣呵成地寫完。

再舉一個例子來說，藝術創作的過程也是要運用整體演變的策略。一個畫家在創作一幅作品時，雖然時時刻刻都在局部修改，但是通常也都會隨時關注整體的感覺。很少畫家會用下列方式來進行創作：完成畫面的某一個部位後，再繼續完成另外一個部位，然後按部就班地一一完成畫面的各個部位。多半的藝術創作歷程不是如此乾淨俐落，而是在局部與整體之間來回反覆演變著。

其他各種創思活動幾乎都有類似的現象。從這個現象來看，我們在從事創思活動時，多半的時間都是花在創思活動的後半段，也就是在演變與修改的階段。而許多創意也都是以整體演變的方式，由粗糙到精緻逐漸演變與成形。

當我們瞭解了這個「整體演變」的現象之後，如果能夠有意識地掌握這個精神，「整體演變」就成為一個重要的心理策略。這個策略

的主要精神就是，在從事創思活動時，不要想「一氣呵成」，不要期望一個乾淨俐落的思考過程，而是要讓自己靈活地從任何一個地方下手，然後又讓自己靈活地修改任何一個想修改的地方。在做局部修改時，又能隨時關注整體，如此一來創意就會整體持續演變著。

(二)為什麼要「整體演變」？

首先，一個創意隨時都是一個整體，任何局部的修改也必須從整體的脈絡來檢視才有意義，就像任何一個有機體在成長的過程一般。例如，任何一個人，從胚胎到出生，從嬰兒時期到年老，隨時都是一個完整的有機體。即使在胚胎時期，一個人也不是先完成某一個器官的發育再完成另一個器官，而是所有的器官同時在發育，所有的組織同時在演變著。事實上，我們甚至可以說，在任何時候，沒有一個部位是「已發育完成」。一個人終其一生，身體的所有部位都隨時在整體演變著。從這個現象來看，創思活動的過程也類似有機體一般，隨時在整體演變著。

其次，創思活動有一種類似「同時交互形塑」（mutual simultaneous shaping, Lincoln & Guba, 1985, p.37）的現象，也就是說，一個創意的每一個部分都可能和其他部分產生交互的影響。當我們在修改創意的某一部分時，也會連帶影響到其他部分。這就是所謂「牽一髮而動全身」之意。既然一個創意的每一部分都會交互形塑，我們在進行創思活動時，當然要用整體演變策略。

四、內外同步

(一)什麼是「內外同步」？

所謂「內外同步」是指，在創思活動的過程中，發生在內心的思考活動與發生在外界的表達活動乃是同步在進行的。外界的表達包括文字、圖形、數字、模型等。許多人誤以為創思都是在我們的心中進

行，然後等到想好了，才加以表達出來。事實上，除了簡單的創思活動之外，絕大多數的創思活動都不是用這種方式在進行。以設計師為例，他們在設計時，通常都是一面在心中構想，然後就一面在畫面上表達。一旦把初步構想表達在畫面之後，接下來他的整個心思就會被畫面帶著跑，他會直接從畫面上來思考，這裡要加上什麼，那裡要減少什麼。換句話說，他的構思活動變成跑到畫面上，而不是在心裡進行。有時我們在心裡天馬行空的閃過一大堆的創意，甚至也在頭腦裡構思好了。可是，一旦用圖形表達出來之後，卻會跟頭腦裡的感覺有一大段落差，然後就開始根據自己畫的東西，往另一個方向走了，結果可能跟自己原本構思的完全不一樣。換句話說，我們多半不是在心中完全構想好之後，才進行表達的工作。不管我們在心裡如何構想，在還沒有表達出來之前都不算是真正完成該構想。

　　我們可以試想一個建築師在設計一棟房子時，如果沒有使用外在的畫紙，而把整個畫面完全放在心中想像，然後在心中逐步進行所有的設計與修改工作，那會是多麼困難的一件事。當然，如果他所要設計的是一棟簡單的房子，他也許可以毫無困難地在心中完成所有設計，然後用圖畫紙一氣呵成地、完全不需要任何修改地把他的設計表達出來，顯然這種情形不多。多數的創思活動不是用這種方式在進行。

　　如果我們瞭解了「內外同步」的現象，就可以有意識地運用「內外同步」的心理策略。簡單地說，不管是在產生大量創意的階段，在選擇與評價創意的階段，在演變與修改創意的階段，我們都可以儘量採用各種方便的表達工具，把創意形諸於外，然後一面表達一面思考，儘量不要把思考活動放在心中進行。換句話說，我們可以在表達的過程中完成創造，在創造的過程中完成表達。程曦（民 69，p.57）建議，我們可以隨身攜帶備忘錄，隨時記錄任何意念、觀察、發現、靈感。如此一來，我們可以隨時把創意表達出來、記錄下來，這也是「內外同步」策略的一個展現。從這個觀點來看，一個人的表達能力會影響他的創思活動之進行。本書第六章會進一步說明表達能力如何

影響一個人的創思表現。

(二)為什麼要「內外同步」？

首先，「內外同步」策略主要的目的是為了減輕我們的認知負荷。外在的工具（例如：紙張、畫紙、電腦）除了協助我們表達創意之外，最重要的就是減輕我們的記憶負荷與思考負荷。尤其是當我們在進行複雜的創思活動時，外在工具可以協助我們讓創思活動順利的進行。

其次，當我們在進行複雜的創思活動時，內外同步的策略有助於關注整體。由於我們的大腦無法同時處理複雜的資訊、太多的資訊，如果我們在腦海中進行創思活動，我們勢必無法關注創意的整體面貌，無法面面俱到地考慮所有細節。這樣的創思活動不僅很難進行，最後得到的創意品質也可能不會很好。

第三，內外同步的策略可以協助我們在創思活動的過程中進行人際的互動與溝通。由於許多創思活動涉及到許多人的想法與需求，而且通常不是一次就完成溝通，常常需要不斷溝通彼此的想法，因而不斷調整與修改創意。如果把創思的過程形諸於外，就可以讓別人看到自己的想法，即使是概略的、粗糙的、不成熟的想法，也有很大的幫助。就創思活動的過程而言，和別人討論往往比一個人獨力思考更周延，思考的角度更多元。別人可以從許多自己想不到的角度來提出種種的問題。有時，為了使別人明白自己的意思，我們會強迫自己用不同的方式來比喻、說明、表達，結果往往意外地發現到自己原先的創意之盲點或缺陷，因而讓自己的想法變得愈來愈成熟、愈來愈周延。這些都是內外同步策略的好處（程曦，民 69，p.70）。

五、鬆緊適度

所謂「鬆緊適度」是指，在創思活動的過程中，有意識的努力與不努力要有適度的平衡。許多人誤以為在創思活動的過程中，一定要

非常努力地思考，不斷地思考，這樣就是太「緊」了。事實上，為了追求高品質的創意，我們在嘗試各種演變與修改之餘，有時我們可以暫時把思考加以擱置，讓我們有意識的思考暫時休息。此時我們的大腦會在潛意識中自行運作與醞釀。高品質的創意經常在不經意中突然出現。在創思的過程中有時我們也可能會遇到瓶頸，這時我們可以放下身心壓力與所有的固執、緊張，讓心理有自我調適的時間。當我們把思考活動適度地「放鬆」下來，有時反而會得到更多、更好的創意。

　　許多研究創思的人都發現，在創思活動的過程中，有所謂「醞釀期」、「發酵期」或「潛伏期」。這三個名詞的意義很近，都是指我們在思考遇到瓶頸時，把問題暫時擺到一旁，暫時不要去想它的策略。然而，「醞釀期」並不是指在還沒開始努力思考時就開始守株待兔，而是必須先經過一番努力之後，醞釀期才能發揮效果，這就是所謂「不經一番寒澈骨，焉得梅花撲鼻香」之意。換句話說，所謂「靈光乍現、靈機一動、頓悟」通常是在我們經歷了相當努力之後，然後把努力暫時擱置，它才發生了。

　　有創意的人知道，有時要用遊戲的心情來面對問題，不要太過嚴肅。這也是另外一種放鬆的策略。有些人在創思活動中，會急著想得到高品質的創意，如果想不出來，就開始心急、焦慮，這樣一來，反而造成思考的障礙。如果我們能記得運用「鬆緊適度」的心理策略，這種時刻就是應該要「鬆」下來的時刻。這時我們應該要能接受曖昧與不確定的狀態，不要急著找到答案，創意可能反而會突然冒出來。

　　簡言之，在任何創思活動的過程裡，我們可以有意識地運用「鬆緊適度」的心理策略，有時要緊密地思考，有時則要完全放鬆不管，在鬆與緊之間有適度的調節。至於什麼時候要鬆、什麼時候要緊，就要從經驗之中來慢慢拿捏。

第三節　創思的綜合練習

一、創思綜合練習活動㈠：設計圖案或標誌

活動目的	培養綜合運用各種創思技巧的能力，並能設計各種標誌，如：市徽、校徽、班徽、商標、企業識別標誌（CIS）等。
練習形式	個人練習
活動方式	1.【確立所要設計的圖案或標誌】：在設計圖案或標誌時，我們要先確立所要設計的目標。本活動中我們假裝有一家新設立的銀行叫「大富銀行」，正在徵求該銀行的企業識別標誌（CIS），請你設計一個標誌去應徵。 2.【自由聯想（水平思考）】：「銀行」這兩個字會給你什麼聯想？請把任何文字、概念或圖像的聯想都在一張紙上寫下來或畫下來。「大富」這兩個字會給你什麼聯想？請把任何文字、概念或圖像的聯想都在一張紙上寫下來或畫下來。 3.【大量構想標誌初稿（重組與結合、比喻與借喻）】：請綜合運用前面這些聯想，在白紙上概略畫出一些可能的標誌初稿，畫愈多初稿愈好，標誌的型態愈多樣愈好。你在構想時也可以參考一些在報紙上或商品上看到的任何標誌，它們可能會讓你產生一些借喻的靈感。記住：先不要判斷哪一個構想比較好。畫一個就把一個擺到一旁，繼續構想別的初稿。請至少十個以上的初稿。 4.【選擇標誌初稿】：從你的設計初稿中選擇一個構想作為基本構想。選擇時請參考以下的判準： a.簡潔清晰 b.傳神達意 c.有創意、有特色 5.【逐漸演變與修改標誌初稿】：把選擇出來的基本構想加以逐漸演變與修改，直到滿意為止。你可以用鉛筆或用電腦來進行這個步驟，以方便修改為原則，但是還不用考慮顏色搭

配的問題。

6. 【嘗試把標誌進行各種顏色搭配】：請把你的黑白設計稿影印十份左右。然後用色鉛筆來上色，嘗試各種顏色的配置設計。如果前面一個步驟使用電腦，就直接在電腦上嘗試各種顏色搭配。

7. 【選擇顏色配置並定稿】：從各種顏色配置設計中選擇一張最滿意的作品，作為完成品。

二、創思綜合練習活動㈡：童話故事創作

活動目的	培養綜合運用各種創思技巧的能力，並能創作童話故事。
練習形式	個人練習
活動方式	1. 童話故事創作的方式非常多，本活動示範運用「有系統的組合」這個技巧來創作。 2. 從任何一個繪本中隨便找一張圖，且圖中有人物者。 3. 在一張白紙上以條列的方式儘量描寫（猜想）圖片中人的身分、在什麼地方、做什麼事。分項列出各種可能性，愈多愈好。 4. 在白紙的另一區域，列出各種可能的前因，也就是圖中人物先前可能發生什麼事？也是列愈多愈好。 5. 在白紙的另一區域，列出各種接下來可能發生什麼事？也是列愈多愈好。 6. 綜合運用這三段（前因、目前和後續），組合成各種可能的故事概略情節。針對每一個可能的故事情節，概略寫出故事結構就好，不需要寫完整的故事細節。 7. 從各種可能的故事情節中，選擇自己最喜歡的一個故事情節。選擇的判準包括： 　a.創意（情節奇特、意想不到） 　b.發人深省（有啟發性） 　c.趣味性

	8.根據選擇出來的故事情節，開始發展細節。可以往前追溯故事背景情節，或往後延伸故事情節。
	9.發展完成一個完整的故事後，開始進行修改，包括故事情節、用字遣詞、段落、對話等等，直到滿意為止。
補充說明	本活動只是一種創作童話故事的方法，當然不是唯一的方法。事實上，本活動也不是一般童話故事創作者實際採用的方法，本活動只是用來說明如何綜合運用各種創思的心理技巧來創作故事。這種方法既快速又簡便，也不用一開始就考慮故事所要表達的意念是什麼。只要從任何一張圖片開始聯想，就可以產生無數的故事靈感。 我相信每一個小說或故事，從誕生到完成的歷程必然都不一樣，每一個故事創作者實際採用的創作方法與歷程也必然是千變萬化、各有千秋。有些人的創作方法與歷程可能類似第 176 頁的「藝術創作的心理歷程」，但是有些人的創思歷程可能就非常獨特，不一定要按照這個模式。但是不管創思歷程如何靈活多變，本書所再三闡明的一些創思的心理技巧可能還是跑不掉，如：產生大量創意、選擇創意、修改創意等等。

三、創思綜合練習活動㈢：設計海報

活動目的	培養綜合運用各種創思技巧的能力，並能設計各種海報，包括：公益宣導海報、活動海報、商業海報（即廣告）等。
練習形式	個人練習
活動方式	1.【確立所要設計的海報種類與主題】：本活動將以「宣導環境保護」為例來說明如何進行海報設計。這種海報屬於公益宣導海報。其他兩類的海報設計過程非常類似。
	2.【自由聯想（水平思考）】：「環境保護」這四個字會帶給你什麼聯想？請把任何聯想到的字、詞、句或圖像通通寫下來、記下來、畫下來，愈多愈好。請完全接受你腦海中浮現的任何文字或圖像，不要做任何判斷。

3.【產生各種可能的口號或標語】：自由運用前一個步驟得到的文字，開始構想或組合各種可能的口號或標語。

4.【選擇口號或標語】：從前一個步驟中得到的口號或標語中選擇一至兩個最好的口號或標語，選擇的判準包括：簡潔有力、切合環保主題、明確易懂、有創意。

5.【大量設計海報的初步構想】：自由運用前面幾個步驟所得的成果，加以組合成各種可能的海報設計初步構想。請把一張 A4 大小的白紙摺成四格，在每一格裡畫一個初步構想圖。每一個初步構想只要概略畫一下整體的佈局就好，不需要畫得很精細。初步構想畫愈多愈好，至少畫十六個。

6.【選擇海報的初步構想】：從前一個步驟所得到的初步構想圖中選擇一份最好的初步構想，選擇時可以參考下列判準：
a.引人注意
b.引發行動(感動)
c.創意、特色

7.【演變與修改海報的初步構想】：針對選擇出來的初步構想，進行演變與修改，一直到滿意為止。這個步驟可以使用鉛筆在白紙上來進行單色的設計，先不用考慮顏色。這個步驟也可以使用電腦來進行，直接在電腦上運用適合的畫圖軟體來進行演變與修改，也先不用考慮顏色。

8.【嘗試海報的各種顏色配置】：把修改好的設計稿影印數份，開始嘗試各種可能的顏色搭配。如果前一個步驟就已經使用電腦，這一個步驟可以直接在電腦上進行，把設計圖複製，然後嘗試不同的顏色配置。

9.【選擇顏色配置與定稿】：選擇一個最好的顏色配置，然後把設計圖轉到大張的海報紙上，成為最後的完稿。如果是使用電腦，就直接把電腦檔案拿去給廠商進行大圖列印輸出。

四、創思綜合練習活動㈣：設計活動或遊戲

活動目的	培養綜合運用各種創思技巧的能力，並能設計各種活動或遊戲。
練習形式	個人練習
活動方式	1.【確立活動或遊戲的所要達成的目的】：活動或遊戲的種類很多，包括：教學遊戲或活動、晚會遊戲或節目、大地遊戲或活動、露營遊戲或活動、潛能開發遊戲或活動等等。本活動將以設計一個晚會的破冰或暖身活動為例來說明如何設計活動或遊戲。設計任何活動時都要先確立此活動所要達成的目的。所以，請你再度釐清一下這個活動希望達成的目的（例如：能迅速讓晚會的與會人員打破隔閡、有趣好玩、有創意等）。 2.【自由聯想（水平思考）】：請自由聯想並在一張紙上寫下一些你玩過的遊戲，任何紙牌遊戲、運動遊戲、桌上遊戲、大地遊戲、康樂遊戲都可以，例如：大風吹、大富翁、撿紅點、陸軍棋、五子棋、橋牌、查戶口、棒球、足球等等。 3.【尋找可以借喻的遊戲要素（比喻與借喻）】：運用前一個步驟所聯想到的每一個遊戲來構想新的遊戲，一次針對一個遊戲，從中尋找可以借喻的成分。也就是說把別的遊戲中某一部分你覺得可以借用的成分抽離出來，試著把它轉化成能達成我們想要設計的活動之目的（即破冰或暖身）。強迫自己從每一個遊戲中找到一個你認為可以促進人與人之間互動或認識的方式，不要太早放棄。把每一個想到的可能要素都寫下來或畫下來。 4.【大量構想各種可能的活動方式（重組與結合）】：把前面一個步驟寫下來的要素加以重新組合成新的活動。你可以把來自不同遊戲的要素加以結合，嘗試各種可能的組合，構想愈多愈好，先不要做太多判斷。每一個構想只要概略寫一下活動方式就好。 5.【選擇一個最好的活動構想】：從前面各種可能的活動中選擇一個最好的構想，選擇的基準包括：

a.可行性

b.活動規則簡潔性（活動會不會太複雜）

c.效果（是否達成活動的目標）

d.創意、特色、趣味性

e.成本（道具製作）

f.所需的時間

g.場地適切性

h.安全性

i.有無任何後遺症

j.參與度（是否讓所有人都參與）

k.年齡與人數的適切性

6. 【演變與修改】：針對選擇出來的活動構想，開始加以演變與修改，直到滿意為止。修改時也同樣要考慮前述各項選擇判準。

7. 【構想活動名稱】：最後，你也許可以考慮為此活動構想一個名稱。構想的過程也是運用一個簡單的創思心理歷程：先大量構想名稱、選擇某一個名稱、演變或修改名稱、名稱定案。

五、創思綜合練習活動㈤：創造性問題解決

活動目的	培養綜合運用各種創思技巧的能力，並能解決日常問題。
練習形式	團體練習
活動方式	1. 【教師提出一個生活上的兩難問題】：你剛到一個學校去任教，班上有一位學生的家長經常在晚上打電話給你，討論女兒的種種，但是也經常在談他自己的事，而且經常只是他在滔滔不絕地說，好像有講不完的話。你覺得已經嚴重干擾你的生活，也消耗掉不少你自己的晚上時間。你該如何解決這個問題？ 2. 【大量構想各種解決問題的方法】：教師引導學生提出各種解決此問題的構想，愈多愈好，並把學生所提概略寫在黑板

	上。教師請學生不要對任何解決方法做任何判斷。
	3.【解決方法之組合】：教師鼓勵學生把黑板上的各種方法加以組合，成為新的解決方法，並一一列出。
	4.【過濾與選擇解決方法】：教師引導學生根據下列判準，用刪除法來過濾不適合的解決方法，剩下來的就是選擇出來的解決方法： a.可行性（效果與後遺症） b.時間效率 c.成本（經濟效益） d.合情（合乎人情與人性） e.合法
	5.【修改解決方法】：教師鼓勵學生針對選擇出來的方法提出任何修改的意見，使每一個方法愈完善愈好。
	6.【排列方法之優先順序】：針對前述修改好之各種解決方法，教師引導學生討論其優劣，並排出優先順序。
活動變化	其他可以練習解決之問題： a.你在上二年級數學課時，有很多學生在上課時不專心，不斷在講話。追問之下原來他們都有上補習班的課，對你想要上的內容都已經學會了。你該如何處理這些學生？ b.公共廁所內的牆壁上經常被塗滿了「廁所文字」，這些圖文造成廁所髒亂且不堪入目。請想出一個有效的方法來解決這個問題。 c.你在上三年級自然課的分組實驗，有許多小朋友沒有專心在做實驗，互相打來打去，或談論一些與上課無關的話，嚴重干擾到認真的小朋友。你該怎麼辦？ d.買票時有一個人插隊，你要如何巧妙地制止他？

6

影響創思表現的相關因素

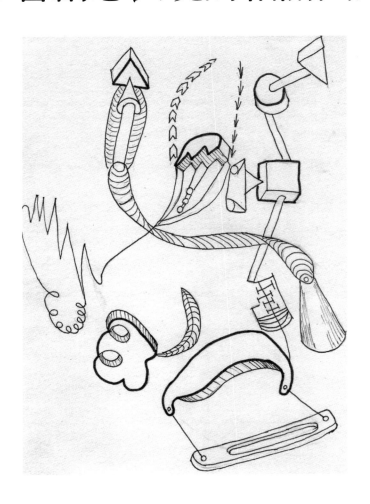

　　雖然每一位偉大的創作者之行為活動有個別特性，但是他們似乎都具有孩子般的天真與成人般的世故……，他們皆公然地表達自己內心喜怒哀樂的情感，特別是愛情與憤怒的強烈感受……，他們似乎都出身自一個相當支持鼓勵的家庭。

（Howard Gardner，林佩芝譯，民 86，pp.583-586）

　　前面各章探討創思的心理歷程、心理技巧與心理策略，這些都可以透過訓練來習得，以提升我們的創思能力。然而，本書第 16 頁提及本書的一個基本立論：創造力高的人不見得有很高的創思表現，因為一個人的創思表現，除了受到他的創造力之影響外，還受到很多相關因素的影響。

　　Howard Gardner（林佩芝譯，民 86）曾經深入研究七位具有創造力的「現代大師」：由神經學家轉而成為心理學家的佛洛依德（Sigmund Freud, 1856-1939）、西班牙出生的畫家畢卡索（Pablo Picasso, 1881-1973）、理論物理學家愛因斯坦（Albert Einstein, 1879-1955）、俄國作曲家史特拉汶斯基（Iogr, Stravinsky, 1882-1971）、美國詩人艾略特（Thomas Eliot, 1888-1965）、美國舞蹈家葛蘭姆（Martha Graham, 1894-1991）、印度政治與精神領袖甘地（Mahatma Gandhi, 1869-1948）。他試圖瞭解這些來自不同領域之卓越人物所達到的成就，並找出能支配人類創造性活動的主要原則。從他的研究顯示，影響一個人的創思表現之各種因素實在相當錯綜複雜，而且每一位偉大的創作者之行為活動都有其個別特性。然而，他也試圖從特殊性中尋找這些偉大的創作者之通性與概括性圖像。

　　本章在性質上類似 Howard Gardner 的意圖，也是試圖完整地掌握影響創思表現的各種因素。不過我是直接根據各種相關書籍以及個人的經驗來論述影響創思表現的各種相關因素。他的論述雖然相當深入，也頗有參考價值，但是卻太過於針對傑出的創作者，反而忽略了我輩凡夫俗子的普遍經驗。至於我的意圖是否有參考的價值，我不敢

往自己臉上貼金，請讀者自行判斷。

　　根據我的歸納與整理，我把影響創思表現的相關因素劃分為四大類：知識與經驗的因素、想像與表達能力的因素、動力因素、意識狀態的因素。本章將深入探討四類因素，其中有些因素會進一步再細分為幾類或幾個層次。所以，實際上影響一個人創思表現的相關因素相當多，本章只是用一個簡單的分類架構來呈現這些錯綜複雜的因素。以下用一個表格來呈現這個架構：

影響一個人創思表現的相關因素架構表（括號內的數字為頁碼）

知識與經驗的因素（209）			
想像與表達能力的因素（215）			
動力因素（226）	情緒（227）	快樂喜悅（228）	
		傷心失落（229）	
		分心煩惱（230）	
		緊張焦慮（231）	
		害怕驚訝（231）	
		憤怒怨恨（232）	
	個性態度（232）	對自己的態度（233）	自信心（233）
			自我要求（234）
		對別人的態度（235）	愛心與善心（235）
			合群性（237）
			獨立性（238）
		對事物的態度（238）	興趣與慾望（238）
			精進心與耐心（240）
			冒險心（242）
			容忍曖昧（244）
			心胸開放（245）
	組織因素（246）	適度激勵與支持的氣氛（246）	
		適度的競爭氣氛（248）	
		自主與民主參與的氣氛（248）	

		資源與工具（249）
	生理狀態因素	對創思表現不利的生理狀態（250）
	（250）	對創思表現有利的生理狀態（251）
	物理環境因素	天氣或氣候（252）
	（251）	聲音光線與氣氛（252）
		空間與環境（253）
意識狀態的因素（253）	清醒意識（256）	
	睡夢意識（256）	
	無意識（259）	
	超意識（261）	

第一節　知識與經驗的因素

一、創思與知識經驗的關係

(一)創意不能無中生有，知識與經驗乃是創造的素材

　　許多人對創思有一個誤解：創造乃是無中生有。事實上，創意不能無中生有。不管這個創意是來自比喻的作用，或是重組與結合，或是水平思考法，或是逐漸演變與修改，都是依據既有的知識或經驗。例如，愛迪生發明電燈時，他也是把各種舊有的素材組合在一起，當他找對了素材，又巧妙地搭配在一起，就成功地發明了電燈。因此，一個人的知識與經驗乃是創造的素材。如果一個人的知識與經驗太過薄弱，也不易進行創思活動。一個人的閱歷與體驗在適當的時機可能變成創造的素材，形成新的想法或意念。即使是結構比較清楚的知識，也有可能不斷被重新組合或演變，形成新的想法或意念。

　　我們可以這樣說：所謂「創意」乃是指一個人將既有知識經過新的組合後產生新的結構與新的意義。然而，有時「創意」又意謂著，

一個人從既有的知識結構中，即使結構不變，但是從中「看到」了新的意義。當一個人看到別人所沒有看到的，說出別人已知的，但還未說出的，那就是一種洞見、創見或創意。也就是說，許多洞見或創意其實還是建立在舊有的知識或經驗基礎上。當然，有時我們的創意也可能類似本書第 26 頁所述，從潛意識層次自然流露出來，或者如第 178 頁所說的，有些創意或靈感的產生類似一種「流出」。在這一類情形中，舊有的知識與經驗究竟如何被激發與運用，仍然是一個神秘的領域，其中的運作也不是我們現在能夠完全理解與掌握的。本章第 253 頁會再略微探討「意識狀態的因素」如何影響一個人的創思表現。

(二)知識與經驗乃是創思的「必要條件」，而不是「充分條件」

　　一個人如果想要有很好的創思表現，一定要有相當的知識與經驗。然而，豐富的知識與經驗只是創思的「必要條件」，而不是「充分條件」。也就是說，光有知識與經驗是不夠的。許多人雖然擁有豐富的知識與經驗，但是卻沒有充分發揮創思，徒然浪費自己的寶貴資產。當然，也有一些人雖然知識與經驗不是很豐富，但是他們卻知道如何運用創思的策略與技巧，從有限的素材中發展出許許多多的創意。這時，如果他的知識與經驗愈豐富，對他的創思活動就愈有利。Roger von Oech（李幸紋譯，民 81，p.15）認為，知識是創造發明的基本原料，但是有知識也不一定就可以創造發明。有很多學識淵博的人，並沒有任何創造發明。因為他們不知道如何用新的觀點來思考，使得他們豐富的知識處於睡眠狀態，或者像是封存在被人們遺忘的倉庫裡。

　　許多創造力高的人為了尋找創意的靈感，有時更會暫時把正在構思的工作暫時放在一旁，走入外面的世界，接觸新的事物或環境，以便得到新的素材，激發新的想法。其實每一個人所擁有的知識與經驗都很多，只是沒有適當地加以啟用。本書第二章所謂的「水平思考法」就是一種能讓我們靈活地啟用既有的知識與經驗的一種思考方

式。而暫時拋開工作，接觸新事物有時只是為了刻意去接觸新線索，以便啟動既有的知識與經驗而已，不一定是為了要增加新的創造素材。由此可知，大部分人的知識與經驗並沒有被充分利用到，因而創思表現往往並沒有到達應有的水準。

(三)一個人的創思表現乃是經驗本位的

創造力是一般性的能力，而一個人在某一個領域的創思表現，則會因他在該領域的知識與經驗之不同而有很大的差異。也就是說，一個人的創思表現乃是「經驗本位的」（experience-based）。一般而言，如果一個人想在某一個領域裡有很好的創思表現，必然需要投注在該領域裡一段時間，累積一些相關的經驗與知識。一個人即使在某一個領域有很好的創思表現，並不代表他在別的領域也必然立即有相同的表現。例如，一個作曲家在音樂創作上雖然有很好的表現，但是並不必然就是一個很好的畫家；一個文學家在文學創作上有很好的表現，並不必然就是一個很好的發明家。這是一個很明顯、很普遍的事實。

當然，如果一個人在某一個領域中已經領悟到一些創思的心理技巧與心理策略，他也許可以把這些技巧與策略轉移到新的領域裡來，但是他畢竟缺乏足夠的知識與經驗，無法立即就有很好的創思表現。給他一些時間來經驗與嘗試之後，也許他很快就可以上手。但是如果要有相當好的表現，仍然需要相當的時間來累積知識與經驗。

一個有創造力的人是否可能在所有的創思領域都有相當傑出的創思表現呢？在人類歷史上，達文西是公認的「天才中的天才」，他在許多領域裡（藝術、科學、工程、醫學）都有傑出的表現。在人類歷史上像達文西這種人可以說是少之又少。大部分的人都只能在某些少數領域內有傑出的表現。Howard Gardner（林佩芝譯，民 86）所探討的七位具有創造力的「現代大師」在各自的領域裡都是獨領風騷的一時之選，但是他們都不像達文西一樣有跨領域的創思表現。也許在現代社會裡，根本不可能出現像達文西一樣的跨領域天才。畢竟，在現

代社會裡，一個人想要在某一個領域有傑出的表現，其所需要的知識與經驗已經遠遠超過達文西的時代所能比擬。由這個現象也可以凸顯出來，一個人的創思表現的確是經驗本位的。

二、如何豐富自己的知識與經驗

我在《知識場論》（饒見維，民83）一書中曾說明知識與經驗之關係。知識乃是經驗類化之結果，而經驗則主要來自個人的感官與親身接觸。有些經驗可以透過視聽媒體來獲得，稱為「媒介經驗」（mediated experience），有些經驗可以透過文字敘述來獲得，稱為「替代經驗」（vicarious experience）。不管從什麼方式獲得，知識與經驗都要依靠長時間的累積，無法速成。以下提供幾個角度作為參考：

(一)透過親身經驗來接觸各類不同的事物

從創思的觀點來看，如果要豐富自己的知識與經驗，要經常接觸各類不同的事物，增加自己不同的閱歷，多看不同的事物，以增加親身體驗與觀察的機會。親自嘗試各種自己沒有經歷過的事情，也是豐富經驗的最佳方式。例如，如果自己從來沒有做過雕刻，就不妨找個機會去體驗一下。如果自己從來沒有泛舟過，就找個機會去體驗一下泛舟。人生的各種經驗層次非常多，有創意的人通常會主動安排機會去體驗，每一次的體驗與嘗試都會累積一些經驗，只要點點滴滴地嘗試與體驗，我們的經驗就會愈來愈豐富。

旅行也是接觸各類不同事物的一個好方法。Jordan Ayan（趙永芬譯，民88，p.105）認為，冒險跨越地理上的舒適區，可以振奮我們的創意精神。因為，當我們到一個從來沒有去過的地方時，我們的腦子會活躍起來，對周遭的環境也會更敏銳地觀察，即使是一些最不起眼的東西，可能都會引起我們的興趣與注意。這樣一來，我們不但累積了經驗，作為日後創思的素材，也可能在旅行中就激發出一些意外的靈感。

　　就親身經驗的層面而言，另外要注意的是，我們應該儘量全面運用各種感官來獲得經驗，包括：視覺、聽覺、味覺、嗅覺、觸覺、體覺、平衡覺等等。因為，在各種創思任務中，我們往往要同時考量各種感官。James Adams（簡素琤譯，民 85，p.51）認為，解決問題的人需要各種幫助，愈多愈好，所以他們應該留意各種感官輸入物。例如：設計音樂廳的人，不可以只是沈溺在理論分析上，他不僅要留意不同型態與結構的音樂廳所造成的聲音效果，也要留意視覺的效果、空間的感覺，甚至材質所造成的嗅覺效果都要考慮。James Adams（簡素琤譯，民 85，p.142）也提及，我們的各種感官會彼此增強，例如：食物是味覺、觸覺、嗅覺和視覺的混合；雷雨需有雷聲才夠戲劇化；性的刺激來自觸覺、嗅覺、味覺、視覺和聲音。因此，如果一個人能時時運用他多元的感官來獲得親身經驗，對於各種創思活動必定會有正面的助益。

(二)透過視聽媒體來獲得媒介經驗

　　除了親身經驗各種不同事物之外，我們也可以透過「媒介經驗」來接觸各種不同的事物。所謂「媒介經驗」（mediated experiences）乃是透過視聽媒體來傳遞的感官經驗。近代科技中的視聽媒體包括：照片、電影、唱片、電視、錄影帶、錄音帶、雷射影碟、多媒體等。近代視聽媒體與電腦科技結合之後，又產生了所謂「互動影碟」（interactive video）、「超媒體」（hypermedia）等高科技產物。不管視聽媒體的形式如何演進與進展，我們利用這些視聽媒體的主要目的還是為了獲得各種媒介的經驗。

　　媒介經驗只用到「視覺」與「聽覺」兩種感官，而且是經過包裝設計過的經驗，因此當然不如具體感官經驗的真實與豐富。然而媒介經驗也有許多具體感官經驗所沒有的優點。例如，可以傳遞不容易或不方便實際接觸到的經驗、可以傳遞過去他人的經驗、可以反覆使用、可大量複製流傳、可以傳遞珍貴的經驗等。因此媒介經驗雖然無

法完全取代具體感官經驗，但是我們也不能忽視它的重大功能。

(三)透過閱讀來獲得替代經驗

　　獲得經驗的第三種方式就是透過閱讀來增加自己的「替代經驗」（vicarious experience, Lincoln & Guba, 1985）。所謂「替代經驗」，就是依賴語文符號的描述及組合，再加上自己的想像所獲得的經驗。誠如Jordan Ayan（趙永芬譯，民88，p.149）所說的，我們可以藉由閱讀來進入其他人的心靈，把他們的經驗與想法加諸自己身上。一旦吸收了別人的憧憬、價值觀、刺激和觀點之後，我們的思想儲藏室等於多了大批的進貨，為創思活動加滿了油料。這種替代經驗當然不如親身經驗來得豐富與鮮明，而且即使替代經驗也必須依賴先前獲得的經驗來作為組合的素材。然而，我們畢竟無法事事親身經歷，也沒有那麼多時間事事親自嘗試。閱讀則可以在短時間內讓自己有機會接觸大量不同的事物，不管是閱讀各種報紙、雜誌、小說，或是現代人特有的網路也都是很好的閱讀來源。

(四)多接觸不同的人

　　結交和自己觀念不同的人，和不同背景、不同職業的人接觸也是一個很好的方法。人們在思考時，往往習慣於從自己的專業角度來思考問題，例如：當工程師在設計自動對焦的照相機時，電子專家通常會想到用馬達，而機械專家想到用彈簧（程曦，民69）。當一個公司面臨切割超硬金屬的課題時，機械專家想到用更硬的材料來切割，而電子專家會想到用電子火花來切削金屬。若由性質相同的人集合在一起，就好像在固定的觀念上多塗了一層油漆般，很難產生新構想（程曦，民69，p.39）。如果我們多多和不同行業的人接觸、聊天，無形中就會累積我們看待事物的不同觀點。黃文博（民87，p.67）說得好，一個人如果都是結交同質性的朋友，對他的水平思考沒有什麼助益。好朋友的好話聽多了，思考愈來愈垂直，一路垂直落入井中，成為坐

井觀天的青蛙。

㈤長期累積與蒐集各種相關的資料

我們也可以養成習慣，長期累積與蒐集各種相關的資料，凡是和自己所關心、所重視的主題有關的資料都可以蒐集（程曦，民 69，p.58）。有時這些資料一時之間可能沒有用到，但是哪一天用到時，就會覺得幫助非常大。當然，現代人資料的取得已經愈來愈方便，而且透過電腦網路通常也都可以迅速取得相關的資料，而且書面資料的累積也愈來愈不重要。如果能建立起個人的電子檔案資料庫，將來要使用時，可以非常方便地搜尋、取得。

第二節　想像與表達能力的因素

如果從本書第 12 頁的「創思的基本心理歷程」以及第五章「創思的心理歷程與心理策略」來看，多數的創思活動都會涉及到創意的表達。有些簡單的即興創思活動，也是一面創思一面就表達出來。易言之，如果我們只是單純地在腦中創思，並沒有用某種方式表現出來，雖然也算是個人心中的創思活動，但是其實就像做了一場夢，或者屬於個人的空想而已，畢竟對他人、社會或世界的影響不大。那種創思活動不是本書關切的範圍，本書所關切的是最終經由某種表達方式把創意形諸於外的創思活動。本節所謂「表達的能力」包括任何外顯的語言、文字、圖像、符號、數字、模型、肢體動作、具體物品等等。

然而，除了「表達能力」之外，我們也不能忽略「想像能力」對創思表現的影響，畢竟一個人在表達某種構想之前，經常要在心中加以想像。研究創造思考的先驅奧斯朋在他的經典名著《應用想像力》一書中說過：「想像力是人類思想的動力。（奧斯朋，民 53，p.2）」他在書裡甚至處處把「想像力」和「創造力」幾乎看成同義詞在使用。我雖然不認為「想像力」等於「創造力」，但是我也同意想像力

在創思活動中的確扮演非常重要的角色。

想像是發生在一個人的心裡，而表達則是內心想像的外顯。但是「想像能力」和「表達能力」這兩種能力卻是息息相關，甚至密不可分。以下探討一個人的想像與表達能力如何影響他的創思動力與創思表現。

一、創思活動與想像能力的關係

人類能在心中想像虛構或虛擬的事物，這是沒有人能否認的事實。人類的所有文化傳統都大量充斥著神話與傳說，而整個科學傳統也都建立在許許多多的想像之上。如果缺乏想像力，整個科學活動都無法進行，更不用說各種藝術創作、設計活動等等。此外，人類從小就喜歡玩想像的遊戲，玩家家酒的遊戲幾乎是一個普世的現象，也是每一個人小時必有的經驗。游乾桂（民 83，p.6）指出，小孩子早在入學前就已具有豐富的想像力，但是在孩子逐漸長大後，他們的創造力和想像力反而隨著年齡的增長而逐漸減弱了。

人類的想像力基本上是一種既以感官為基礎，但是超越感官的能力。薩特在《想像心理學》一書中有一個重要論述，我們所想的或所想像的可以是一種不存在的或完全不在現場的對象，我們也可以把這種經驗想像成某種特殊的東西，或者將這種經驗看作是表示著某種超出自身之外的東西（薩特著，李一鳴譯，民 79，p.3）。也就是說，我們能夠在沒有直接的感官刺激之下，在心中浮現某種知覺經驗，此種心中的知覺經驗稱為「心像」（images）。在心理學上，「心像」被視作是一種想像，一種新的思考或感覺來源，也被認為是一種人們可以對環境中的真實事物在內心詳加審視的感官圖像，或被視為一種來自內心的刺激而呈現出一連串自我顯露的結果（張世彗編，民 81，p.17）。

有些人可能會誤以為所謂的「心像」是指視覺的想像。其實，人類的「心像」包括從各種感官獲得的知覺經驗，例如：視覺心像、聽

覺心像、嗅覺心像、味覺心像、觸覺心像、語言文字等等。但是，在
各種心像之中，視覺和語言文字可能是最為強勢的感官語言（James
Adams，簡素琤譯，民85，p.123）。大部分的人也是依賴語言文字或
視覺來思考。但是，如果一個人想要增加自己的想像能力，要儘量開
發各種感官的語言，並且能想像氣味、聲音、觸覺的感受，甚至肌肉
的感覺等等。

　　在各種創思活動中，我們都經常要在心中進行某種想像的活動。
例如，從事機械設計的工程師要能在心中想像一個機械零件的結構，
甚至能在心中想像該零件旋轉到不同角度時的形狀。有時機械工程師
要能想像一個機器中各種部位的關係，以及機器運轉的動態變化。這
種想像力稱為「三度空間想像力」，而且是一種偏重於「視覺」的想
像力。各種空間設計師（例如：室內設計師、景觀設計師、建築師）
也都需要高度依賴這種三度空間想像力，否則很難勝任他們的工作。
此外，戲劇的創作者也必須具有高度的想像力，能在心中想像一個戲
劇的演進與變化，而導演也同樣必須在看劇本時能一面想像整個劇本
的演出情形。然而，他們所需要的乃是一種很複雜的像想力，其中不
僅僅使用視覺心像而已，而可能包括所有的知覺心像。

　　不同的創思活動需要依賴不同的想像力，而且依賴的程度也不同，有的只要簡單的想像，有的則是複雜想像；有的只要很短的想像時間，有的卻要很長的想像時間；有的是靜態的想像，有的是動態的想像。由此可知，創思活動的確和想像力有密切的關係，一個人的想像能力當然會影響其創思表現。

二、創思活動與表達能力的關係

　　除了想像能力之外，創思活動和表達能力也有密切的關係。一個人的創思過程和他的表達過程往往密切結合在一起。往往我們會一面在心中想像，一面透過某種工具把想法表達出來。易言之，我們往往不是先在心中想好了才表達出來，而是一面想像一面表達。由此可見，一個人的表達能力也會深深影響他的創思活動之進行。表達能力幾乎成為創思活動的直接依靠，沒有某種表達的能力就很難進行創思活動。我們甚至可以說：表達能力是創思活動的工具。這一點往往被許多人所忽略，因此值得再三加以強調。

　　當然，有些簡單的創思活動可以直接在心裡想像，等到想好了，構想也完成了。接下來的表達只是把心中的想像外顯出來而已。然而，在現代社會裡的各種創思活動多半都非常複雜，任務的持續時間也很久，無法完全在心中想像，而必須依賴外在的表達能力，因此想像和表達變得愈來愈緊密地結合在一起。結果，現代人也變得愈來愈依賴表達能力來進行創思活動。

　　此外，現代人的表達能力也深深地依賴各種表達的工具，尤其是電腦。傳統上人們進行各種創思活動主要依賴的工具就是紙和筆。但是近代電腦出現之後，整個情況已經大為改觀。電腦已經逐漸成為各行各業人士進行創思的主要工具。電腦這個工具主要的特點就是，它可以容許我們輕易地修改。因此，我們可以直接在電腦螢幕上進行各種嘗試與修改，於是我們的創思活動好像跑到了螢幕上一般。

　　此種情形就是「情境化思考」（situated thinking，饒見維，民83）。

所謂「情境化思考」是指人類的思考活動藉助於外在情境中的事物來進行，或是密切依賴外在情境的一種思考方式。人類的內在思考活動依賴外在情境，外在情境可以協助內在思考活動的進行。最典型的一個例子是，當兩軍對陣時，軍事將領們經常要進行「沙盤推演」。當軍事將領們在進行沙盤推演時，他們在沙盤上以各種象徵物或小模型來代表交戰雙方的人力布署或武器、陣地的攻守佈局等，然後推演各種攻守的狀況，並做出最佳的攻守決策與行動。此種思考方式就是一種非常典型的情境化思考。因為在思考過程中，所有參與的人都直接依賴沙盤上的象徵物來思考，如果沒有使用沙盤以及沙盤上的象徵物，不僅將領們無法進行溝通討論，個人的思考活動也很難進行，因為要把兩軍對陣的所有狀況都放在心裡來推演的確非常困難。

　　一個人在寫作時，不管是運用紙筆塗塗改改，或是運用電腦「文書處理器」（word processor）在電腦螢幕上排列、組織、修改，都是在進行文字符號的組織排列。在本質上就是一種「沙盤推演」。當然由於語文符號是人類最慣用的符號，所以許多人在思考問題時，可以不用依賴外在的紙筆或電腦，直接在心中進行構思，然後採取必要的行動。但是一旦思考的內容與任務變得複雜了，就無法完全放在心中進行，而必須依賴外在的工具來協助思考的進行。而電腦就是人類所發明的一項偉大的思考工具，大大地延伸了紙筆的功能，也補足人類

認知與思考能力上的許多缺陷。

當一個人在使用電腦來處理各種資訊，或是進行各種設計活動時，都是典型的情境化思考。例如，當機械設計師或建築設計師運用各種電腦輔助設計軟體（computer-assisted-design，一般簡稱 CAD）來幫助他們的設計工作時，他們能直接在螢幕上排列組織各種圖像、圖形，也能輕易地修改，因此可以進行非常複雜的設計工作。當代所有重大的工程設計（如飛機或太空梭的設計）如果沒有依賴電腦，簡直不能想像要如何進行。因此電腦的使用可以強化人類的心智能力，擴充人類的認知與思考的範疇，使人類可以完成許多以前不容易或不可能完成的事，使思考更有效率，記憶力更加擴大。由此可知，電腦是一個非常偉大的工具，對於人類認知與思考能力的貢獻，幾乎可以和語言文字的發明等量齊觀。

表達的工具其實也不限定使用紙筆或電腦，程曦（民 69，p.69）提及：「在創造的過程中，用身體、手、腳來協助思考，用紙張做模型、在地上畫東西、用圖解幫助想像使用東西的情況等，比起無條理的使用頭腦來思考，效果要多上好幾倍。」許多建築師會透過製作立體模型來檢視自己的建築設計之盲點，以便提升設計的品質。有的甚至使用「虛擬實境」（virtual reality）的電腦科技來做立體模型，讓客戶進入虛擬實境之中，產生身歷其境的感受，以便在設計階段就讓客戶檢視可能有的缺陷，以免建築完成了客戶才發現到一些自己不喜歡的設計。

表達能力不僅使得創思活動得以順利進行，它更會產生催化與提升創意品質的功能。程曦（民 69，p.66）認為：「人在思考時，如果能一面想，一面動手把構想記下來，會有加倍的效果：手的動作會促進頭腦的作用、可以使不同的構想產生結合、可以發現構想之間的關係、可以刺激出不同的想法」。也就是說，為了把自己的創意表達出來，我們會強迫自己整理自己的想法，我們的頭腦會漸漸靈活、清晰，有時甚至會有出乎意料的好構想產生。

　　由於創思與表達能力的關係如此密切，如果一個人的表達能力不夠好，創造的動機也往往會大受影響，因而降低了創思的表現。許多人常常以為自己的創思能力不夠，但是其實只是因為表達能力不夠好，缺乏創造的動機，然後進一步造成創思的表現不高。這種人就是因為不瞭解表達能力與創思的關係，以至於對自己產生錯誤的認知與期望，因而沒有充分發揮自己的潛力，實屬可惜。這種人只要在表達能力上做一些訓練，往往就可以迅速提升創思的表現。總之，我們可以這樣說：創思表現很好的人，他的表達能力通常不會太差，但是反過來就不一定成立。我們不能說表達能力很好的人，他的創思表現就一定很好。因為創思表現的高低還涉及到許多其他的條件與因素。

　　也許有人可能會說：有些人的創造力很高，他們只是不會把創意表達出來而已。問題是：如果表達不出來，我們怎麼知道他們的創造力很高？當一個人的創造力被別人肯定時，他們的創意必然是已經用某種方式展現或表達出來了。總之，創思與表達能力的確有非常密切的關係。

三、如何增進想像能力？

　　一個人的想像能力是否是一種與生俱來的天賦？或者它可以透過後天的訓練來加以提升？不可諱言的，就想像能力而言，天賦的確很重要。然而，我認為想像力不高的人並非沒有想像力，只是他的想像力天賦還沒有開發出來而已。易言之，想像能力也是可以透過長時間訓練來加以提升的。

　　想像能力的訓練主要可以分為兩大類：「指導式心像訓練」與「非指導式心像訓練」（張世彗編譯，民 81，p.24）。所謂「指導式心像訓練」的訓練方式是指，教師或訓練者叫學生閉起眼睛來，教師慢慢說出一些指導語或暗示語，學生根據指導用語開始在心中想像。因此在整個想像的過程中，學生隨著教師的指導語而逐步展開自己的想像。教師有時可以配合使用一些適當的背景音樂，以加強學生的想

像。張世彗（民 81，p.24）在《創造性問題解決——心像訓練之應用》一書中羅列了二十九個此類的指導式心像訓練活動，以供讀者參考使用。

　　然而，此種指導式心像訓練畢竟需要依賴教師或訓練者，無法自行訓練，因此我們不能只依靠指導式心像訓練。張世彗甚至認為，教師如果只教學生指導式心像訓練是一個很大的錯誤，因為非指導式的心像訓練才是開發創造潛能的主力（民 81，p.24）。「非指導式心像訓練」主要是由學生自行在心中練習想像，不依靠他人的指導語或暗示語。這種方法又稱為「創造性觀想法」（creative visualization, Gawain, 2002；沙提・高文，楊月蓀譯，民 77），而觀想法其實也是一種「靜心」的方法，所以有些人把它稱為「創造性靜心法」（creative meditation, Peterson, 1990; Schwarz, 1992）。此外，Jordan Ayan 所謂的「視覺幻想」（趙永芬譯，民 88，p.261）也有類似的訓練功能。不管是「創造性觀想法」或「創造性靜心法」都是以「視覺」的想像為主，其他知覺經驗的想像為輔。

　　Schwarz（1992, p.38）建議一種想像的練習，叫做「記憶的投射螢幕」（projec-tion screen of memory）。這個方法很像我在《情緒涵養》一書中提及的「睡前倒帶靜心」（饒見維，民 93，p.141）。練習方法如下：首先，用最舒服

的姿勢躺在床上，眼睛閉起來，開始回憶你過去一天中所發生的任何事，從早上起床開始，一直到睡前。回憶時，要同時非常清楚地覺知到事情發生時的人、地、事、物，以及自己當時的任何意念、想法、心情、情緒狀態等等。只要全然地覺知與觀察就好，不要排斥、忽略任何覺知到的現象，也不用緊緊抓住任何現象。做這個練習時，各種感官的知覺都儘量用上，也就是說不僅包括視覺的記憶，也要儘量包括聽覺、嗅覺、味覺、觸覺的印象。

　　這個練習的要領是，要讓自己像一個旁觀者在看電影一般，把你所回憶到的任何心像投射在心中的一個螢幕上。透過不斷的練習，心中浮現的知覺印象會愈來愈清晰，細節也愈來愈豐富，因此想像力也就逐漸提升。這個練習主要是依據自己過去的經驗來想像。另外一種練習法則是完全由自己的想像來創造某種場景。在想像時，當然可以自由組合自己過去的任何經驗、任何場景，也應儘量包含各種感官知覺經驗，然後把它投射在心中的一個螢幕。剛開始做這種練習時，投射出來的心像可能不是很清晰，但是透過不斷練習，就可以投射出愈來愈清晰的心像。此外，剛開始練習時，你可以先練習靜態事物的心像。熟悉以後慢慢地可以開始練習動態的心像。這時，就像自己在心中自導、自演、自看一段影片一般。此種練習類似 James Adams（簡素琤譯，民 85，p.135）所建議的練習。例如，他建議你可以在心中想像下列的人或物：

　　1. 一鍋沸騰冒出來的開水。

　　2. 一架波音七四七被拖離終點，滑行到跑道，等其他幾架飛機，然後起飛。

　　3. 一隻奔跑的母牛慢慢地轉變成一隻奔跑的賽馬。

　　4. 一個你認識的老人完全變回十幾歲青少年的模樣。

　　5. 一輛疾馳的跑車和一個巨型的羽毛枕頭相撞。

　　當我們在心中想像諸如此類的意象時，我們甚至可以練習修正意象、操弄意象，或者把不同類型的意象加以組合與拼貼。這樣一來，

我們的想像能力就愈來愈靈活與清晰了。

四、如何增進表達能力？

如前所述，表達能力既然如此深刻地影響一個人的創思表現，我們當然要注重表達能力的訓練。如同想像能力一般，表達能力和天賦多少也有一點關係。然而表達能力涉及到更多後天的訓練。也就是說，每一個人都有表達的天賦，但是表達能力非常依賴後天的訓練來發展。

有一種非常簡單的表達能力訓練叫做「火柴棒小人」。這是一種用來表達人體肢體動作的「圖形語言」。此種圖形語言乃是用一個火柴棒代表一個人的頭及身軀，然後再用四根線段代表四肢，而四肢的部分可以彎曲成各種角度，用來表達各種肢體動作，如下各圖所示：

　　此外只是舉幾個例子作為示範，讀者可以自行嘗試練習表達人體的其他各種動作。當一個人學會了此種圖形語言之後，可以將之應用在許多創思活動之中，例如：從事童書創作或任何書籍的寫作時，可以用來畫簡單的插圖；編寫劇本時，可以用來畫一幕幕的場景簡圖；製作電影或動畫的過程，可以用來作為相關人員之間討論與溝通的快速表達工具。由此例可知，當我們在從事創思活動時，如果能夠運用適當的表達工具，對我們的創思表現會有很大的助益。

　　正如同「火柴棒小人」是一種圖形語言，其實在很多領域裡，專業人員都必須學習該領域的圖形語言，例如：機械設計者需要學習機械製圖語言，建築師需要學習建築製圖語言，化學工程師需要學習管路圖，電子工程師需要學習電子製圖語言，服裝設計師需要學習服裝設計圖等等。此外，表達能力和表達工具也是息息相關，不同的創思活動要使用不同的表達工具或表達媒材。例如，想要做藝術創作的人必須學習掌握運用鉛筆、油畫或水彩，而想要做機械設計或建築設計的人就要學習使用某種電腦輔助設計的軟體。想要做平面設計的人可能要學習使用某種影像處理軟體，而作家則要學習使用文書處理軟體。我們必須根據自己的任務需要，一一學習掌握不同的工具或媒材，沒有捷徑，也無法速成，本書也無法一一說明。但是，讀者如果想提升表達能力，以下建議三個大原則，以資參考：

1. 如果我們想提升自己的表達能力，最好的方式是直接透過某種創思活動的練習，並同時磨練表達方式。易言之，創思的磨練與表達能力的磨練往往可以同時進行。否則，如果單獨為了培養表達能力而反覆練習一些零零碎碎的表達技巧，學生往往不知道如何在一些完整的創思活動中統整運用這些表達能力。結果，所謂「基本表達能力的磨練」本身不僅顯得太過單調乏味，也往往成為沈重的學習負擔。更嚴重的是，由於過分強調表達能力的訓練，創造力的啟發反而容易受到忽視，這正是我們教育界目前非常普遍的現象。當然，也有一些基本的表達能力可以單獨訓練、提早訓

練，以便為比較複雜的表達與創思活動做準備，例如：基本的素描、基本機械製圖法、基本的透視圖畫法等等。

2. 表達能力和觀察能力有密切的關係。也就是說，如果我們想提升表達能力，我們必須加強觀察能力，而觀察能力的提升往往會隨著我們表達能力的提升而提升。這兩者幾乎可以說是「同步發展、同步提升」。達文西曾經強調，素描是繪畫和學習觀看的基礎。對他來說，素描絕不只是畫插畫而已，而是瞭解創造與創意的關鍵。因而學習素描乃是磨練觀看和創造能力的一帖良方（Michael Gelb，劉醞芳譯，民 88，p.254）。從這個觀點來看，練習素描不僅是為了提升表達能力而已，更可以幫助我們觀察事物，並深入瞭解事物的特徵，甚至發現一些自己從來沒有注意到的細節。一個人的任何觀察與表達經驗在他日後的某種創思活動中都可能適時發揮出來。

3. 表達能力的訓練往往需要長時間的磨練，不是短時間就能收到效果。在各級學校教育裡，我們一向相當重視口語表達方面的訓練，而在視覺的表達、圖形表達、實體模型的表達上就比較欠缺。近代電腦科技誕生之後，電腦的使用已經逐漸進入各級學校教育的課程與教學中，而且其重要性更有日漸升高的趨勢。畢竟，電腦已經逐漸成為各行各業人士進行創思的必備工具。一個人如果想要提升自己的創思表現，可能要積極磨練運用電腦來表達創意的能力。

第三節　動力因素

許多研究創思的學者都會討論到，一個人的創造動機與創造的勇氣會深深地影響其創思的發揮（郭有遹，民 62，p.101；李德高，民 79，p.58；陳龍安，民 82；程曦，民 69）。一個人的創思表現深受動機的影響。有創造力的人，如果缺乏創造的動機，他的創造力就不可

能表現出來，只是成為潛伏在他身上的能力而已。創思的動機乃是許多錯綜複雜的因素交互作用之結果，如：鼓勵、毅力、情緒、氣氛、成就感等，都會影響一個人的創造力（奧斯朋，民 53，pp.28-43）。彭震球（民 80，p.73）指出，任何創造活動，都需要強烈的動機、堅忍的毅力，興奮激昂的情緒，方可做創造者勇往直前，促使理想目標實現。本書將所有這些因素統稱為影響創思的「動力因素」。「動力」這兩個字試圖包含「動機」、「行動力」、「毅力」或「意志力」等意義。這些因素不屬於認知的因素，但是卻深深地影響一個人的創思表現。本節試圖把所有這些因素加以釐清，以便形成一個簡潔的詮釋架構。

經過歸納整理，我把各種「動力因素」劃分為五類：情緒、個性態度、組織因素、生理因素、物理環境因素。這個架構乃是根據自己多年來從事創思活動的經驗，及從事創思訓練的經驗，並參考文獻後加以淬鍊整理而得。值得注意的是，「情緒、個性態度、組織因素、生理因素、物理環境因素」並非獨立的因素，它們之間也會交互的影響，我在以下各節中會同時探討他們的關係。

一、情　緒

人類的情緒狀態會深深地影響一個人的創思動機，也因而影響其創思的表現。有些情緒對一個人的創思表現多半會產生負面的影響，有些情緒則有正面的影響，但是也有許多情緒有激發或阻礙創思的雙重作用。從許多經驗及研究歸納起來，一個人在情緒狀態適中的情形下，其創思表現往往最好。情緒狀態「過」與「不及」都不好。也就是說，許多情緒對一個人的創思表現可能產生負面的影響，也可能產生正面的影響。

此外，對有些創思活動來說，情緒狀態本身就是創思表現的重要來源與動力，尤其是在藝術創作或表演的領域（Jane Piirto，陳昭儀等譯，民 84，p.381）。Gedo（1991, p.190）根據許多有名的藝術家之生

平事蹟也歸納出一個發現，藝術家的創造性作品往往可以發揮重要的情緒調適功能，使他們安然渡過重大的創傷經驗。在這種情形，一個人的情緒狀態對創思表現可能發揮正面的影響，但是先決條件是他必須有適度的情緒涵養，而不是被情緒淹沒（饒見維，民93）。以下我將探討各種情緒對創思表現的影響。由於人的情緒狀態變化非常多、非常快，而且情緒的強度也不一樣，以下只是舉出一些比較常見與重要的情緒。此外，這些描述也是就一般情形而論，不是僵硬的通則，也無法照顧到許多特殊狀況。

(一)快樂喜悅

一般而言，正面的情緒對創思會有正面的影響，諸如：快樂、振奮、歡心、喜悅、幸福、高興、成就感、滿足感、溫馨、愉快、高昂、興奮、亢奮、安詳、輕鬆等等。這些都是正面的情緒，它們之間的差異只是情緒的強度而已。當一個人處在這一類正面的情緒中時，通常會有比較高昂的興致來從事創思活動。這一類正面的情緒也可以活化我們的大腦活動，使得想像力、聯想力大為提升，因而提升了創思的表現。

Jordan Ayan（趙永芬譯，民88，p.130）提及，玩樂使人產生歡愉的感覺，有助於避開創造力的兩大殺手：壓力與不自在。如果我們的身體或情緒因為工作過勞或心理壓力而覺得緊張，就很難想出新的靈感，也無法找出解決難題之道。因此，Jordan Ayan建議人們在從事創思活動時，不要太過嚴肅，而要懂得適時玩樂一下，或者把工作變成遊戲，以幫助自己放鬆心情，減少壓力，滋養創意。Roger von Oech（李幸紋譯，民81，p.154）主張，遊戲之心是創造力的基本元素，許多的發明創造都是在玩樂時想出來的。因為，在玩樂時，我們心情比較輕鬆、快樂，比較不在意規則、實用性或者錯誤。所以，Roger von Oech認為，再沒有比快樂更強而有力的動機了。快樂的作業環境與工作環境比普通的環境更能增加生產力，能夠在工作中得到快樂的人，

必能想到更多的創意（李幸紋譯，民 81，p.156）。

　　Jack Foster（鄭以萍譯，民 86，p.32）觀察廣告公司的創意部門，他發現一般的創意部門通常由不同的工作小組各自努力，那些充滿歡樂氣氛的小組，那些常常嘻笑或互相戲謔的小組總是表現突出。反之，那些愁眉不展的小組很少會有什麼好作品。這也再度顯示，正面的情緒對一個人的創思表現會有正面的影響。

　　然而，正面的情緒有時對創思表現也會有負面的影響。有時一個人會被正面情緒淹沒住，例如在極度的興奮或亢奮的狀態下，他可能無法進行正常的創思活動。即使可以進行，得到的創意可能也是問題百出的創意，或者考慮不周的創意。如本書前面各章所述，創思活動的前面階段我們不用考慮創意的品質。一個人如果處在極度興奮或亢奮的狀態，他可以在創思活動的前面階段得到許多天馬行空的創意，但是到了創思活動的後面階段，他可能就無法用批判性思考來進行縝密的選擇創意，或提升創意的品質。整體而言，正面的情緒雖然對於創思表現有正面的影響，但是也必須在個人適度的掌握之下，不能被正面的情緒淹沒。

(二)傷心失落

　　傷心失落的情緒對創思表現往往會有很嚴重的負面影響。這一類的情緒包括：傷心、失落、悲傷、沮喪、挫折、不如意、失意、痛苦、悲慘等等。有些人在經歷了重大的損失或損傷之後會有傷心失落的情緒，例如：失戀、失業、考試失敗、比賽失利、表演失常、身體因傷或因病而成為殘疾等等。當一個人處在這一類低落的情緒之中時，他往往提不起勁來進行任何積極的思考活動，更不用講要進行創思活動了。也就是說，傷心失落的情緒往往讓一個人降低創思的動力，其創思也就很難發揮出來，他的創思表現當然會大受影響。

　　有些人的情緒低落並不是因為具體的、明顯的事件，而是源自深沈、隱晦不明的原因。例如，得到憂鬱症的人往往對人生感到無力、

無趣、無奈,又覺得生命乏味,對什麼事都感到沒有興趣,有時甚至覺得有深深的孤獨感,情緒無處發洩,覺得時時刻刻都很鬱悶。這種人往往缺乏創思的動力,其創思表現也會大受影響。

值得注意的是,有些人在經歷過這一類失落的事件後,雖然難免有一些傷心失落的情緒,但是卻反而能透過某種創思活動來抒發自己的情緒,甚至使自己的創作更有內涵、更生動、更豐富。例如,有些詩人常在失意傷心時,透過畫畫、詩詞等來宣洩心情,而留下很多優秀的作品;有人可能因為失戀,因而感觸良多,而且傷得愈深感受愈深。他可能藉著寫作或藝術創作來表達與抒發自己的深刻感觸或感傷,作品的品質反而更高。當然,這種人就是因為懂得運用情緒涵養的「表達法」(饒見維,民93),才不致成為情緒的奴隸,並使自己的傷心失落情緒轉化為創造的原動力。在這種情形下,他的傷心失落情緒往往會透過某種表達的過程而得到蛻變,因此不會停留很久。也就是說,他的創思形成情緒療癒的功能,而他的情緒則促進了創思的內涵。兩者相互轉化、相互增益。這時的傷心失落情緒就不再是負面的影響。

(三)分心煩惱

分心煩惱的情緒也常會降低一個人的創思表現。讓一個人覺得分心煩惱的可能原因很多,可能是因為覺得受委屈、受別人輕視、侮辱;可能是因為想家、想女朋友、想男朋友;可能是因為作業太多,報告趕不出來,愈想心裡就愈煩;可能因為想著下星期即將從事的一個旅遊活動,心中充滿了期望;可能因為心不甘情不願地在做某一件事,愈想心裡就愈不甘心;可能因為先前做了一件錯事,心裡感到很懊惱;可能因為心中一直在想一件令自己感到很困惑、迷惑的事。當一個人因為這些種種原因而心事重重、心有旁騖、心情紊亂時,往往會造成思緒紛亂、煩躁不安的現象。因此,分心煩惱的情緒常常會打亂或中斷一個人的思考,因而很難進行正常的思考活動,其創思表現

當然大受影響。

㈣緊張焦慮

　　「緊張、焦慮、焦急、壓力」這一類情緒通常發生在面臨競爭、比賽、表演，或者面臨太多的工作壓力、太多的課業壓力時。多半時候這一類情緒對創思表現是相當不利的，因為在心情緊張、焦慮時，一個人常常無法鬆弛自己，腦筋往往無法靈活地運轉。尤其是在極度艱困、煎熬、壓力的情境中，更會傷害到創造力的正常表現。

　　然而，緊張焦慮並不見得必然會降低一個人的創思表現，只有當「過度」的緊張焦慮才會有負面的影響。當我們在進行創思活動時，如果有適度的緊張，我們反而能激發出最大的能力與能量。換句話說，當一個人有點緊張，但是不會太緊張；有點壓力，但是壓力不會太大，他可能會有最佳的創思表現，如下表所示：

緊張焦慮		
不及	**適度**	**太過**
容易怠惰、效率降低。	激發最大的能力與能量。	無法鬆弛自己，無法靈活運轉。

　　以下還有一些情緒狀態也有類似的情形。因此，一個人如果要充分發揮其創思能力，要長時間提升自己的情緒涵養，培養情緒的穩定與成熟度。我在《情緒涵養》（饒見維，民 93）一書中曾經深入探討如何成為情緒的主人，而不是成為情緒的奴隸。此處就不再贅述。

㈤害怕驚訝

　　我把「害怕、膽怯、恐懼、恐慌、震驚、驚訝、驚嚇」這些情緒歸為一類。這一類情緒和緊張焦慮一樣，多半時候對創思表現會有負面的影響。例如，當一個人遇到極度震驚的事情時，由於受到驚嚇，

產生過度的害怕與恐慌,這時通常很難正常進行創思活動。然而,如果一個人只是適度的害怕,沒有被它淹沒住,這時他可能激發出高度的創意,想出方法來逃避危險的情境。所以,害怕的情緒並不可怕,可怕的是被害怕的情緒控制住,以致沒有辦法進行冷靜的思考。

㈥憤怒怨恨

我把「憤怒、怨恨、討厭、厭惡、恨意、懷恨」這一類情緒歸為一類。一般而言。當我們被憤怒或怨恨的情緒占據時,心思通常比較混亂,也很難進行正常的創思活動,尤其是當一個人過度憤怒時,對創思表現經常會有負面的影響。

然而,如果一個人雖然有憤怒怨恨的情緒,但是他卻沒有被憤怒或怨恨的情緒所淹沒,而是在適度的掌握下,他也許為了展開報復的行動,反而能激起高度的創意,表現出平常所沒有的創意。有些人會把憤怒轉化成積極上進的力量,用某方面的創意成就來勝過傷害自己的人,以證明自己的能力,形成所謂「化悲憤為力量」的現象。但是,這種情形並不是憤怒或怨恨的情緒直接促成了創意的表現,而是因為憤怒促成了動機,然後才促成了創意。

值得注意的是,有些人在憤怒怨恨的情緒下,雖然可能想出一些有創意的行動來報復,有時卻是損人又不利己的創意,也就是考慮有欠周詳、缺乏理性的創意。所以,憤怒或怨恨的情緒對一個人的創思表現可能產生正面或負面的影響。

二、個性態度

所謂「個性」就是一個人對自己、對別人或對事物的態度與傾向。因此,個性與態度密切相關,也很難分開來討論,所以我把兩者合稱「個性態度」。很多學者很早就發現到一個人的個性態度會深深地影響他的創思表現。董奇(民84,p.7)認為,個性通常是指個人具有的較為穩定的、有適度傾向的心理特徵之總和,包括氣質、性格、

動機、興趣、意志、理想、信念等等，而個性常被視為人類心理及行為的動力來源和監控系統。在創思活動中，個性雖然對一個人的創思表現不會產生直接的影響，但是卻提供創思時的心理狀態和背景情境，並足以引發、促進、調節或監控創造力的發揮。因此，個性與創思表現之間有著密切的關聯。

　　由於一個人的個性態度通常很難改變，使得許多人誤以為一個人的創造能力是很難改變的。就許多人的情況來看，事情的確好像如此，因為許多人沒有下定決心改變自己的個性態度。如果我們深入瞭解自己的個性態度如何影響自己的創思表現，就可以慢慢改變自己的態度，因而逐漸改變自己的個性，形成有利於創思表現的條件。以下從「對自己、對別人、對事物」的態度，三個方面來探討個性態度如何影響一個人的創思動力與創思表現。

(一)對自己的態度

1. 自信心

有自信的人通常比較有創造的動機與動力，因此創思表現也比較好。反之，如果一個人缺乏自信心，常常會否定自己的創造力，創思表現也會大受影響。然而，過度自信對創思表現也不見

得很好。過度自信的人在從事創思活動時，有時會變得草率行事，少了一些精益求精的精神與謙卑的態度。結果他的創思表現可能反而不會到達最佳的地步。

自信心的來源非常多，主要還是來自過去的經驗。當一個人完成令自己滿意之事，或完成了任何令人滿意的創思活動時，就會累積成功的經驗以及自信心。反之，許多人通常缺乏自知之明，不瞭解自己的潛力，因而缺乏自信心。沒有自信的人常常會缺乏嘗試的勇氣，而愈缺乏嘗試，就愈缺少成功的經驗。這樣一來就形成了惡性循環。換句話說，我們的自信心往往只是自我受限，並不是我們真的沒有能力。Bobert Sternberg 和 Wendy Williams（郭俊賢等譯，民 92，p.13）認為，我們的能力的限制主要是來自於：我們認為自己某些事做不到，並不是真的做不到。

一個人的自信心還涉及到他對「創造力」的信念問題。有些人認為創造力只是屬於某些特定的天才人物，自己根本沒有創造的天賦。因此在信念上就根本否定自己是有創造的可能。這種態度對一個人的創思表現有很大的殺傷力。Julia Cameron（黃慧鸞譯，民 85，p.82）指出，妨礙我們擴大生活領域的最大阻力，是深植於我們內心的懷疑思想，也就是懷疑自己真的具有創造力。因為，許多時候，當我們正想發奮圖強時，疑慮卻來把我們的心占滿。

從這個角度來看，我們如果想要提高自信心，我們首先要相信每一個人都具有創造力的天賦，自己當然也沒有例外。然後，逐漸累積自己在創思方面的成功經驗，由簡單的創思任務開始嘗試，逐漸發現自己原來也是有創造力的，因而逐漸提升自己的自信心。

2. 自我要求

自我要求高、自我期許高的人通常比較有動機從事創思活動，創思表現也往往比較好。反之，有些人對自我的要求太隨便，或者缺乏生活目標或人生志向，其創思表現通常不會很好。尤其是，有些人自

我設限在一個狹小的領域，認為自己不是創造的料，不可能有什麼創造的天分，或者對自己目前的一切也感到很滿意，不會想要什麼突破或進展。這種人在創思方面的表現當然不太可能很好。

　　然而，自我要求也是要適度，有些人對自己的要求太高，生活態度太嚴肅、不能放輕鬆、無法鬆弛自己，其創思表現也不見得很好。過度的自我期許與自我要求往往會造成過度緊張、焦慮，因而影響一個人的創思表現。Julia Cameron（黃慧鶯譯，民 85，p.152）指出，有些人有一種「求好癖」或「完美主義」的傾向，而這種態度對一個創作者不見得是好的。他認為，我們不應該永無止盡地做，也不要極端挑剔自己的作品，我們應該知道適可而止。一本書永遠沒有寫完的一天，一部影片也永無完美殺青的時刻。「適可而止」乃是創作的正常現象，如果過度追求完美反而會讓自己的創思表現踟躕不前。

(二)對別人的態度

1. 愛心與善心

　　當一個具有愛心與善心的人在面對創思的任務與需求時，如果他認為他的工作對別人會有很大的幫助，他的愛心與善心往往可以轉化為強烈的創造動機，因此最後他的創思表現可能比較高。尤其是當一個人對他人心存愛心、愛意，或者心中充滿了感恩與謝意時，往往會有高昂的興致去從事任何創思活動，他的創思表現也因而特別好。也就是說，人類的愛心、同情心、仁慈心對創思而言，往往是很有利的動力因素。誠如菊池織部（張敏譯，民 84，p.55）所說：「愛是創造作業中最重要的燃料。偉大的作品必定充滿愛心。」他也提及，愛能使一個人擺脫絕望，當一個人創作不出作品時，愛心就會發揮幫助的力量、安定的力量。

　　值得注意的是，人類的創思動力極端複雜，人與人之間有極大的差異。因此，當我們在做任何概括性的陳述時，都可能遇到一些例

外。例如，有些人雖然有很高的愛心，但是也不見得會轉化為創思的動力，他可能把他的愛心轉化為犧牲自己、服務別人的行動，而那些行動也可能是非常沒有創意的行動。

　　此外，雖然我說有愛心與善念的人可能會把他的愛心轉化為創造的動力，我們也不能因而說沒有愛心的人就不會有創思表現。有些人雖然個性冷漠與疏離，甚至狂妄自私，但是仍然有很高的創思表現。最有名的例子就是畢卡索，他似乎喜歡從他人的苦惱不安中獲得性虐待狂的樂趣，即使那並非是為了啟發創造力的靈感（Howard Gardner，林佩芝譯，民 86，p.582）。像畢卡索這種例子，我們只能說他的創思動力和他對人的態度比較無關，而是和他對事物的態度比較有關，如第 238 頁開始所要陳述的興趣、慾望、精進心、冒險心等。

　　同樣的，有些人個性陰險、殘暴，對別人有強烈的憤恨心、忌恨心，他們也可能把這種個性轉化成強烈的創思動機，想出巧妙的方法來騙人、傷害別人、利用別人、殺人。表面看來，這種人的創思表現很高，但是事實上如果仔細分析起來，他們的創意價值是不夠高的。我在第三章討論「批判思考」時提過，創意的品質與價值要依靠一些判準來衡量。有些判準（如：合情、合理、合法、周延）可以廣泛地適用在許多地方。因此，如果我們從社會的角度來看，他們的創意價

值其實不高，因為他們的創意往往違反了社會普遍價值、倫理價值，因此他們的創意是不周延的。從這個觀點來看，這種陰險殘暴的人，其創思表現不能稱為高明。

2.合群性

當我們在一個團體中從事某種創思任務時，合群的個性往往可以轉化成比較高的創造動力，其創思表現也比較好。畢竟，當代人的許多創思活動都是透過團隊合作來完成，而不是依靠單打獨鬥。合群性高的人通常心胸開放，面對別人很有安全感，不怕被別人批評，因此在人群中能和他人和諧共事，對其創思表現通常有正面的影響。反之，如果一個人不知如何和他人合作相處，常常堅持己見、固執自大、不易妥協、懼上疑下，他在團體中可能會覺得和別人格格不入，久而久之就降低了創思的動力，其創思表現通常也不會很好。

此外，合群性高的人通常顯得外向、活潑、開朗、愛表現，不會害怕和別人比較，他們也因而比較敢於嘗試創思活動。反之，如果一個人具有比較害羞、內向的個性，通常會害怕和他人比較、害怕被別人恥笑，或者力求討好每一個人，因此往往會瞻前顧後，不敢嘗試創思，其創思表現也不會太高。由此可知，合群性和一個人的創思表現有密切的關聯。

合群的人不會嫉妒別人的表現，因而比較能欣賞別人的優點、吸收別人的長處。Julia Cameron（黃慧鶯譯，民85，p.156）指出，嫉妒使一個人眼光窄小，找不到清楚的遠景，也看不見其他的道路。容易嫉妒的人常常看不得別人的好表現，因此也很難和別人合作共事，甚至有時會在有意無意之間損傷別人、阻礙別人，而到頭來引起別人回過來傷害自己。終究造成彼此互相傷害，也傷害了彼此的創思表現。

當然，如果一個人所從事的創思活動能夠獨立進行，不需要和他人合作（例如：藝術創作、文學創作等），「合群性」可能就不是那麼重要。事實上，這一類型的創思活動有時反而需要具有特立獨行、

堅持己見、不隨波逐流的個性（如下一節所述）。有些藝術家的個性孤僻而隱晦，且喜歡過著與人群隔絕的生活，他們反而能產生許多創作。所以，「合群性」究竟對一個人的創思表現會產生正面的影響或負面的影響，決定於創思活動的性質。

3.獨立性

當我們在面對某種創思任務時，獨立性高的人在創思的行動力上往往比較強，能夠即知即行，不會等待別人，也不會依賴別人，因此其創思表現往往也比較好。反之，有些人非常依賴別人，或者過分信賴權威、順從權威，我們很難期望他們會有很高的創思動力。畢竟，創思基本上是一種非常獨立與特殊的企圖。如果一個人事事企求一致，不敢與別人不一樣，他的創思將很難施展開來。

有獨立性的人不會事事順應別人，不會因為團體或環境的壓力而跟隨、模仿。他能夠敢於特立獨行，或者堅持自己的獨特風格。Jane Piirto（陳昭儀等譯，民 84，p.232）從許多有創意的作家中歸納出此種「獨立性」的特質：他們通常非常獨立、喜歡獨處、不隨俗，而且沒有參與團體活動的興趣。他們能夠忍受被拒，且喜歡長時期地單獨工作。

值得注意的是，「獨立性」和「合群性」並非必然衝突。此處所謂「獨立」並非指「孤僻」，孤僻和合群剛好相反。有些人可以同時擁有獨立自主的個性，又能和他人合作共事。這種人不管面對的是團隊的創作任務或個人的創作任務都能有很高的創造動力。當然，如前節所述，有些人很有獨立性，但是無法合群，這種人就只能從事一些可以獨立進行的創思活動。

(三)對事物的態度

1.興趣與慾望

興趣與慾望可能是影響一個人創思動機的最大因素。當一個人對

某方面的事物有高度的興趣時，他當然比較有動機從事這方面的創思活動，反之則動機缺缺。當我們對某種事有興趣的話，我們可能會長期投入其中，我們就可以成為這方面的專家（程曦，民 69，p.60）。Howard Gardner 指出，對某方面的強烈興趣與慾望會驅使一個人專注於創思的工作之中，這是許多傑出創作者共有的特徵（林佩芝譯，民 86，p.582）。Bobert Sternberg 和 Wendy Williams（郭俊賢等譯，民 92，p.72）也說：「能在追求的事物中有真正傑出表現的人們，不論是否和職業相關，幾乎都是真心熱愛他們所做的。當然，最有創意的人對他們的工作具有高度的內在動機，而沒有創意的人則通常是以名利來選擇工作，或對其職業感到無聊，甚至是厭惡，這樣的人沒法在工作上有所創新。」

　　熱愛工作的人通常不把工作當成工作，而是把工作當成遊戲或娛樂，也只有這樣才能產生真正的興趣與工作的動力。Julia Cameron（黃慧鶯譯，民 85，p.188）指出，藝術家往往是在遊戲中對工作產生熱情。他用一個很好的比喻，我們心中好像有一個「藝術家小孩」，這個小孩不是腦筋死板的兵士，他喜歡玩樂。因此，只有當這個小孩把工作當娛樂時，才會歡心地工作。創作就是在時間的過程中自娛的一種活動。只有當我們抓到遊戲的真髓，才會得到快樂的秘密。

　　慾望也有同樣的驅策力。當一個人在某方面有高度的慾望時，他當然會全力投注心力在那方面，他在那方面的創思表現可能就會充分

發揮出來。有些人在某一次的經驗中受到挫折,他也可能化悲憤為力量,全力投入其中來提升自己在那方面的表現。這種力量最能轉變為創思表現。當然,同樣是受到挫折,有些人也可能反而從此自信心大受影響,因而一蹶不振。

值得注意的是,慾望雖然可以形成強大的驅策力,但是如果慾望的對象是外在的,往往對創思表現反而可能形成傷害。反之,內發的驅力對創思表現通常有正面的影響。例如,「求知慾」就是一種慾望,而且通常是許多科學家長年從事科學研究的內在驅力。Jane Piirto(陳昭儀等譯,民 84,p.84)研究許多有創意的科學家、數學家及發明家之後,也歸納出一點:這一類人的動機多半是來自於內在驅力,而較少來自於外在的驅力,他們的動機有時也來自於他們渴望去瞭解事實,而且他們通常很早就顯露出喜愛他們的工作領域之傾向。由 Jane Piirto 的這項觀察可知,「求知慾」對創思表現可能產生重大的正面影響。

以「外在的驅力」而言,追求「名氣」或「知名度」就是一個很好的例子。如果一個人的創思活動乃是建立在追求名氣的慾望,他的創思表現終究會遇到瓶頸與障礙。Julia Cameron(黃慧鶯譯,民 85,p.204)說得好:「名氣是一種精神藥劑,往往是藝術創作的副產品,就像核廢料一樣,也是有毒物質。」因為當名氣一來,就會干擾一個人的判斷,表演就再也不只是表演,變成如何成為名演員;寫作再也不只是寫作,變成如何才能提高知名度。

2.精進心與耐心

創思表現高的人通常有強烈的精進心,做事情時會精益求精、力求完美,不會輕易滿足現狀。反之,有些人做事草率、不求甚解,往往做了一點就滿足,不會想要力求改進或者牢牢捉住開始時想到的點子不放,其創思表現通常不會很好。沒有精進心的人往往過早下判斷或者很會鑽牛角尖,有時抓住一個想法就一路固執到底,這樣往往無

法擴展不同的思維，也不會積極地提升原始創意的品質。有些人安於現狀，慣性或惰性都很高，沒有什麼理想、目標或企圖心，處理事情的態度也不積極，或者缺乏自動自發的精神。這種人也是屬於缺乏精進心的一種，通常其創思表現也不會很好。

　　有精進心的人對任何事物都會持質疑的態度。常常會在心裡想：還有什麼地方可以改進？事情難道一定要這樣嗎？James Adams（簡素琤譯，民 85，p.149）認為，一個人如果毫不質疑的接受社會現狀，就不會有創新的理由與動機。因此，他認為質疑的態度是富有創造力的人的最重要特質之一。其實，每一個人從小也都有這種質疑的態度，有時也會打破砂鍋問到底，但是大多數人可能在成長的過程中，被父母或老師不斷澆冷水而抹殺掉了。而那些仍然持續保持赤子之心、好奇心或精進心的人則會在各行各業中有愈來愈好的創思表現。Bobert Sternberg 和 Wendy Williams（郭俊賢等譯，民 92，p.19）認為，我們常常會帶著某些「預設的成見」，天天使用它但是卻從未加以質疑。然而，有創意的人常常會勇於提出質疑，最終也能帶領大家去打破這些成見。

　　此外，創思活動通常需要很大的耐心與恆心來進行，所以急求成功、急功好利、意志不堅定、有始無終的人通常其創思表現不好。反之，意志堅強、有毅力的人其創思表現也可能比較好，誠如程曦所言（民 69，p.75）：「創思絕不可能一開始就成功，需要鍥而不捨的精神。」Sally Rasberry 和 Padi Selwyn（黃玉華譯，民 86，p.24）也認為，毅力是產生創意的基礎，因為在使創意成真的過程中，總需要無數次的嘗試和錯誤。他們所謂的「毅力」就是一種「精進心」，因為有耐心、恆心的人才會日新又新、力求改進，如果急著想得到結果，不太可能有很高的創思表現。

　　此外，在創思活動的過程中，我們經常要很有耐心地從事評估與選擇（批判思考），因此有精進心的人通常能做出很好的選擇，其創思表現通常也比較好。就如當年愛迪生發明電燈時，有人說：「你試

了三千多種方式都失敗了,只有一、二個成功而已。」但是愛迪生卻對他說:「不,這三千多次都是成功,因為我知道這三千多種方法是行不通的。」就是這種精進心與耐心讓他成為一個偉大的發明家。

3.冒險心

創思表現好的人通常也會表現出一種冒險犯難的精神,勇於挑戰現狀,敢於標新立異。反之,有些人不喜歡改變或冒險、缺乏冒險進取的精神,其創思表現通常不會太好。缺乏冒險心的人不敢異想天開、不敢大膽地去想像,而且常常恐懼失敗,因此無法適應創思的思考方式、思考策略。具有冒險心的人通常很果敢、有決斷力,該做決定時果敢地、迅速地決定,但是也因而常常有很高的創思表現。反之,如果一個人的個性猶豫不決、優柔寡斷,其創思表現通常不會很好。

有冒險心的人敢於冒可能失敗的風險,因而也常常能夠成功。Julia Cameron(黃慧鶯譯,民 85,p.164)指出,凡是藝術家都會面臨許多艱難的考驗,每一個藝術家也都應該學習如何挽救失落的藝術。在藝術創作的生涯中,除了有得,當然也免不了失去的痛苦,諸如失落自信、金錢、面子、希望等等。而最大的失落莫過於作品被批評,或者作品沒有被人賞識。Ira Flatow(蘇清遙譯,民 83,p.6)從許多發明家的故事歸納出一個結論:發明家是那些能夠承受接踵而來的嘲弄,以及一再被贊助者嚴拒的人──要成功,發明家就必須臉皮厚。Bobert Sternberg 和 Wendy Williams(郭俊賢等譯,民 92,p.41)認為,有創意的人往往願意冒險,甚至敢於激怒大眾。雖然有創意的人偶爾也會犯錯、失敗,甚至顏面盡失,但是有時所提出的創意將為眾人讚嘆。Arthur VanGundy(李昭瑢等譯,民 83,p.10)指出,任何一種改變都涉及風險,當一個企業著手改善時,就得承擔風險,而最後的成功往往就是建立在許多失敗之上。

Roger von Oech(李幸紋譯,民 81,p.140)也提及一個勇於面對

失敗的例子，就是波士頓紅襪隊一壘手卡爾・亞士得雷姆斯。他在一九七九年夏天成為棒球史上第十五個達成三千個安打數的選手。這件事讓他成為新聞界的注目焦點。在這個目標達成前的一個星期，有幾百個記者在注意著他的一舉一動。曾經有個記者問他：「你這麼受注目，會不會因此擔心不能達成目標？」亞士得雷姆斯回答說：「這個問題我是這麼想的：至今我已站在打者位置超過一萬次以上，也就是說我有七千多次都沒有打到。既然這樣，也就不用害怕了。」像亞士得雷姆斯這種態度就是不會害怕失敗的一個絕佳例子。一個人如果能用此種態度來從事任何創思活動，甚至能把任何錯誤、失敗都當成踏腳石來加以活用，或者暗示我們應該調整原來的思考方向，以產生新創意。

　　有冒險心的人還有一個特質，就是敢於嘗試或接觸自己不熟悉的領域，不會說「那不是我的專長」。誠如 Roger von Oech（李幸紋譯，民 81，p.166）所說，一個人如果變得太過專門化，會使他把解決問題的方法侷限在狹小的範圍內，也可能變得不再尋求其他領域上的創意。有冒險心的人不會受限於自己熟悉的、擅長的領域，他常常能從各種領域中得到借喻的靈感，因此創思的表現會比較好。

　　有些人常常過分自我保護，深怕自己的想法被別人找到缺點，因此常常會怯於表達自己的想法，或者非得等待自己想出完美的點子才願發表。這類人的思考方式剛好也違反了創思的精神。如第 194 頁所述，在創思的過程中，我們往往要採用「內外同步」的策略，一面表達、一面思考。如果一個人總是害怕把不完美或不確定的想法表達出來，他怎麼可能讓別人提出改進的意見呢？所以，有一點冒險精神的人不會害怕、拘謹、懦弱、膽怯，能接受別人的挑戰與批評，因此往往其創思表現比較好。誠如 James Adams（簡素琤譯，民 85，p.54）所說：「表達一種新的觀念，尤其是設法使別人相信它有價值的過程，有時會讓你覺得很驢、很蠢，因為你可能必須要暴露自己的漏洞。」沒有冒險精神的人會為了避免這種感覺而乾脆避免公開自己的構想，

因而其創思表現也就受到很大的侷限與壓抑。

4.容忍曖昧

創思表現好的人通常比較能夠容忍事物的曖昧狀態。反之，有些人常常無法容忍不確定或模稜兩可的思考狀態，他們往往急著得到確定的想法、正確答案，因此也可能影響其創思表現。由於在任何創思的過程中，我們不僅需要時間來醞釀創意，我們也要透過漫長的修改與演變過程來提升創意的品質。Bobert Sternberg 和 Wendy Williams（郭俊賢等譯，民 92，p.44）認為：一個有創意的構想往往來自於零碎的想法，並經過一些時間醞釀發展而成的，但是在發展這個構想的期間容易讓人不安。如果一個人感到時間緊迫或是沒有容忍曖昧的能力，他很可能就會直接跳入一個比較不想理的解決辦法。也就是說，在大部分的創思過程中，我們的想法都是處在不確定或混沌不明的狀態，如果一個人無法忍受這種混沌曖昧的狀態，我們很難期望他會有很好的創思表現。

James Adams（簡素琤譯，民 85，p.61）說得很好：「往往解決問題的人必須混在一堆誤導、不適合的資料或資訊中，也常常要面對令人眼花撩亂、不知是好是壞的概念、意見和價值觀……可以說，解決問題就是在一團混沌中理出秩序，所以我們對秩序的渴望，在解決問題時是必要的，但是容忍混沌的能力，也同樣是必備的條件。」因此，他認為無法容忍曖昧，過分急著要求秩序對創思表現當然會產生嚴重的傷害。

Bobert Sternberg 和 Wendy Williams（郭俊賢等譯，民 92，p.44）提出一個觀察，人們往往喜歡「非黑即白」的二分法，但是創思活動卻總是處在灰色地帶。畫家在從事新的畫作時，作家在撰寫新書時，經常會感到沮喪，有時滿腦子會縈繞著各種如下的想法：「我究竟是不是真的喜歡這個主題與方向？我最初的構想怎麼樣呢？說不定原本的會更好？也許我必須回到兩星期前那個構想？」這一類的想法會不斷

出現，也常常會讓從事創思活動的人陷入混沌的思緒狀態。

　　雖然容忍曖昧的個性對於創思表現影響很大，但也是最難養成的個性特質，因為模糊不明實在不是一個令人舒服的狀態（Sally Rasberry & Padi Selwyn，黃玉華譯，民 86，p.16）。許多人會急於想脫離混沌的狀態，因而很難突破創思過程中遇到的瓶頸。因此，如果一個人無法忍受那種狀態，就很難從事創思活動，其創思表現就會大受影響。

5.心胸開放

　　心胸開放的人往往顯得活潑、開朗、幽默、樂觀，能敞開心胸來看待或接納各種新奇的事物。在面對某種創思的任務時，心胸開放的個性因而往往能轉化成比較高的創思動力，因為創思活動本來就是一種非常開放活潑的思考歷程。如果一個人缺乏開放活潑的心靈、缺乏好奇心，往往無法接納新奇的事物，或者對於產生創意興趣狹窄，我們也很難期望他會有高的動力來從事創思活動。

　　心胸開放的人對各種事物有一種開放的態度，能接受變異性，能夠容忍多元的想法與意見。他們永遠不會把任何一件事當作「已成定局」，而能夠時時保有任何改變的可能性。反之，心胸不夠開放的人可能會說：「世界上已經有這麼多食譜，我不可能再設計新鮮的食譜了。」或者說：「市面上已經有這麼多刮鬍刀或刮鬍器，已經沒有任何改進的可能性，也沒有必要再設計新型的刮鬍刀了。」顯然，心胸開放的人不會那樣想，他們不會認為小說已經被寫得夠多了、電影已經拍得夠多了、發明品已經夠多了、漫畫已經被畫得夠多了、音樂已經被譜得夠多了、藝術作品已經被創作得夠多了，因而他們會有持續創思的動力。誠如 Jack Foster（鄭以萍譯，民 86，p.46）所說，有點子的人和別人不同的地方在於，他們總認為還可以再得到新點子，而那些不常有點子的人不確定會有新點子，因而也就不確定會找到點子。

　　心胸開放的另外一個意涵就是要放得開、能和別人分享、願意表露自己的想法。有些人個性木訥、沈默寡言、過度壓抑自己。這種人

往往只會沈浸在自己的幻想與妄想中，不願意把自己的想法表達出來和別人分享，因此也往往缺乏創思的動機，其創思表現也不會很好。

三、組織因素

人是群居的動物，人的創思活動也大都發生在某種組織或團體裡，因此一個人的創思表現會深受所處的組織或團體之影響，我把這一類因素稱為「組織因素」，包括組織的氣氛、文化、制度、資源等等。我所謂的組織包括家庭、學校、公司、機關或團體等等。組織因素主要是受到組織領導者的決定與影響，但是有時組織內的成員也可以試圖改善組織因素。不管我們的身分是什麼，如果我們能深入瞭解組織因素如何影響個人的創思動力與創思表現，我們就愈能創造對自己與對組織有利的條件，或者減少、避免不利的因素。這就是為何我要在此深入探討組織因素之原因。

經過整理與歸納，我把組織因素分成「適度的獎懲氣氛」、「適度的競爭氣氛」、「自主與民主參與的氣氛」、「資源與工具」四大類。以下從這四個角度一一探討之。

(一)適度激勵與支持的氣氛

一個人在組織裡預期會受到的獎勵或懲罰，會深深地影響一個人的創造動機。如果一個人經常受到鼓勵或讚美，其創造動機也會增強。獎勵不一定涉及到實質的、物質的、金錢的獎勵或懲罰，有時只是別人口頭上或態度上的表示，就會形成獎勵的氣氛。高健（楊幼蘭譯，民87，p.113）認為，睿智的管理人會不斷發出重視創意的訊息，並苦心營造能激發員工熱情的環境。成功與否完全取決於是否能在全公司上下薰陶、鼓吹，並灌輸尊重與信仰創造力。但是，管理者也不能光是滔滔不絕地空談重視創意，卻仍然在公司裡保留著一些足以窒息員工想像力與活力的作業流程與陳規。

Bobert Sternberg 和 Wendy Williams（郭俊賢等譯，民92，p.38）認

為，如果老師想要激發學生的創造力，自己必須要先確認、培育並獎賞它。因為許多學生常常對自己在作業或討論中的創意表現感到氣餒，而好老師的任務就是獎勵創造力，不論學生在校內或校外的創意表現都要重視。例如，有些教師很會鼓勵學生，對於學生在創思方面的表現不吝於口頭上的讚美。長期下來就會造成一個鼓舞學生創思表現的氣氛。反之，如果一個老師經常批評學生的創意表現，久而久之學生也會缺乏創造的動機。當然，有時適時與適度的批評會使一個人的創造力因為受到刺激，而有所激勵。因此，關鍵在於如何「適時與適度」提供學生恰當的回饋，不要過度責罵與批評，也不要完全不給予回饋或批評。

　　同樣的，獎勵也要適度。過度的獎勵對創思表現不見得好。有些創思活動非常需要內發的動機（如：藝術創作），如果太過於強調獎勵，對有些人可能會產生相反的效果。主要是因為人的得失心如果太高，會影響創思的靈活與開放程度。而且，許多獎勵都會涉及到評鑑，當一個人預期成果要接受評鑑時，心裡的壓力可能會影響創造力的發揮。

　　值得注意的是，一個組織要形成激勵創思表現的氣氛並非一定要靠金錢或物質的獎勵。在一個組織裡，如果成員能彼此互相信任與支持，或者彼此能相互欣賞別人的創意，或者彼此都能有開放的心胸來接納多元的思考，這些都會發揮很大的激勵效果。在組織裡，對創思表現最大的傷害就是互相忌妒別人的表現，或者有一種「見不得別人好」的心理。因此，營造一個激勵創思表現的氣氛對個別成員及整個組織的創思表現往往會產生重大的影響。

　　一個人的創思表現除了受到激勵的氣氛之影響外，也深受支持的氣氛之影響。當然，激勵和支持息息相關，有時也很難劃分，所以我把它們放在一起討論。Howard Gardner 發現，傑出的創作者似乎都出身自一個相當支持鼓勵的家庭，與母親或父親之間有種親密的聯繫，似乎已被視為獲得成功的條件（林佩芝譯，民 86，p.587）。Julia Cameron（黃慧鶯譯，民 85，p.55）也指出，要成為一個有創意的人，最需要的便是支持。不幸的是，支持有時卻最難獲得。在一個人還未成氣候時，最需要、也希望他的意願和努力能為別人所瞭解和接受，希望別人的肯定與支持。可惜的是，許多藝術家在早期都不曾受到應有的鼓勵與支持。結果，他們可能根本不知道自己可以成為藝術家。

(二)適度的競爭氣氛

一個組織文化裡的競爭氣氛也會深深影響一個人的創思表現。組織之中適度的競爭對創思表現有正面的影響，過度競爭或完全沒有競爭對創思表現都不好。有些團體有墨守成規、安於現狀的組織氣氛，難免會減少組織成員的創造動機。反之，如果組織內有過度競爭或惡性競爭的氣氛，不僅會造成組織內人際關係惡化，更會造成過大的競爭壓力，對組織成員的創思表現當然會有一些傷害。

(三)自主與民主參與的氣氛

在一個組織裡，自主性的高低會影響其成員的創思表現。自主性高的組織，允許成員做許多自主的決定，因此個人比較能發揮其創造力。反之，如果自主性很低，成員的創思表現可能就不會很好。例如：在一個班級裡，如果作文題目由老師指定的話，通常學生的創意比較難發揮。勞作課時，如果老師限定學生使用某些材料時，創造力的發揮較弱。如果學生的選擇權處處受到限制，對他們的創造力會有不良的影響（李德高，民 79）。同樣的，假設在一個廣告公司裡，設計師在做許多決定時處處受到限制，或處處要請示上司，我們很難期望這家公司的廣告設計師會有高明的創思表現。誠如高健（楊幼蘭譯，民 87，p.113）所說，在獨裁的環境下，富有創意的文化是無法蓬勃發展的。當然，此處所謂「自主性」也不是毫無限制的，一個人只要是處在某個組織之中，就必然會受到某種限制，不可能有完全的自主決定。所以，此處所謂「自主性」只是相對而言，不能用絕對的眼

光來看待。

　　自主性高的組織還有一個特徵，就是擁有比較高的民主參與氣氛，此種氣氛對於組織成員的創思表現也有很大的影響。如果一個組織缺乏民主的氣氛，成員的思考會比較僵化，或者傾向於滿足領導者的想法，不敢有自己的想法。如果成員缺乏參與感，難免會降低組織內成員的向心力，增加彼此之間的冷漠與疏離。有的組織會形成一種旁觀的風氣，彼此之間互動不良、互相嘲諷，或是用看笑話的心態來等著看別人出錯。凡此種種對創思表現都會有不良的影響。例如，在一個班級裡，如果老師習慣於用嚴格的管理、教條化的教學方法，學生可能會變得不敢有自己的想法，只是一味地要迎合老師，這樣一來我們很難期望學生會有好的創思表現。

　　反之，如果一個組織的領導者能用民主的方式領導，鼓勵成員參與，鼓勵成員提出對組織的改善意見，往往能激發出成員的創意，組織的氣氛與風氣也會朝向有利於創思的方向。畢竟人與人之間彼此的感染力很強，如果一個組織能創造出高度的參與氣氛，組織成員沒有相互隔離，彼此之間都可以互相接觸與分享創造的成品，彼此的創造思維也會互相激盪。長期下來這樣的組織必然會有很高的創思表現。

　　值得注意的是，有些人因為長時間沒有自主的機會，一旦給予一些自主性來做決定，他們可能反而不知道如何自主決定，不知道如何發揮自己的創意，甚至不喜歡此種情況。例如，在作文課時，有時一個老師故意偶爾不出題目，讓學生自由決定題目來發揮，有些學生反而因而不知道如何下筆，或者寫不出來。這是因為一時的習慣問題，不能因此而認為自主性高對學生的創思表現反而不好。

㈣資源與工具

　　任何創思活動都需要一些資源與工具之配合，否則創思表現不易發揮。所謂「資源與工具」包括：人力、設備、材料、工具、空間等有形的資源，以及時間、資訊、觀念等無形的資源。如果資源不足，

在進行創思活動時，會大受影響。例如，當代許多創思活動都是運用電腦來進行，如果沒有適合的電腦硬體與軟體設備，可能會阻礙整個創思活動的進行，而不僅僅是小小的影響而已。此外，許多人忽視了「時間」也是一個必備的資源。如果一個組織裡的成員工作分量過大，過分奔波忙碌，或者經常感到很大的時間壓力，對於他們的創思表現可能相當不利。因此，一個組織如果要促進成員之創思表現，必須整體考量如何減少環境與組織的障礙，提供足夠的資源與工具。

四、生理狀態因素

一個人的生理狀態會影響他的創造動機與動力，有些會產生不利的影響，有些則對創思表現有利。以下分別討論之。

(一)對創思表現不利的生理狀態

許多生理狀態對一個人的創思表現會有不利的影響。例如，當一個人在疲憊時、想睡愛睡時、睡眠不足或失眠時，很難有創思的動機，腦筋也往往無法有效運轉，因此其創思表現當然會大受影響。同樣的，當一個人感到飢餓或吃得太飽時，其創思的表現也會受影響。當一個人生病時、受傷時，由於身體的病痛，會造成分心，其創思表現也會受到影響。當一個人感到內急時，也會因為一心只想到要上廁所，可能根本無法進行創思。有些女性在生理期、懷孕或更年期時，由於賀爾蒙失調，造成身體種種不舒服，其創思表現也會受到影響。以上這些生理狀態都是屬於短暫的效應，只要狀況解除了，創思表現往往就可以恢復。如果一個人經常發生某種生理狀態，例如，有些人經常會感到頭痛，或是經常感冒，或者有慢性的腸胃病，長期下來他的創思表現可能不會很好。當然，如果一個人的情緒涵養很好，能和身體上病痛和諧相處，不會受到病痛太大的影響，有時甚至會因為病痛而激發出許多創意與靈感，例如，抗癌小巨人周大觀（周大觀等，民86）和十二歲就罹患「類風濕關節炎」的劉俠（杏林子，民93），

雖然他們的身體都有長期的病痛，但是他們都擁有樂觀進取的態度與生命意志，他們的病痛反而激勵了他們創思的靈感，還出了一些作品集，讓灰心的人得到鼓勵，使畏縮的人勇敢地走上人生路。

喝酒是一個比較特殊的情況，許多人在微醉的情形下往往會有很多的創意，因為這時他的批判性思考很自然地被延後了，心中原有的各種壓抑與顧忌也可能都暫時消失了，因而創意源源不絕。然而，值得注意的是，當一個人在微醉時雖然可以產生很多創意，但是他的批判思考也因而不易發揮。此外，當一個人喝得太醉時，情況又不一樣了，因為這時他的整個大腦可能根本失控，無法正常運轉，可能連什麼創意都想不出來了。整體來說，喝酒對創思是利弊參半的，如果變成酗酒的習慣則更是弊多於利。

(二)對創思表現有利的生理狀態

有些生理狀態對一個人的創思表現會產生有利的影響。例如，睡飽時、剛吃到好東西時、上完廁所時、剛洗完澡、剛運動後、生病康復等等。在這些時候，我們通常會感到精神大振、精神舒暢、輕鬆愉快，或者感到身體很舒服，我們的大腦運作最為順暢，創思的表現也最好。同樣的，這些生理狀態的有利效應也都是短暫的。

五、物理環境因素

人的心情與大腦的思考常常會受到外在的物理環境因素之影響。Jordan Ayan（趙永芬譯，民 88，p.78）認為環境對創造力的影響很大，如果我們能更加瞭解環境、學習控制環境，利用環境來突破創意的障礙，使得環境變得有益於創思活動，以獲得最好的創思表現。

每一個人對不同的外在物理環境因素之反應可能差異相當大，因此，我們只能根據自己的情形，在可能的情形之下，盡可能選擇或營造對自己最有利的外在物理環境。以下分別從「天氣或氣候」、「聲音光線與氣氛」、「空間與環境」這三個方面來加以討論。

(一)天氣或氣候

天氣或氣候對一般人的創思表現影響很大。許多人對於太寒冷、太熱、太悶熱或太潮濕的天氣感到不適應或不舒服，因而嚴重影響到創思的動力。同樣的，多數人在濕度、溫度適中的天氣中感到最為舒服，創思表現也最好。有些人則會受到四季變化的影響，在不同的季節裡會有不同的創思表現。當然，每一個人對天氣或氣候的反應不一樣。有些人的接受度很狹窄，稍微不舒服，就大受影響；反之，有些人接受度與適應力很寬廣，其創思表現就比較不會受到天氣的影響。例如，同樣是下雨天，有些人會覺得特別有感觸，特別有靈感，有些人則很討厭下雨天或者遇到下雨天就感到很煩躁，其創思表現當然就會受到不利的影響。

(二)聲音光線與氣氛

多數的人在進行創思活動時，喜歡安靜的環境，尤其是在夜深人靜時。有些人喜歡用簡單的音樂來培養創思的氣氛。這種人如果遇到熱鬧、吵雜的時刻，其創思表現可能就大受影響。和前述的「天氣或氣候」因素一樣的是，每一個人對聲音的接受度不一樣，因此聲音對創思表現的影響也因而不一而足。即使是聽音樂，每一個人的偏好也不一樣，有些人在輕音樂之下最有靈感，有些人可能在重金屬音樂的刺激之下最能激發創意。

和聲音類似的是光線，多數的人在進行創思活動時，喜歡柔和的光線、有點亮又不要太亮的自然光。由於聲音、光線與氣氛三者有密切的關係，所以我把三個合併在一起說明。聲音和光線綜合在一起運用，可以營造一種浪漫、溫馨、愉悅、美妙或熱情的氣氛，對於創思表現通常很有利。當然，不同的人可能會喜歡不同的氣氛，在進行創思活動時也會選擇或營造對自己比較有利的氣氛。

(三)空間與環境

空間與環境也會影響一個人的創思動機。有些人喜歡在開闊的空間或大自然裡進行創思，有些人喜歡在沒有他人在場的空間裡，有些人在夜空下看到很多星星時最容易有靈感。此外，對於環境的適應與熟悉情形也會影響一個人的創思表現。有些人喜歡熟悉的環境，一到了不熟悉的環境，就會影響創思的心情；然而有些人卻反過來特別喜歡陌生的環境，因為陌生的環境最能激發自己的創意。

高健（楊幼蘭譯，民 87，p.78-94）曾經花了很多篇幅探討空間與環境對一個公司組織內之創思表現的影響。他主張，在一個組織裡，能夠激發創意的場所或空間是安全、隨性、自由的，不會小得令人窒息，也不會大得失去親密感；令人覺得舒適、刺激，不受干擾、不會太開放，但是又不會太封閉。如何營造出這種有利於孕育創意的空間的確值得企業經營者注意。同樣的，任何人如果想提升自己的創思表現，可能也要留意這個因素。畢竟，如同前述的「氣氛」因素，每一個人喜歡的空間與環境不一樣，每一個人要靠自己去發掘什麼空間與環境對自己最為有利，因而選擇對自己最有利的空間與環境。

第四節　意識狀態的因素

我在《情緒涵養》（饒見維，民 93）一書中提及人類有四種不同的意識狀態：清醒意識、睡夢意識、無意識、超意識。這四種意識狀態可以用下列這個表格來做個對照說明：

意識狀態	對外界的知覺	自我感	存在感	時間感	情緒狀態	思考	腦波
清醒意識	有知覺	有自我感	有存在感	有時間感	喜怒哀樂起伏不定	可以思考，但是很難停止	β波
睡夢意識	非常少，幾近沒有	有自我感	有存在感	無時間感	喜怒哀樂起伏不定	有思考，但是屬於自由聯想	θ波
無意識	非常少，幾近沒有	沒有自我感	沒有存在感	無時間感	沒有情緒	沒有思考	δ波
超意識	有知覺	沒有自我感	有存在感	有永恆感，無限的耐心	無限喜悅與滿足（狂喜）	可以思考，也可以停止思考	α波

　　這四種意識狀態中，一般人比較熟悉的乃是前面三種（清醒意識、睡夢意識、無意識），至於「超意識」則比較少為人所知。以下對這四種意識狀態做個簡略的說明：

　　1. 「清醒意識」乃是一個人清醒時的意識狀態。一個人處在這個意識狀態時，對外在世界有感官知覺的作用，有自我感，有時間感，情緒上則是喜怒哀樂起伏不定。在思想上可以思考，但是很難停止思考，通常是意念紛飛，無法自主控制。

　　2. 「睡夢意識」乃是當一個人在睡覺做夢時的意識狀態，這時他對外在的世界幾乎沒有知覺作用，即使有知覺也是非常少。在睡夢意識狀態中，我們完全生活在夢境之中，我們的情緒會隨著夢境而在喜怒哀樂中起伏不定。在睡夢中，還是有一個主體我在生活、在做事、在思考、在和別人講話、在感覺周遭的一切，完全和現實世界一樣。

　　3. 「無意識」乃是一個人在睡覺時進入熟睡（deep sleep）時的意識

狀態,又稱為「無夢睡眠」的意識狀態。這是一個最神秘的意識
狀態,因為在這個狀態中,一切自我感、存在感、時間感、情緒
與思考都成為空無。一個人在晚上睡覺的過程中,會有某些時間
處在這種無意識狀態,才能得到身心的徹底休息,重新得到體力
與精神。如果一個人在晚上睡覺時沒有進入「無夢睡眠」,他的
睡眠品質比較差。大部分人在睡覺時,都會在「睡夢意識」與「無
意識」這兩個狀態之間換來換去。

4. 「超意識」(super-consciousness),這個名稱是精神統整學派
   (莫莉・楊・布朗著,民 89)的用語,印度人把這個意識狀態稱
   為「三摩地」(samadhi)或直接叫「第四種狀態」(turiya);佛
   教把超意識狀態稱為「禪定」、「正定」或「靜定」;氣功界則
   把超意識狀態稱為「氣功態」。在超意識狀態中,一個人可以知
   覺到外在的一切,但是卻沒有自我感,也沒有時間感,沒有焦躁
   感,但是有一種永恆感,而且具有無限的安詳、喜悅與滿足感,
   這種感覺又稱為「狂喜」(ecstasy)、「至福」或「至樂」
   (bliss)。

　　上述這個觀察不僅是我個人的體驗,也早經古今中外許多人描述
與驗證過。尤其是在當代氣功界和腦神經生理學裡,許多研究者發現
人類有四種不同的腦波:α 波、β 波、θ 波、δ 波(林和安,1990;Jordan
Ayan,趙永芬譯,民 88,p.249;李嗣涔,2004)。這四種腦波剛好一
一對應這四種意識狀態,如上表所示。由於一般人比較不熟悉超意識
狀態中的 α 波,許多人更是極力為文推崇 α 波對人類的重要性(志賀
一雅,民 84;志賀一雅,民 86;Don Campbell,民 88;成和平,
2004)。

　　在創造思考的領域中,也有愈來愈多研究者注意到一個人的意識
狀態和其創思表現有密切的關係。Jane Piirto(陳昭儀等譯,民 84,
p.84)認為:「許多創作是洞察力、啟發及無意識過程下的產品。」
Jordan Ayan(趙永芬譯,民 88,p.248)把「直覺、白日夢、視覺想

像、冥想與夢境」總稱為「另意識」（alterconscious）或「潛意識」。他所謂的「另意識」包括睡夢意識、無意識與超意識三種意識狀態。他認為，「α波、θ波、δ波」和創造力的關係特別密切，不但有助於我們集中心力，也為創意做好準備，甚至把「另意識」變成創意的工具。

以下一一說明這四種意識狀態如何影響我們的創思表現。

一、清醒意識

大部分的人都是在清醒意識狀態中進行各種創思活動。因此，這個意識狀態對一般人而言並不是很陌生。然而，當一個人處在這個意識狀態時，他的創思表現並不會很傑出。因為在這個意識狀態中，人很容易受到負面情緒的影響（如：傷心、失落、分心、煩惱、緊張、焦慮、害怕等等）。此外，在這個意識狀態中，人的大腦運作常常會陷入「垂直思考」的模式裡，因此不容易產生大量創意。

二、睡夢意識

在各種意識狀態中，睡夢意識乃是一個創造力最為活躍的狀態。當一個人處在睡夢意識狀態中時，他的思考運作完全成為「水平思考」，也就是說他會從一個思考跳躍到另一個思考，而且完全沒有什麼章法與條理可言。因此，睡夢意識和產生創意有密切的關係。

賽斯在《夢與意識投射》（Jane Roberts，王季慶譯，民87）一書中把睡夢意識和創思活動的關聯發揮得最為淋漓盡致。賽斯認為，做夢是意識的一種創造狀態，一個心靈活動的門檻，在其中我們拋棄了通常的限制，而去用我們最基本的能力，並且實現我們真正的獨立，不受三度空間形體的羈束。賽斯把睡夢的意識稱為「創造性意識」，它是遠在我們稱為我們自己的意識「底下」運作的。當我們不那麼執迷於肉體感官資料時，我們全都能通達這創造性意識，尤其是在夢境狀態。這個創造性意識的證據，可以從許多「心血來潮」的經驗透顯

出來，它們往往是以創造性靈感的裝扮浮現到意識裡來。許多創造力高的人其實都是從睡夢中得到他們寶貴的創意靈感。

Jordan Ayan（趙永芬譯，民 88，p. 278）認為，夢境乃是直覺的訊號，也可

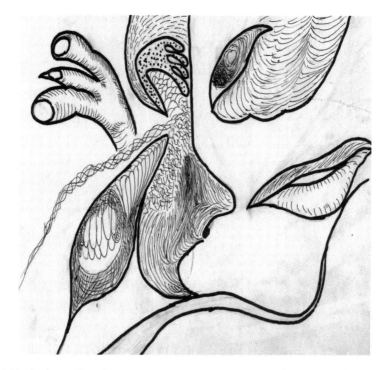

能是來自另意識的忠告，或是通往心靈的一個秘道。歷史上一些有名的故事都指出，許多人的決定、發明與藝術作品，都是出自作者的夢境。例如，莫札特在夢中聽到他的音樂：史蒂文生夢到《化身博士》的故事情節；史狄龍夢到一位早年認識的女性，導致他寫出小說《蘇菲的抉擇》；葛蘭姆在夢中得到靈感，於是發明了修正液：豪威在夢裡得到一個「在針的底部多開一個小洞」的靈感，夢醒後發明了縫紉機。Sally Rasberry 和 Padi Selwyn（黃玉華譯，民 86，p.71）也認為，夢是與無意識聯結的管道，也是一條通往內心創意之源的路徑。因此，我們可以把夢直接當作靈感的來源，並把夢當作拆毀創意屏障，以全新眼光看待世界的指引。

然而，睡夢意識也是非常難以掌握的一個意識狀態。一般人很難直接在睡夢意識中進行有意識的思考運作，只能依賴睡夢中得到的靈感，在醒來時立即記錄下來。而這種睡夢中的靈感又常常是「可遇不

可求」，無法刻意從睡夢中得到想要的靈感。

除了依靠這種「可遇不可求」的靈感之外，另外則是透過練習來達到「清晰夢」（lucid dream）的狀態，然後在這個狀態中進行創思活動。所謂「清晰夢」是指，一個人在夢境中意識到自己現在處於睡夢意識中。我曾經有幾次這種經驗，當我處在這種意識狀態時，雖然在做夢，但是我又知道自己在夢境中，我也有清晰的存在感與自我感。這種「清晰夢」的經驗對我來說非常震撼，因為它讓我深深地體悟到「清醒意識」和「睡夢意識」這兩種意識狀態竟然如此相近。也改變了我對究竟什麼是清醒、什麼是夢幻的看法。賽斯在《夢與意識投射》（Jane Roberts，王季慶譯，民87）一書中也提及如何練習做清晰夢。一旦你學會了做清晰夢，不但可以覺知自己的夢境，又可以在夢境中自發地、自主地創造自己的夢境，並進行各種創造性的實驗。不過，我自己到目前為止仍然無法自主做清晰夢，因此無法提供這方面的實際經驗。

Jordan Ayan（趙永芬譯，民88，p.260）提及另外一個直接利用睡夢意識來得到創意的方法，就是利用白日夢來開發心中大量貯存的意象、構想與經驗。白日夢乃是一種催眠的意識狀態，在這種意識狀態中，頭腦是處於 α 波與 β 波之間，但是還沒有睡著。此時的心智較不集中，有時會在好幾個主題間飄來飄去。因此，白日夢可能把你導向一些光怪陸離的想法、瘋狂的想法。此外，和白日夢類似的另外一個技巧乃是「視覺幻想」（Jordan Ayan，趙永芬譯，民88，p.261），跟白日夢不一樣的地方是，視覺幻想需要你故意去刺激頭腦，主動去想像某種情境。當一個人深入幻想時，腦子會得到解放，進入 α 波狀態，另意識於是登場。當你想像一個以前不太瞭解、或是尚未解決的事件與情境之際，心智就會回到源頭，把你從未意識到的意象、象徵與構想的種子一一丟出來。這些意象就像夢境，有時令人不解，但是卻往往能指出一些明路或激發出一些點子來。總之，「白日夢」和「視覺幻想」都是屬於睡夢意識的範疇，也和我們的創思表現息息相

關，只是多半的人仍然無法自主掌握其中的奧秘，只有少數人懂得運用睡夢意識來得到源源不絕的靈感。

三、無意識

當一個人處在無意識狀態時，當然什麼都無法思考，因此創思的表現等於零。然而，無意識狀態卻是所有意識狀態的最深沈來源，也可能是靈感的最終來源。如第 26 頁所述，水平思考依賴潛意識層次的運作。也就是說，當我們處在無意識狀態（例如晚上熟睡時），雖然我們的意識沒有在運作，但是我們只是把問題丟給無意識去運作，等到我們處在其他三種意識狀態時，靈感可能就突然冒出來了。James Adams（簡素琤譯，民 85，p.64）提及，他有時會集中思考一個問題，接著就把它忘記一段時間，然後某一個答案就直接從無意識慢慢醞釀出來。他認為，在解決問題時，有時我們應該要把頭腦輕鬆下來，這時我們的頭腦就有機會把看起來不可能結合的想法聯結在一起。如果我們從來不讓頭腦輕鬆一下，反而沒有機會讓無意識慢慢醞釀出有價值的創意。歸納言之，他主張：潛意識或無意識在創造的過程中扮演著關鍵的角色，因此我們應該做的最重要活動之一是，試著釋放自己的潛意識，以便進行創造性思考（James Adams，簡素琤譯，民 85，p.173）。

換言之，如果要讓我們的無意識發揮作用，也不是像「守株待兔」般地消極等待。我們要先在腦海中盡我們所能地、有意識地思考，然後再讓無意識去發揮臨門一腳的作用。輕部征夫（葉美莉譯，民 87，p.89）也認為，我們的大腦運作可以分為有意識與無意識兩部分，這兩者相互交替進行著思考。當我們在腦海中有意識地對某一個問題下了愈多工夫去思考，我們也愈會在無意識的狀態中進行思考。因此，如果一個人想要獲得靈感，需要有意識與無意識兩方面同時作用。

雖然無意識狀態顯得如此神秘，我們也可以從「直覺」或「直

觀」的運作來窺見它的存在。許多人都曾經有直覺的經驗，Jordan Ayan（趙永芬譯，民88，p.251）曾經提及六類的直覺經驗：

1. 發現：心中突然認識到一項新原則。比方說，阿基米德洗澡時，因為瞭解水位的變化，而大喊「我想到了！」
2. 創造力：心中突然閃現某些字句、音樂或是意象，使你創作出一首新詩、新歌、一幅畫或一項新玩意。
3. 評估：心裡突然從所有選擇當中挑出一種。
4. 運作：心中突然知道應該往哪個方向走。
5. 預測：心中突然對某件事的結果產生預感。
6. 恍然大悟：心中突然感到，自己跟一個更高的力量融為一體，如一種宗教或心靈的經驗。

Jordan Ayan認為，這六類直覺對許多創意工作與發現至關重要，尤其是在創意過程的醞釀期間，它可能是基本要件。他也認為，直覺是發自心靈深處，也就是所謂潛意識或另意識的部分。心理學家容格很早以前即將潛意識與直覺連在一起。根據容格的說法，潛意識與其直觀能力之所以如此強大，是由於它被分為兩個層次：個人潛意識與集體潛意識（Jordan Ayan，趙永芬譯，民88，p.253）。

然而，畢竟無意識狀態不是我們的意識所能及，也無法強求。我們唯一能做的只是「等待」與「信賴」，也就是要能信任自己，要能適時、適度放下緊繃的心弦，讓無意識自行運作。Jordan Ayan（趙永芬譯，民88，p.255）提供以下幾點建議，為直覺提供一個適宜且誘人的環境：一、相信心靈的直覺過程。二、信任自己感覺與想法。三、要有自信且獨立。四、要有彈性與玩興。五、不要過度簡化問題，要有迎接複雜的心理準備。

Jordan Ayan（趙永芬譯，民88，p.258）也提及，直覺的洞察力往往發生在注意力渙散、放鬆、或是沒有想到創意挑戰的時候。這正是α腦波的狀態，此時頭腦脫離了平常清醒的狀態，開始接收另意識的訊息。也就是說，我們除了信賴無意識的運作，也可以依賴另一個非

常重要的意識狀態：超意識。它們之間其實都息息相關。因此，接下來讓我們來探討一下超意識狀態和創思表現的關聯。

四、超意識

在人類的四種意識狀態中，超意識和創造力有密切的關係。在超意識狀態中，一個人的創思表現遠比其他三種意識狀態還要好。因為在超意識狀態中，一個人乃是處在「既放鬆且專注」的狀態。由於放鬆、自在、沒有壓力，所以思考能力可以充分發揮與運轉。由於專注，所以不會分心，可以全心全力放在所要思考的內容。因此，一個人如果想提高自己的創思表現，超意識是一個非常值得重視的課題。然而，由於一般人對超意識非常陌生，而且不知道如何進入超意識狀態，因此難免對超意識狀態感到非常神秘，或者產生一些誤解。

首先，許多人誤以為在超意識狀態中無法進行思維活動。其實不然。當一個人處在超意識狀態中時，他可以進行任何思考活動，包括創思活動在內。他也可以自主停止任何思維活動，處在「無念」的狀態。比較言之，當一個人處在清醒意識或睡夢意識時，通常很難停止思維，也很難專注在某一種思考內容上，因為心念很容易飄移、變化、不安，不受控制，類似俗話所說的「心猿意馬」。我在《情緒涵養》一書中把在超意識狀態中的思維活動稱為「冥想」，有別於在進入超意識狀態前的「靜心」活動。換言之，在進入超意識狀態前，要能把心靜下來、定下來，等到進入超意識狀態時才能進行冥想活動。這時，我們的思維活動會有非常不一樣的思考品質。

我個人擁有豐富的超意識經驗，也經常在超意識狀態中進行各種冥想。根據我的經驗，在超意識狀態中進行冥想時，思路非常清晰、流暢、完整、專注，因而不管是進行水平思考或批判性思考，思考的效率都很高。許多問題在平常的清醒意識狀態中不易釐清與解決，一旦進入超意識狀態之中，就可以很清楚地得到答案。在離開超意識狀態之後，就知道該如何解決。舉個例子來說，曾經有一段時間，我寫

了很多電腦程式，我常常運用冥想的方式來進行電腦程式的「抓錯」（debugging）。每當我的電腦程式出錯，找不出問題在哪裡時，我就躺在床上靜心，把眼睛閉起來進入超意識狀態。然後，在超意識狀態中，我的思路變得很清晰，我可以很清楚地看到整個電腦程式的邏輯，然後我會逐一檢視程式中何處出了問題，通常都能夠很快抓到錯。等到離開超意識狀態之後，我就趕緊打開電腦程式、修改程式。許多程式的錯誤就這樣逐一解決。此外，我也嘗試過在超意識狀態中思考我正在進行的寫作任務或藝術創作活動，也經常得到很多寶貴的靈感。當然，不管進行何種思考活動，我必須在離開超意識狀態時，立即把得到的想法記下來、寫下來、畫下來。

　　有些人可以張開眼睛進入超意識狀態，直接在超意識狀態中進行創思活動。這當然是最理想的狀況，但是根據我的經驗，眼睛張開時，不易進入深度的超意識狀態，只能維持在比較淺的超意識狀態。但是即使如此，其創思表現也遠比一般的清醒意識狀態好很多。此外，我們除了在超意識狀態中進行創思活動外，也可以在離開超意識狀態之後立即從事創思活動。這時其實仍然處在接近超意識的狀態，靈感特別多、特別流暢，腦袋特別清晰敏銳，因此創思表現也非常好。

　　許多人都曾提及超意識狀態對創思活動的助益。Julia Cameron（黃慧鶯譯，民 85，p.38）根據藝術家和精於創造的人的經驗，認為沈思冥想是一個取得更高啟示的管道，讓我們和內在的創造泉源迎面相逢，得到許多重大的啟發。Jordan Ayan（趙永芬譯，民 88，p.268）認為冥想是聯繫另意識與請出創造力極為有效的方法。因為在冥想之後，你的思想會變得無比清明，於是你就更有機會釋放創意心靈，也更能夠把創意目標想個透徹。志賀一雅（民 84，民 86）提及，當一個人的腦波是 α 波時，做事最容易成功，因此使自己的腦波保持 α 波狀態，即可發揮最大的腦力，並引導出無限的潛在腦力，包括提高記憶力、集中力、創造力及自然治癒力等等。成和平（2004）也提及：「必須徹底瞭解自己的潛意識與夢，認清全部的自己，才可能擁有持

目前的智力測驗不能測量創造力，因此有關創造力的測量，就必須另闢新途。

（郭有遹，民 62，p.371）

　　本書名為《創造思考訓練》，意謂著一個人的創造思考能力可以透過訓練來加以提升。然而，讀者可能會問：我怎麼知道自己的創思能力有沒有提升？我怎麼知道我的學生之創思能力有沒有提升？的確，不管是從事「創造思考訓練」或「創造思考教學」，到了最後我們必然要面臨「評量」的課題。因此，本書把「創造思考的評量」放在最後一章，作為本書的結語。

　　在探討這個課題之前，讓我們先回顧一下我在第一章提及本書的兩個基本立論：有創意不等於創造力高、創造力高不等於創思表現高。基於此，當我們要實施評量時，我們必須先釐清究竟所要評量的是什麼？既然「有創意、創造力高、創思表現高」這三個概念的意義內涵不一樣，評量的方式與結果也因而截然不同。因此，以下從「如何評量創意力」、「如何評量創造力」、「如何評量創思表現」這三個層面來探討有關創造思考的評量。

第一節　如何評量「創意力」？

　　我們一般在口語上常常會使用到「有創意」這個名詞。但是這個詞有一些不妥之處。我們無法把某一個人稱為「有創意」，而把另外某一個人稱為「沒創意」。因為創意並不是「有無之別」，而是多少之別；是程度的問題，不是有沒有的問題。因此，我把口語上的「有創意」改為「創意力」，也用來和「創造力」這個概念加以區分。所謂「創意力」是指一個人在面對某種創思任務時產生創意的能力。具體而言，創意力指產生創意的流暢性、變通性與獨創性。「流暢性」是指產生創意的數量與速度。「數量」是指在一段時間內產生的創意總數，而「速度」是指每單位時間內所產生的創意平均數。這兩者當

然息息相關，也都可以用來顯示一個人產生創意的流暢性。流暢性愈高的人產生創意的數量愈多、速度愈快。

「變通性」是指一個人所想出的創意是否能涵蓋各種範疇、類別。變通性愈高的人，能從各種角度、各種範疇來構思。例如，面對「馬克杯有什麼用途？」這個問題時，變通性低的人可能把用途侷限在視馬克杯為「容器」，例如：用來裝水、當花瓶、當魚缸、當存錢筒等等。變通性高的人可能會想出各種不同範疇的用途，例如：當武器、當裝飾品、當文具，甚至把馬克杯打破當作刀子或建築材料等等。

「獨創性」是指一個人所想出的創意是否與眾不同？是否非比尋常？例如，面對「馬克杯有什麼用途？」這個問題，同樣是把馬克杯視為某種「容器」，一般人只想到用來裝水、當花瓶、當魚缸、當存錢筒等，有獨創性的人會想到一些意想不到或異想天開的想法，例如：把馬克杯拿來當作「垃圾桶」或「尿壺」。又如在第 279 頁「未完成圖」這個活動中，一般人只是在圓形內填入某些線條，而把圓形視為外框，有獨創性的人可能會把圓形視為某種圖形的一部分要素，甚至不把這些圓形單獨看待，而是把好幾個圓形連在一起看待。值得注意的是，「獨創性」並沒有涉及到創意的價值或品質，而是把創意和許多人的創意加以比較，多數人會想到的創意就是比較沒有獨創性的創意，別出心裁的創意就是有獨創性的創意。

目前，有關創造思考的評量工具其實多半都是以「創意力」為主，也就是評量一個人產生創意的流暢性、變通性、獨創性等。比較有名的測驗有美國學者 Torrence 所發展的創造力測驗，其測驗包含七項作業（發問、猜測原因、猜測結果、產品改進、不平凡用途、不平凡的疑問）。其中，除了「產品改進」這項作業之外，其餘都是屬於流暢性、變通性、獨創性的範疇（陳龍安，民 82，p.318）。另外一位美國學者 Willams 的創造力測驗所評量的內涵乃是流暢力、變通性、獨創性及精進力。除了最後一項之外，也都是屬於創意力的範疇，因此也沒有完整地測驗出一個人的創造力。

第二節　如何評量「創造力」？

按照本書第 12 頁所示的「創思的基本心理歷程」，「創造力」乃是指一個人能夠完整地執行整個創思歷程之能力。因此，如果我們要評量一個人的「創造力」，除了產生創意之外，我們還要檢視他是否能表達創意、評估創意、選擇創意、修改創意。

這種評量主要乃是著重在創思的歷程。目前有關創造思考的評量工具很少涉及整個創思歷程的評量，其中有關「評估創意、選擇創意」的能力更是被嚴重忽視。換言之，如果我們想要評量一個人的創造力，我們必須要再加上本書第三到五章所涉及的心理技巧、心理策略與心理歷程，才足以完整地評量創造力的各個層面。

我在「創造思考訓練」這門課所採用的評量一向包含兩個層面：「過程」與「結果」。我在全學期中，一面持續訓練學生使用各種創造思考的心理技巧，一面階段性指導他們完成不同類型的創思作品。每位學生在一個學期中一共要完成四樣創作成品：海報設計、童話故事創作、教學遊戲設計、創思活動設計。我根據這些活動的過程記錄與成果來瞭解學生是否掌握創造思考的技巧。各項作品的評分表如下所示：

海報設計評分表

	評分準則	優	良	可	差	得分
過程	水平思考（量）					
	重組與結合					
	精益求精					
成品	引人注意、感動					
	構圖簡潔清晰					
	創意、特色					

童話故事創作評分表

	評分準則	優	良	可	差	得分
過程	水平思考（量）					
	重組與結合					
	精益求精					
成品	啟發性					
	情節精彩、趣味性					
	創意、特色					

遊戲或活動設計評分表

	評分準則	優	良	可	差	得分
過程	水平思考（量）					
	重組與結合					
	精益求精					
成品	可行性					
	效果					
	創意、特色					

其中有關「過程」的評量是指，學生必須留下創作過程的任何草稿與修改記錄，作為評量的依據。所以學生在繳交一個作品時，也要附上他們在創思過程中所使用的任何書面記錄或電子檔修改記錄，作為評分的依據。

此種兼顧「過程」和「成品」的評量方式和傳統的評量方式很不一樣。其中有關「成品」的部分將於下一節進一步討論。就「過程」的評量而言，我發現學生所留下的創作草稿與修改記錄，的確可以顯現出學生是否掌握到創思的心理技巧、心理歷程與心理策略。我不僅可以看到學生產生的初步創意之數量、種類，也可以看到他們精益求精的過程。有些學生在創思過程中產生的創意不多，或者創作過程很草率，可以看得清清楚楚。比較難看出來的是有關選擇創意與評估創

意的過程，學生一般而言不會做嚴密的批判性思考，即使有做，可能也都是在心中評估，懶得在紙面上做慎重的分析與評估。我經常發現學生的選擇與評估並不是很恰當，有一些不錯的草案或草稿沒有被選上。他們在選擇與評估創意的過程顯然經驗不夠或者太過草率。因此，如果要強調這方面的技巧，以後我可能會在「過程評量」的準則中加入一個「選擇與評估」，並且要求學生留下選擇與評估的過程記錄。

第三節 如何評量「創思表現」？

我在本書一再強調「創造力不等於創思表現」，也在第六章探討了影響一個人創思表現的各種相關因素。從評量的觀點來看，當我們要評量一個人的創思表現時，我們當然必須從他實際表現出來的創作成品來衡量，不能只看創思過程中產生的創意。誠如 Robert Sternberg 和 Todd Lubart（洪蘭譯，民 88，p.36）所說，傳統的創造力測驗是人在很短的時間內、在固定規範的情況下完成某一個作業。這種測驗所關注的是枝微末節的創造力，而且那種測驗情境和真實生活中創造力發生的情境非常不一樣，不僅太瑣碎，也太不重要了。因此，他們提倡一種「產品中心」（product-centered）取向的評量方式。這種評量方式也和日常生活上各種比賽、獎勵的評量方式很像。例如：諾貝爾獎是根據候選人的長期作品與成就來評比；奧斯卡獎是以電影作品來評比；許多工程設計競圖當然也都是以實際的設計圖來評比。

如果是以成品來衡量一個人的創思表現，顯然要根據成品的類型或性質來訂定不同的評分準則。例如，在前一頁所列的各種評分表中，不同的成品所採用的評分準則就不一樣。此外，正如同第六章所說，一個人的創思表現受到許多因素的影響。例如，心情不一樣時，表現不一樣。一個人在不同的創作領域之創思表現也可能不一樣。有些學生擅長有關圖形的設計，有些學生擅長於文字的創作。易言之，

我們不能為一個人的「創思表現」打一個一般性的分數。這一點和前述有關「創意力」或「創造力」的評量非常不一樣。

附錄一

「水平思考」練習活動答案

第 41 頁「故事急轉彎」之答案

1. Mary 和 John 原本是一個魚缸裡的兩隻金魚，魚缸被地震震倒，掉到地上了。
2. 那個人是一個傘兵，他在跳降落傘時，因為傘包故障無法打開，摔死在草地上。
3. 那一群人開船到海上玩，所有人都跳到海裡去玩水，但是忘了放下登船的梯子，結果後來通通都無法爬上船，就死在海上了。

第 42 頁「動腦大考驗」（題目 a）之解法

如果一個人能想出下列這個答案（四個線段）已經相當不錯，表示已經能初步突破了刻板印象，因為線段與線段的相連轉折點並非一定要落在黑點上面：

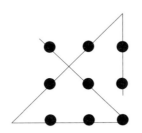

如果一個人能想出下面這個答案（三個線段），表示他已經突破了另外一個刻板印象（黑點不是只是一個點，它是有直徑的）：

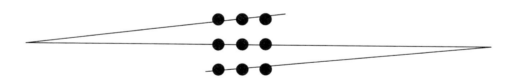

如果一個人能想出下面這個答案（一個線段），表示他已經突破了另外一個刻板印象（線段可以是很粗的，一次就可以貫穿九個點）：

第 42 頁「動腦大考驗」（題目 b）之解法

這個問題的關鍵在於「碰觸」這兩個字，如果把它解讀為只能移動兩個棋子，這個問題就無解。多數人會自我設限，落入這個思考的框框裡。但是題目並沒有說我們不能用棋子來碰觸其他的棋子，然後用來移動其他的棋子。如果想到了這一點，那麼就有無數的方式來解這個問題。下面這個解法算是最簡單、最聰明的一個解法，但是還有許多其他的方式，都可以達成把棋子排列兩排黑棋、兩排白棋的目的：

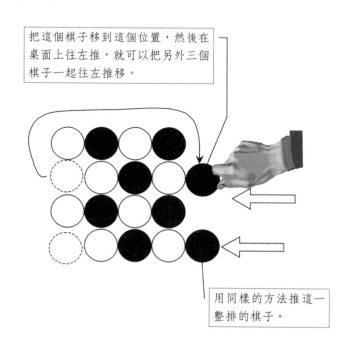

把這個棋子移到這個位置，然後在桌面上往左推，就可以把另外三個棋子一起往左推移。

用同樣的方法推這一整排的棋子。

結果就成為下面的樣子：

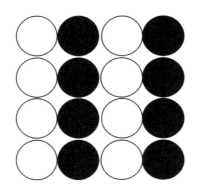

第42頁「動腦大考驗」（題目 c）之解法

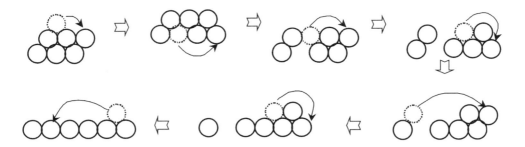

附錄二

第 50 頁「直接比喻」練習活動成果參考

「雲」

像海中的浪花；像在空中飄的花；像軟棉棉的棉花糖；像聖誕老人的鬍子；像高高的帽子（層雲）；像 QQ 的頭髮；是狂暴的龍捲風；是可愛的太陽傘；像一個掛在天空中的電風扇；是可怕的黑鬍子。

「頭髮」

像被電擊的榕樹鬍鬚；像可愛的西瓜皮；像垂吊的柳樹；像爆笑的馬桶蓋；像連接電話筒的電話線；是保護頭的一層黑皮；像雜亂的草；像拖把的鬍鬚；像發霉的麵線；像黑色的髮菜；像一頂金色的帽子；像彩色的線圈；像數不清的黑線；像從天上垂落下來的雨絲；像黑色的老鼠；像耀眼的太陽；像黑色的毛線衣；像烏鴉的羽毛；像黑色的筆；像一頂黑帽子；像晚上的天空；像天空的烏雲；是一根根黑色的管子；像一根直線；像黑色的電線。

「蝸牛」

像房子一樣可以讓小寶寶住；像一個會動的房子；像一個慢吞吞的東西；像一個在慢跑的人；是一個既小、走路又慢的小東西；是吃葉子的怪東西；像一個乾枯的葉子在背上；像蚊子叮過很癢；像烏龜走得慢；像大卡車載很多東西；像縮頭烏龜躲在殼裡；像小蛇在爬。

「剪刀」

剪刀是一個不可缺少的東西；像一個有趣的東西；是媽媽的好幫手；像一個嘴巴，能夠吃掉數不清的紙；是紙的剋星；是雙面夾攻的刀；像咬人吃肉的怪獸；是二個刀連在一起；像一隻老鼠；是一個大嘴巴；會吃紙的東西；像刀子一樣尖銳無比；像鱷魚的牙齒；像淘氣的精靈，蹦蹦跳跳；像照相機一樣卡

嚓卡嚓叫；是人們用到的工具；像可怕的嘴巴；關起來像雨傘；像大家的朋友；像暴龍一樣厲害的牙齒；像燕子的尾巴；像一個在旅行的人；像兩個連體嬰；是剪東西的好工具；是媽媽手中的仙女棒；是伸著兩隻手的大螃蟹；是改變心情的落髮工具；像毒蠍子頭上的兩個大夾子；像俐落的大門牙。

附錄三

第 72 頁「未完成圖」練習活動單

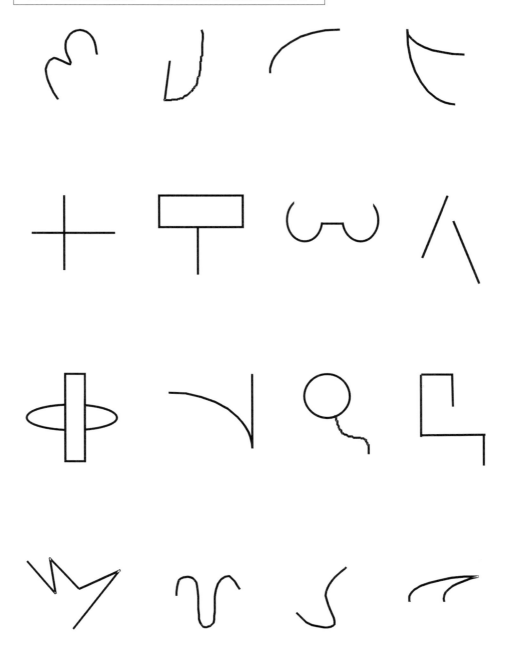

附錄四

第 153 頁「圖案的逐漸演變」練習活動單

附錄五

花師初教系九○級甲班姓名大會串

作者：劉子琪

　　明初宣宗時，君明臣賢，良 政彥 明；倉 糧蔚 蘊，民安其業。宣德二年，宣宗適逢四十大壽，在舉辦壽宴的一個月前，廣發請帖，邀請朝中文武百官與大 明卿 侯一同前往參加。各地收到了皇帖，許多奇珍異寶絡繹不絕地送入皇宮。御侍太監細細清點，發現許多稀奇的雲 雯珍 寶；至於可供賞玩的瓊 碧慧 玉、華 美玲 玉更是多如繁星。還有人送來一株百年難得一見的婷 婷芝 蘭，吏部郎中也送來許多株稀世萱草。據傳此萱草來自北方深 窈萱 谷，放入香爐點燃後會產生濃 郁萱 香。最令人目瞪口呆的就屬那南海進貢的賀禮了。兩株七尺來高的秀 慧珊 瑚，一株精心雕刻著四方神獸：「朱雀、白虎、青 龍、玄 武」；另一株則以龍飛鳳舞之草書刻著「麒 麟翔 躍」四字。此項貢品不僅令皇上讚不絕口，更令宮中那班涵 珍儀 雅，賢 淑芬 良的嬪妃們瞧得目瞪口呆。

　　宣宗向來喜好文學，因此挑了個沁涼如水，月 若眉 彎的悠閒夜晚，獨坐殿中細細閱讀由各地送來的賀詞。在眾多賀詞中，有一篇祝壽之詞令宣宗眼前一亮：「賀吾皇之千歲如松 柏仁 壽，願大明之長健擁萬 千和 祥。」宣宗閱畢，不禁暗喝采，好一篇妙 嘉偉 文！想必是位才冠群雄，燦 焜智 耀的聰 慧君 子所作。只可惜原著者竟無署名，否則朕定召他入宮，封他個山 河翰 林，嘉許一番。心意既定，宣宗立即擬旨，明 昀諭 文，命所有朝臣在壽宴之日前查出此位作者。

　　三日後即有朝臣宣稱為文者乃內閣大學士左之勤。左之勤年過半百，慈眉善目，實乃為人忠厚之安 怡君 子，不僅輔佐皇上，還擔任了太子師一職。據傳他的教書自成一格，曾自創一套簡 易學 習法。左之勤與世無爭，恬靜自怡，安康的生活已然相當滿足。他的身材十分福態豐 盈，茹 素齋戒多年。太子曾親自題文致贈：「君 子琪 德，才 佳樺 樹。」以美玉比其君子操守，樺樹喻其卓越文才。

　　宣宗感到疑惑：如此優秀的賀文，為何左之勤卻不願署名呢？召左之勤來

詢問，始知此文乃左之勤孫女左嬝所作。雖覺此文極佳，惟恐皇帝嫌之俚俗，是故不具署名。宣宗得知左之勤有這麼一位聰敏慧點的孫女，自是稱讚有佳，要求左之勤於壽宴之日帶其孫女一同前往參加。壽宴當天，眾人見到左嬝，不免都是驚訝萬分，沒料到左嬝竟是位年約十二、三歲的小女孩。雖然年紀尚幼，不過神態恬怡，婷姿華美，已脫童稚之氣。問其為何年紀小小便有如此文采，原來是自幼與兄長相依，孜致於學，因此才思敏捷毫不輸於男子。宣宗讚其賀詞之妙，特賜一塊高雅玲瓏的雲雯琦玉。左嬝得之喜不自勝，叩首感謝皇上的恩惠華典。而後安靜地退到一旁，與其他女眷相依婷立。

酒過三巡，宣宗詩興大發，與眾臣賦詩助興。此時宮內笑語喧嘩，窗外則春光爛漫，綠芽繁花，一片欣欣向榮之貌。瞧見此景，宣宗於是命題為賦詩喻景。眾人正苦思的當頭，左嬝不疾不徐地吟道：「日暖芳華萱紫香，水雅藍天瑞氣長。」短短兩句話道出宮內與宮外情景，宣宗自是龍心大悅。此時天空正好有片烏雲飄來，遮住了原本的白色雲朵，於是宣宗指向天空示意左嬝為文。左嬝見狀，靈機一動道：「烏雲出離情依依，雯彩行行復行行。」此文既出，在場者莫不誇耀喝采。宣宗於是封其為當朝第一位女翰林，並命人以純金打造一塊匾額賜給左嬝，上頭刻著宣宗親題的兩句話：「詠絮之才，蘭蕙好心」。

附錄六

花師初教系九○級乙班姓名大會串

作者：陳蓉舒

　　司馬佳慶，西晉陽關人氏，承繼元帝凱元之位而登基為明帝。即位後，外族侵華，明帝親執寸鐵征四方，戰皆奏凱，茹虜血，聲威遠播；又修築邊防，對抵抗外虜極有助益，成效甚佳。明帝平素喜執詩書詠誦，愛好文學，更喜讀儒家經典，其對內極重文治，禮遇賢士，政風清明，一時國內五常三綱正，士人亦重氣節，可謂以德耀民。明帝更親訂律法，建設學校，推行「教育維新」，使國內教育風氣普及。真可謂當代之賢君！

　　明帝已至適婚之齡，宮中大臣李智瑋建議明帝訪江南選妃，明帝允。此事一訂，李大人即率人馬前往江南首富洪員外宅中。原來皇帝屆時將暫居於洪宅，故派李大人先至此宣讀聖旨，並指點相關要務。李大人臨走前還不忘細細叮嚀：「事關重大，照吩咐辦，切記切記！」

　　三月後，明帝駕臨洪宅，洪員外率家中一千人等出外迎接，見明帝，乃跪地叩拜曰：「草民洪嘉逢，叩見皇上。洪某何其有幸，君臨敝舍，實是蓬蓽生輝，還望皇上此行一切順心如意。」

　　洪員外安排明帝住進洪宅的怡汝園。洗去一身風塵後，信步至園內，此園風景雅致，明帝漫遊其中，頓覺心曠神怡，芳香襲人。循香味覓去，原是蓮池中芙蓉舒展，香氣濃郁，柔美可人。走入池間楷嬪亭，見亭中石桌上刻文如下：「夏日蓮荷亭亭立，誰知冬雪瑩如玉，梅香催人醉？」此文字跡娟秀華美，應是出自女子之手，落款處，題著「慧芊文」，果是女子，明帝見此文而神往之。

　　是夜，洪宅廣邀江南士紳淑女，舉行選妃宴。一時江南鴻彥均至，各色佳人，淑女美媛，全為皇上選妃而來。

　　「草民林氏，此乃小女莉婷……」、「小女子敏琪，見過皇上……」、「皇上，此乃王巡撫之女芳琪……」，明帝被團團包圍，耳邊盡是女子閨名，此景況惹的明帝煩躁不已。忽見一襲輕紗若嵐，眾人皆屏住氣息，眼前女子眉

若遠山，眼如秋水，氣質賢淑，華服錦衣，此乃江南第一才女──林慧芊，因其聰慧貞靜，文采斐然，曾得先帝賜名維儀。

　　此姝走向明帝，戲謔曰：「見此威儀，君乃皇上；見此窘境，君乃一芥凡人也。」明宗大笑之。然笑罷，眼前只餘一塊玉珮，萍蹤已杳然。玉上刻字云：「月佼佼，燕雙飛。」，帝明其意，大喜道：「此情終身感佩！芬菲佳人，委身下嫁，朕求之不得！」女子復現身，帝收其玉，故贈一玉予女，云：「此玉名『瓊瑛』，菁菁者莪，在彼中沚。既見君子，我心則喜。汎汎楊舟，載沈載浮；既見君子，我心則休。」。明帝以詩經抒發內心之情緒，告訴女子與其相遇的喜悅之情。兩人相視而笑。選妃一事，至此圓滿落幕。

中文參考文獻

21 世紀人才報（民 93）。看蜜蜂與蒼蠅突破瓶頸。http://big5.china.com/gate/
　　b i g 5 / e d u . c h i n a . c o m / z h _ c n / s u b j e c t / c j /
　　employee/10000754/20021115/11364362.html

Arthur VanGundy 著，李昭瑢、張成秀譯（民 83）。企業創意力：激發生生
　　不息的組織智慧。台北：遠流出版公司。

Bobert Sternberg 和 Wendy Williams 著，郭俊賢、陳淑惠譯（民 92）。如何
　　培育學生的創造力。台北：心理出版社。

Don Campbell 著，林珍如、夏荷立翻譯，汪彥青審訂（民 88）。莫札特效
　　應——音樂身心靈療法。台北：先覺出版社。

Elizabeth Loftus 和 Katherine Ketcham 著，洪蘭譯（民 87）。記憶 vs.創憶：
　　尋找迷失的真相。台北：遠流出版公司。

Geoffrey Rawlinson 著，黃炎媛譯（民 84）。創意激盪。台北：天下文化。

Hite Doku 著，黃心藝譯（民 87）。創意 LIVE。台北：海鴿文化。

Howard Gardner 著，林佩芝譯（民 86）。創造心靈——七位大師的創造力剖
　　析。台北：牛頓出版公司。

Ira Flatow 著，蘇清遙譯（民 83）。樂在發明。台北：尖端出版有限公司。

Jack Foster 著，鄭以萍譯（民 86）。如何激發大創意。台北：滾石文化。

James Adams 著，簡素琤譯（民 85）。創意人的思考。台北：遠流出版公司。

Jane Piirto 著，陳昭儀等譯（民 84）。瞭解創意人。台北：心理出版社。

Jane Roberts 著，王季慶譯（民 87）。夢與意識投射。台北：方智出版社。

Jordan Ayan 著，趙永芬譯（民 88）。啊哈！來個新點子。台北：天下文化。

Julia Cameron 著，黃慧鶯譯（民 85）。12 週開發創意潛能法。台北：希代書
　　版有限公司。

Michael Gelb 著，劉醞芳譯（民 88）。7Brains：怎樣擁有達文西的七種天才。

台北：大塊文化。

Napoleon Hill 和 Clement Stone 著，陳秋帆譯（民 63）。創造智慧的結晶。台北：希代書版有限公司。

Robert Olson 著，呂勝瑛等譯（民 71）。創造與人生：創造思考的藝術。台北：遠流出版公司。

Robert Sternberg 和 Todd Lubart 著，洪蘭譯（民 88）。不同凡想：在一窩蜂文化中開拓創造力。台北：遠流出版公司。

Roger von Oech 著，李幸紋譯（民 81）。激發創意：給頭腦致命的一擊。台北：韜略出版。

Sally Rasberry 和 Padi Selwyn 著，黃玉華譯（民 86）。創意生活之道。台北：雅音出版。

Vincent Ruggiero 著，游恆山譯（民 83）。實用思考指南：批判思考及創思的訓練。台北：遠流出版公司。

山本通隆著，劉焜輝譯（民 63）。創造的奧秘。台北：漢文書店。

刈谷剛彥著，李玲瑜譯（民 87）。複眼思考——全方位腦力開發。台北：時報文化出版。

毛連塭、郭有遹、陳龍安、林幸台（民 89）。創造力研究。台北：心理出版社。

毛連塭編譯（民 79）。資優教育教學模式。台北：心理出版社。

王士新編譯（民 64）。第六感的奧秘。台北：常春樹書坊。

多湖輝著，桂冠編輯部譯（民 80）。腦力激盪。台北：桂冠圖書。

成和平（2004）。α波與心靈改革——IQ，EQ 與腦內革命。http://www.ntl.gov.tw/publish/sci_knog/47/text41.htm

志賀一雅（民 84）。腦力提高術。台北：月旦出版社。

志賀一雅著，蔡華凱譯（民 86）。α腦波革命。台北：世茂出版社。

李嗣涔（2004）。由腦α波所定義的兩種氣功態。http://www.cc.nctu.edu.tw/~u8614812/energy/e7.htm

李德高（民 79）。創造心理學。台北：五南圖書出版公司。

杏林子（民 93）。永遠懷念杏林子。http://www.cap.org.hk/author/liu_xia_photo.htm。

杜萱（民 81）。善用譬喻法來說話作文。刊載於花蓮文教・第二期。花蓮縣政府。

沙提・高文著，楊月蓀譯（民 77）。活在光亮裡：運用直覺創造自信。台北：新雨。

汪培庄（民 79）。模糊集合論及其應用。台北：中國生產力中心。

周大觀等（民 86）。大觀。台北：遠流出版公司。

周愚文（民 76）。教育學的科學研究之反省。收於《教育研究方法論》，師大書苑印行。

林和安（1990）。氣功與腦的科學。發表於《氣功與科學》1990 年第 10 期。

林建平（民 80）。創意的寫作教室。台北：心理出版社。

松山正一等著，歐陽鍾仁譯（民 66）。教師啟發學童創造能力的方法。台北：幼獅文化事業公司。

胡夢鯨、張世平（民 77）。行動研究。收於《教育研究法的探討與應用》賈馥茗・楊深坑主編，師苑教育叢書，師大書苑印行。

原來（民 83）。如何啟發聯想力。台北：林鬱文化。

峻才（民 70）。創造力。台北：國家出版社。

高健著，楊幼蘭譯（民 87）。即興創意。台北：時報文化出版。

張世平（民 80）。行動研究法。收於《教育研究法》黃光雄・簡茂發主編，師苑教育叢書，師大書苑印行。

張世彗編譯（民 81）。創造性問題解決──心像訓練之應用。台北：台北市立師範學院特殊教育中心。

張玉成（民 80）。開發腦中金礦的教學策略。台北：心理出版社。

張玉成（民 82）。思考技巧與教學。台北：心理出版社。

張鈴翔（民 84）。培養發明的創意。台北：先見出版公司。

御茶水女子大學附屬小學兒童教育研究會著，蕭志強譯（民 84）。創造活動與兒童：御茶水女子大學附屬小學主題教學課程。台北：光佑文化。

教育部國語辭典（2004）。http://rs.edu.tw/mandr/clc/dict/。

莫莉・楊・布朗著，伍育英譯（民 89）。我的生命成長樹：內外和好的練習
　　本。台北市：張老師文化事業公司。

莊勝雄（民 83）。開拓創意心。台北：天下文化。

郭有遹（民 62）。創造心理學。台北：正中書局。

陳伯璋（民 79）。行動研究法。收於《教育研究方法的新取向——質的研究
　　方法》，陳伯璋編。台北：南宏圖書有限公司。

陳昭儀（民 80）。二十位傑出發明家的生涯路。台北：心理出版社。

陳英豪等（民 79）。創思與情意的教學。高雄：復文圖書出版社。

陳淳（民 78）。創思與資優兒童數學教學。台北：心理出版社。

陳瑞郎（民 59）。值十億美金的頭腦。台北：聯經出版事業公司。

陳龍安（民 77）。做個聰明人——創造與批判思考的自我訓練。台北：心理
　　出版社。

陳龍安（民 82）。創造思考教學的理論與實際。台北：心理出版社。

陳龍安、朱湘吉（民 87）。創造與生活。台北：五南圖書出版公司。

陳龍安主編（民 81）。啟發孩子的創造力。創意家族叢書。

陳耀茂著（民 87）。創意激發術。台北：探索文化。

彭震球（民 80）。創造性教學之實踐。台北：五南圖書出版公司。

游乾桂（民 83）。啟發孩子的創造力：在日常生活中發現、鼓勵孩子的創造
　　力。台北：遠流出版公司。

湯尼・布桑、喬伊絲・威克芙著，王明華譯（民 85）。如何激發靈感。台北：
　　世茂出版社。

程曦譯（民 69）。激發創意的思考法。台南：文國書局。

菊池織部著，張敏譯（民 84）。創意是成功之鑰。台北：新雨。

進藤隆夫著，呂不偉譯（民 64）。創造的天才。台北：大明王氏出版公司。

黃文博（民 87）。關於創意我有意見。台北：天下遠見出版公司。

黃正鵠、周甘逢編譯（民 75）。兒童創造能力培育活動手冊。高雄：復文圖
　　書出版社。

黃光雄主編（民 79）。教學理論。高雄：復文圖書出版社。

奧斯朋著，邵一杭譯（民 53）。應用想像力。台北：協志工業叢書出版公司。

愛德華‧波諾著，唐潔之譯（民 72a）。思考探奇——心智的歷程。台北：桂冠圖書。

愛德華‧波諾著，陳美芳、盧雪梅譯（民 81）。高明的思考法——de Bono 思考訓練法精粹。台北：心理出版社。

愛德華‧波諾著，彭碧台譯（民 72b）。在對錯之外思考。台北：桂冠圖書。

董奇（民 84）。兒童創造力發展心理。台北：五南圖書出版公司。

詹宏志（民 85）。創意人：創意思考的自我訓練。台北：麥田出版。

輕部征夫著，葉美莉譯（民 87）。獨創力。台北：晨星出版。

劉華亭編譯（民 80）。啟發兒童思考能力的教育法。台北：益群書店。

歐陽教（民 77）。德育原理。台北：文景出版社。

樺旦純著，吳怡臻譯（民 88）。CQ 右腦思考法。台北：圓智文化事業有限公司。

樺旦純著，陳南君譯（民 87）。轉個彎！你會更 smart。台北：探索文化。

鍾聖校（民 79）。認知心理學。台北：心理出版社。

薩特著，李一鳴譯（民 79）。想像心理學。台北：結構群文化事業有限公司。

豐澤豐雄著，李朝熙譯（民 66）。發明的啟示。台北：協志工業叢書出版公司。

豐澤豐雄著，蔡竹根譯（民 56）。發明指南。台北：水牛出版社。

饒見維（民 83）。知識場論——認知思考與教育的統合理論。台北：五南圖書出版公司。

饒見維（民 85a）。教師專業發展：理論與實務。台北：五南圖書出版公司。

饒見維（民 85b）。國小數學遊戲教學法。台北：五南圖書出版公司。

饒見維（民 93）。情緒涵養（再版）。台北：五南圖書出版公司。

英文參考文獻

Allen, R. R. & Rott, R. K. (1969). *The Nature of Critical Thinking*. Madison, Wisconsin: Wisconsin Research and Development Center for Cognitive Learning.

Beyer, B. K. (1988). *Developing a Thinking Skills Program*. Boston: Allyn & Bacon.

Bracewell, R. J. (1983). Investigating the control of writing skills. In P. Mosenthal, L. Tamor and S. Walmsley (eds.) *Research on Writing: Principles and Methods*. New York: Longman's.

Chenfeld, M. B. (1983). *Creative Experiences for Young Children*. TX., Fort Worth: Harcourt Brace & Company.

Ennis, R. H. (1962). A Concept of Critical Thinking. *Harvard Education Review*, Vol. 32.

Gawain, S. (2002). *Creative Visualization: Use the Power of Your Imagination to Create What You Want in Your Life*.

Gedo, J. E. & Gedo, M. M. (1991). *Perspectives on Creativity: The Biographical Method*. Norwood, NJ: Ablex Publishing Corp.

Gordon, W. J. (1961). *Synectics*. New York: Harper & Row.

Hofstadter, D. R. (1985). *Metamagical themas: Questing for the essence of mind and pattern*. New York, N. Y.: Bantam Books.

Keller, J. (1983). Motivational design of instruction. In Reigeluth, C.M. (ed.), *Instructional-Design Theories and Models: An Overview of Their Current Status*. Hillsdale, N. J.: Lawrence Erlbaum Associates, Pub.

Klir, G. J. & Folger, T. A. (1988). *Fuzzy sets, uncertainty, and information*. Englewood Cliffs, N. J.: Prentice Hall.

Lakoff, G. & Johnson, M. (1980). *Metaphors we live by*. Chicago: The University of Chicago Press.

Lakoff, G. (1987). *Women, fire, and dangerous things: What categories reveal about the mind*. Chicago: The University of Chicago Press.

Lincoln, Y. S. & Guba, E. G. (1985). *Naturalistic inquiry*. Beverly Hills, CA: Sage.

Lowenfeld, V. (1957). *Creative and Mental Growth* (3rd ed.). New York: The Macmillan Company.

Maclure, S. (ed.) (1991). *Learning to Think: Thinking to Learn*. Oxford, England: Pergamon Press.

Mangieri, J. N. & Block, C. C. (ed.) (1994). *Creating Powerful Thinking in Teachers and Students: Diverse Perspectives*. Orlando, FL: Holt, Rinehart and Winston Inc.

Mayesky, M. (1985). *Creatitve Activies for Young Children* (3rd. ed.). NY: Delmar publishers Inc.

Murray, D. M. (1978). Internal revision: A process of discovery. In Charles R. Cooper & Lee Odell (eds.), *Research on Composing: Points of Departure*. Urbana, IL: NCTE.

Peterson, R. (1990). *Creative Meditation: Inner Peace Is Practically Yours*. Virginia: A.R.E. Press.

Schon, D. A. (1983). *The reflective practitioner: How professional think in action*. New York: Basic Books Inc., Publishers.

Schwarz, J. (1992). *Voluntary Controls: Exercises for Creative Meditation*. An Aletheia Foundation Book. Penguin USA.

Skinner, S. B. (1976). *Cognitive Development: A Prerequisite of Critical Thinking*. The Clearing House, Vol. 49, 292-299.

Tonjes, M. J. & Zintz, M. V. (1992). *Teaching Reading Thiking Study Skills in Content Classrooms* (3rd ed.). Dubuque, IA: Wm. C. Brown Publishers.

Wakefield, J. F. (1992). *Creative Thinking: problem-sovling skills and the arts orientation*. Norwood, NJ: Ablex Publishing Corporation.

Zadeh, L. (1965). Fuzzy sets. *Information and Control*, 8: 338-53.

國家圖書館出版品預行編目資料

創造思考訓練：創造思考的心理策略與技
巧／饒見維著.
--初版.--臺北市：五南，2005〔民94〕
面；　公分.
參考書目：面
ISBN 978-957-11-3814-5（平裝）
1.思考　　2.創造
176.4　　　　　　　　　　93022296

1IPA
創造思考訓練
——創造思考的心理策略與技巧

作　　者 — 饒見維(422)
發 行 人 — 楊榮川
總 經 理 — 楊士清
副總編輯 — 陳念祖
編　　輯 — 李敏華
出 版 者 — 五南圖書出版股份有限公司
地　　址：106台北市大安區和平東路二段339號4樓
電　　話：(02)2705-5066　　傳　　真：(02)2706-6100
網　　址：http://www.wunan.com.tw
電子郵件：wunan@wunan.com.tw
劃撥帳號：01068953
戶　　名：五南圖書出版股份有限公司
法律顧問　林勝安律師事務所　林勝安律師
出版日期　2005年1月初版一刷
　　　　　2017年8月初版八刷
定　　價　新臺幣360元